SAN FRANCISCO

Ray Riegert

D0840082

ÉDITIONS
ULYSSE
Le plaisir... de mieux voyager

Direction de collection Claude Morneau	*Cartographie* André Duchesne *Assistants*	*Illustrations* Lorette Pierson
Direction de projet Pascale Couture	Isabelle Lalonde Marc Rigole	*Direction artistique* Patrick Farei Atoll Direction
Traduction Pierre Corbeil	*Mise en pages* Isabelle Lalonde Christian Roy	*Photographie* Andy Caulfield
Correction Pierre Daveluy		*Image Bank*

Édition originale : Hidden San Francisco and Northern California, Ulysses Press, 1996. Textes de Ray Riegert.
Les Éditions Ulysse remercient la SODEC ainsi que le Ministère du Patrimoine canadien pour leur soutien financier.

Distribution

Distribution Ulysse
4176, rue St-Denis
Montréal, Québec
H2W 2M5
☎ (514) 843-9882,
poste 2232
Fax : 514-843-9448
http://www.ulysse.ca

Belgique -
Luxembourg:
Vander
321 Av. des Volontaires
B-1150 Bruxelles
☎ (02) 762 98 04
Fax : 02 762 06 62

France :
Vilo
25, rue Ginoux
75737 Paris,
CEDEX 15
☎ 1 45 77 08 05
Fax : 1 45 79 97 15

Espagne :
Altaïr
Balmes 69
E-08007 Barcelona
☎ (3) 323-3062
Fax : (3) 451-2559

Italie :
Edizioni Del Riccio
50143 Firenze
Via di Soffiano 164/A
☎ (055) 71 63 50
Fax : (055) 71 63 50

Suisse :
Diffusion Payot SA
p.a. OLF S.A.
Case postale 1061
CH-1701 Fribourg
☎ (26) 467 53 33
Fax : (26) 467 54 66

Tout autre pays, contactez Distribution Ulysse (Montréal),
Fax : (514) 843-9448

Données de catalogage avant publication (Canada)
Riegert, Ray, 1947 -
    San Francisco -   (Guide de voyage Ulysse)
    Traduction part. de Hidden San Francisco and Northern California
    Comprend un index.
    ISBN   2-89464-048-X
1. San Francisco (Calif.) - Guides. I. Titre   II. Collection.
F869.S33R5314   1996   917.94'610453   C-96-941077-8

*«It seemed like a matter of minutes when we
began rolling in the foothills before Oakland and
suddenly reached a height and saw stretched
out ahead of us the fabulous white city of San
Francisco on her eleven mystic hills with the
blue Pacific and its advancing wall of potato-
patch fog beyond, and smoke and goldenness
on the late afternoon of time.»*

Jack Kerouac (1922-1969)

Nous roulions dans les contreforts aux abords
d'Oakland lorsque, soudain, au sommet d'une
éminence, surgirent devant nos yeux la fabuleuse cité blanche de San Francisco et ses onze
collines mystiques, adossées contre le bleu du
Pacifique et, dans le lointain, son inexorable
muraille de brume en mouvement sous le ciel
fumeux et ruisselant d'or de cette fin d'après-
midi intemporelle.

SOMMAIRE

PORTRAIT DE
SAN FRANCISCO 9
La géographie 9
Un peu d'histoire 12
La population 20
L'architecture 24

RENSEIGNEMENTS GÉNÉRAUX 31
Formalités d'entrée 31
L'accès à la ville 32
Ambassades et consulats
des États-Unis à
l'étranger 34
Consulats étrangers à
San Francisco 36
Renseignements
touristiques 37
Vos déplacements dans
la ville et dans
les environs 39
Les assurances 45
La santé 46
Le climat 47
Quand visiter
San Francisco? 48
Poste et
télécommunication . . 48
Les services financiers . . . 49
Horaires et jours fériés . . 50
Le calendrier des
événements annuels 52
Hébergement 54
Restaurants 54
Les enfants 55
Les aînés 56
Les personnes
handicapées 57
Divers 57

ATTRAITS TOURISTIQUES . . 61
Le centre-ville 61
Autour du Civic Center . . 64
South of Market 66
Le Financial District 70
Autour de l'Embarcadero . 73
Le Chinatown 76
Nob Hill 82
North Beach 85

Autour du Fisherman's
Wharf 91
Russian Hill 96
Union Street 98
Pacific Heights 101
Autour du Presidio 104
Le Japantown 106
Haight-Ashbury 107
Le Mission District 111
Le Golden Gate Park . . . 115
La Golden Gate National
Recreation Area . . . 120
L'«arrière-cour» de
San Francisco 131

ACTIVITÉS DE PLEIN AIR . . . 135
La pêche sportive 135
La voile et les croisières
d'exploration
naturelle 135
Le cerf-volisme 136
Le deltaplane et
le parapente 136
Le patin à roues
alignées 136
Le jogging 137
La baignade 138
Le surf 138
Le golf 138
Le tennis 139
La bicyclette 139

HÉBERGEMENT 141
Le centre-ville 141
Autour du Civic Center . 150
Autour de
l'Embarcadero 151
Le Chinatown 152
Nob Hill 153
North Beach 154
Autour du Fisherman's
Wharf 155
Union Street 156
Pacific Heights 158
Le Japantown 158
Haight-Ashbury 159
Les quartiers gays 160
La Golden Gate National
Recreation Area . . . 163

RESTAURANTS 165	Union Street 213
Le centre-ville 165	Le Japantown 214
Autour du Civic Center . 169	Haight-Ashbury 214
South of Market 172	Les quartiers gays 215
Le Financial District ... 173	Le Mission District 217
Autour de l'Embarcadero 176	La Golden Gate National
Le Chinatown 177	Recreation Area .. 218
North Beach 180	L'«arrière-cour» de
Autour du Fisherman's	San Francisco 218
Wharf 184	MAGASINAGE 221
Union Street 186	Le centre-ville 221
Pacific Heights 189	Autour du Civic Center . 225
Le Japantown 190	South of Market 226
Haight-Ashbury 191	Autour de l'Embarcadero 227
Les quartiers gays 191	Le Chinatown 227
Le Mission District 193	North Beach 229
Le Golden Gate National	Autour du Fisherman's
Recreation Area .. 196	Wharf 231
L'«arrière-cour» de	Union Street 233
San Francisco 198	Pacific Heights 234
	Le Japantown 235
SORTIES 203	Haight-Ashbury 236
Le centre-ville 204	Les quartiers gays 238
Autour du Civic Center . 205	Le Mission District 240
South of Market 207	
Le Financial District ... 209	LEXIQUE FRANÇAIS -
Autour de l'Embarcadero 209	ANGLAIS 243
Le Chinatown 210	
Nob Hill 210	INDEX 253
North Beach 211	
Autour du Fisherman's	
Wharf 212	

LISTE DES CARTES

Californie	p 11
Carte du métro	p 41
Chinatown	p 77
Environs de San Francisco	p 60
San Francisco	
Centre-ville; Civic Center; South of Market	p 63
Nob Hill; Chinatown; Financial District;	
Autour de l'Embarcadero	p 71
Autour du Fisherman's Wharf; Russian Hill;	
North Beach	p 87
Autour du Presidio; Union Street; Pacific Heights	p 103
Haight-Ashbury; Mission District	p 109
Golden Gate Park	p 117
Golden Gate National Recreational Area	p 123
San Francisco dans le monde	p 8

Merci de contribuer à l'amélioration
des guides de voyage Ulysse!

*Tous les moyens possibles ont été pris pour que les renseignements con-
tenus dans ce guide soient exacts au moment de mettre sous presse.
Toutefois, des erreurs peuvent toujours se glisser, des omissions sont
toujours possibles, des adresses peuvent disparaître, etc.; la responsabilité
de l'éditeur ou des auteurs ne pourrait s'engager en cas de perte ou de
dommage qui serait causé par une erreur ou une omission.*

*Nous apprécions au plus haut point vos commentaires, précisions et
suggestions, qui permettent l'amélioration constante de nos publications.
Il nous fera plaisir d'offrir un de nos guides aux auteurs des meilleures
contributions. Écrivez-nous à l'adresse qui suit, et indiquez le titre qu'il vous
plairait de recevoir (voir la liste à la fin du présent ouvrage).*

**Éditions Ulysse
4176, rue Saint-Denis
Montréal, Québec
H2W 2M5
http://www.ulysse.ca**

TABLEAU DES SYMBOLES

≡	Air conditionné
⊛	Baignoire à remous
⊘	Centre de conditionnement physique
ℂ	Cuisinette
pdj	Petit déjeuner inclus dans le prix de la chambre
≈	Piscine
ℝ	Réfrigérateur
ℜ	Restaurant
bc	Salle de bain commune
bp	Salle de bain privée (installations sanitaires complètes dans la chambre)
△	Sauna
⊞	Télécopieur
☎	Téléphone
tlj	Tous les jours

CLASSIFICATION DES ATTRAITS

★	Intéressant
★★	Vaut le détour
★★★	À ne pas manquer

CLASSIFICATION DES HÔTELS

Les tarifs mentionnés dans ce guide s'appliquent, sauf indication contraire, à une chambre pour deux personnes en haute saison.

$	moins de 50 $
$$	de 50 à 90 $
$$$	de 90 à 130 $
$$$$	plus de 130 $

CLASSIFICATION DES RESTAURANTS

Les tarifs mentionnés dans ce guide s'appliquent, sauf indication contraire, à un repas pour une personne, excluant le service et les boissons.

$	moins de 10 $
$$	de 10 $ à 20 $
$$$	de 20 $ à 25 $
$$$$	plus de 25 $

Tous les prix mentionnés dans ce guide sont en dollars américains.

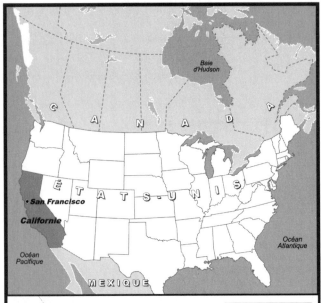

Situation géographique dans le monde

La Californie

Capitale : Sacramento
Population : 29 760 025 hab.
Monnaie : dollar américain
Superficie : 411 000 km²

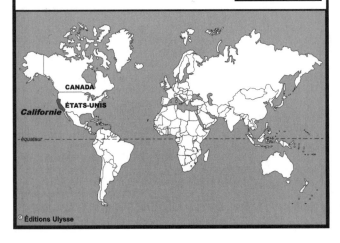

© Éditions Ulysse

San Francisco pointe aux confins du continent et s'impose comme le dernier bastion de la civilisation avant que la terre ferme ne plonge dans le Pacifique. Peut-être est-ce précisément là la raison pour laquelle les visiteurs tiennent tant à ce que cette ville leur laisse un souvenir mémorable? Ils s'attendent en effet à ce qu'elle vibre à leur diapason, à ce qu'elle leur parle, voire même à ce qu'elle comble quelque indicible aspiration enfouie au plus profond de leur âme.

LA GÉOGRAPHIE

Totalement indifférents aux paysages grandioses qui les entouraient, les premiers habitants de San Francisco ont tracé à la hâte et au cordeau des dizaines de rues se croisant à angle droit qui font fi de la topographie accidentée de la péninsule sur laquelle est implantée la ville. Pourtant, le résultat est plus qu'impressionnant. L'omniprésence de la nature et le gigantisme des paysages sont nettement perceptibles du haut de chacune des principales artères dont les dénivellations abruptes viendront certainement à bout du plus résistant des marcheurs.

San Francisco est en effet aménagée sur une avancée de terre de 122 km² ponctuée de collines dont la hauteur varie de 50 m à plus de 200 m, et ce, en plein centre de la ville. À l'ouest, l'océan Pacifique s'étend à l'infini. Au nord, le détroit du Golden Gate, franchi par le fameux pont du même nom, relie l'océan à la baie de San Francisco, qui borde le quartier des affaires, à l'est. Ce havre naturel aux proportions titanesques (120 km de longueur par 50 km de largeur) est parsemé de nombreuses îles, entre autres la fameuse île d'Alcatraz, avec sa prison qui était réputée à l'épreuve des évasions.

Avec ses 768 000 habitants, San Francisco est le principal maillon d'un collier urbain de 3,2 millions d'âmes qui entoure la baie et qui comprend entre autres les villes d'Oakland, connue pour son important port de transbordement, Berkeley, célèbre pour son université aux idées avant-gardistes, et Palo Alto, à proximité de laquelle se situent le campus de l'université Stanford et la «Silicon Valley», un regroupement d'entreprises informatiques qui a vu naître la firme Apple. Ces agglomérations sont reliées entre elles par le Bay Area Rapid Transit (B.A.R.T.), un réseau de transport public par train rapide.

Située dans la partie centrale de l'État de Californie, sur la Côte Ouest américaine, San Francisco bénéficie d'un climat de type méditerranéen très doux, dont les moyennes de température varient peu d'une saison à l'autre. Le même climat règne sur les vallées de Napa et de Santa Clara, qui prolongent la baie de San Francisco à l'intérieur des terres. Au creux de ces larges vallées encadrées par de hauts sommets, on cultive la vigne avec succès depuis 1870. La plupart des grands vins californiens sont produits dans la région.

Mais le climat de San Francisco réserve bien des surprises. L'arrivée soudaine du brouillard, imputable à la condensation créée par les fréquents contacts entre le vent frais de l'océan et la chaleur de la terre ferme, engendre presque chaque jour des baisses soudaines de température pouvant durer de une à trois heures. Aussi faut-il prévoir un petit «lainage», même en été. De plus, la ville n'est pas recouverte uniformément du nuage blanc, certains quartiers étant plus affectés que d'autres. Les Espagnols qui ont fondé la mission San Francisco au XVIIIe siècle se sont installés à l'endroit le plus clément de toute la baie, soit à l'emplacement de l'actuel quartier Mission.

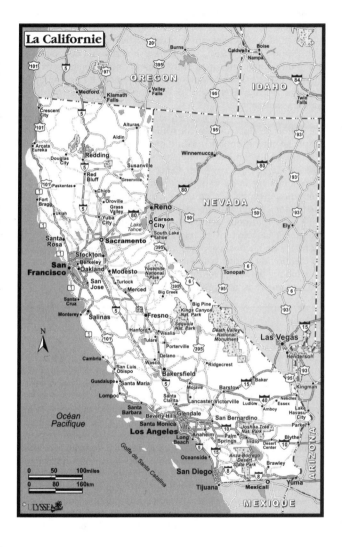

Outre le brouillard, la menace constante d'un séisme majeur («The Big One») contribue à entretenir le mystère autour de San Francisco. La ville est assise sur la faille sismique de San Andreas et a effectivement subi deux séismes catastrophiques (en 1906 et en 1989). Mais cela n'empêche aucunement l'agglomération de prospérer, l'appât que constituent les nombreuses ressources naturelles de la région, à l'origine de la fortune de San Francisco (or, argent, pétrole, gaz naturel), primant sur tout.

Le détroit du Golden Gate constitue la seule ouverture majeure dans la chaîne côtière californienne permettant d'accéder à l'intérieur du continent américain et, inversement, aux États-Unis de s'ouvrir sur l'Asie. Cette «porte dorée» du Pacifique isole deux types de végétation côtière : les denses forêts de séquoias géants, au nord de San Francisco, et les côtes dénudées, ponctuées de quelques pins parasols, au sud. En ville, le climat doux et humide profite aux eucalyptus locaux, auxquels se joignent palmiers, rhododendrons et toute une panoplie de plantes asiatiques et européennes rendant possible la création de jardins fabuleux, tels ceux du Golden Gate Park, une longue bande de verdure (5 km de long par 800 m de large) au sud-ouest du centre-ville.

UN PEU D'HISTOIRE

Or, le mythe de San Francisco ne tient pas qu'à sa géographie, mais aussi à son histoire. Si le monde a bien été créé en 4004 av. J.-C., ainsi que le croyaient les premiers chrétiens, l'histoire de San Francisco débute le 28 janvier 1848, le jour où un ouvrier saisonnier du nom de James Marshall découvre de l'or en Californie. L'année 1849 marque donc le premier anniversaire de cette histoire naissante, et la date en reste gravée dans la mémoire de la nation tout entière. C'est ainsi que les hommes et les femmes emportés par la folle et irrépressible ruée vers l'or, ô combien évocatrice de cette époque, sont depuis lors désignés sous le nom de «*forty-niners*» (les gens de 1849). D'aucuns avaient franchi les montagnes Rocheuses à bord de chariots recouverts de toile, d'autres avaient affronté les jungles du Panamá, et d'autres encore s'étaient aventurés sur les mers impitoyables qui gardent le cap Horn, et tout cela, pour un peu de métal jaune et brillant.

L'or californien incarnait l'essence même du rêve américain, et, pour quiconque se targuait de courage et d'ambition, il représentait une occasion unique d'ouvrir de nouveaux sentiers, de contribuer à l'expansion d'une jeune nation et de s'enrichir en un éclair grâce à la découverte fortuite d'un filon fertile.

Dieu a donné en lot le droit divin à la Grande-Bretagne et ainsi créé ainsi un empire régnant sur les océans. Aux États-Unis, il concéda la destinée manifeste, exprimée par une soif d'expansion territoriale qui poussa son peuple tout entier vers l'Ouest, telle une fièvre implacable s'emparant d'un organisme. L'or constituait la monnaie d'échange de cette destinée manifeste et prit la forme d'un mythe qui incita quelque 100 000 personnes à traverser des contrées hostiles pour créer une civilisation nouvelle aux limites du continent.

San Francisco devint la capitale de ce nouveau monde, et, de paisible hameau, ne tarda pas à se métamorphoser en une ville passionnée et acharnée à faire pâlir d'envie l'Ouest sauvage. Sa population grimpa en flèche, passant de 900 à 25 000 âmes en deux ans seulement, et en 1890 elle en comptait déjà 300 000.

À l'époque de la Ruée vers l'or, on assista à la naissance d'un ghetto en bordure de la baie, la Barbary Coast. Plus de 500 commerces y vendaient des spiritueux à qui mieux mieux; le jeu, la drogue et la prostitution y étaient omniprésents; des bandes y semaient la terreur, et des défenseurs de l'ordre à la poigne de fer s'efforçaient d'y faire respecter la loi. Des marins se faisaient embarquer de force et des prospecteurs au désespoir se suicidaient à raison de 1 000 par an.

En 1850, environ 500 navires que leurs équipages avaient désertés pour se ruer vers les champs aurifères gisaient dans la baie de San Francisco, totalement abandonnés. Certains furent transformés en commerces, d'autres en hôtels, voire en asiles d'aliénés, tandis que d'autres encore servirent simplement de décharges à déchets. Enfin, des spéculateurs morcelèrent sauvagement la ville en lots minuscules.

C'est à travers tout ce chaos que San Francisco devint peu à peu une mégalopole cosmopolite. Des Américains ambitieux, des Mexicains exilés, des Chinois engagés à contrat, des Australiens errants et des Chiliens émigrés en vinrent ainsi à encombrer ses rues boueuses. On compta bientôt ici une douzaine de journaux publiés dans diverses langues. C'est d'ailleurs grâce à sa population d'origines variées, et malgré les problèmes raciaux qui ne manquaient pas de faire surface périodiquement, que San Francisco vit naître en son sein une vigoureuse tradition libérale, une ouverture d'esprit à l'égard de l'inusité et de l'inattendu qui prévaut encore de nos jours.

Bien avant que les Américains ne découvrent de l'or dans les contreforts de la Sierra Nevada, les Espagnols avaient parlé d'une terre mythique gorgée de joyaux et de métal précieux. Un roman espagnol du XVIe siècle la décrivait comme une île du nom de «California», habitée par de ravissantes amazones. San Francisco se trouve aujourd'hui près des limites septentrionales de la colonie que les Espagnols en étaient venus à baptiser du nom de cette contrée fabuleuse.

En 1769, une expédition menée par Gaspar de Portolá, déterminé à étendre l'hégémonie de l'Espagne sur la Californie, remonta la péninsule de San Francisco et découvrit la Golden Gate. Puis, en 1776, pendant que la guerre d'Indépendance américaine faisait rage sur la Côte Est, le capitaine Juan Bautista de Anza créa une mission et une place forte près de la baie de San Francisco.

Il va sans dire que les Indiens Costanoans habitaient déjà la région depuis des milliers d'années, migrant sans cesse entre les collines, les marais, les forêts et les prés. Ils chassaient le cerf, l'élan et le grizzly, moulaient des glands qu'ils intégraient à leurs repas, cueillaient des racines et pêchaient des mollusques au large de la côte. Après l'arrivée des conquistadors, les Costanoans se mirent à construire des églises. Selon leur habitude de toujours, les Espagnols «civilisèrent» les Amérindiens en les arrachant à leurs demeures ancestrales, en les parquant dans des habitations exiguës et en leur prêchant les gloires du christianisme.

Grâce à leurs esclaves et à leur chaîne de 21 missions fortifiées, les Espagnols finirent par coloniser la côte depuis San Diego jusqu'à Sonoma en passant par San Francisco. Lorsque le Mexique obtint son indépendance de l'Espagne en 1821, ce trophée colonial fut annexé au territoire mexicain. Au même moment, San Francisco et ses environs commencèrent à attirer des pêcheurs de baleine américains, des chasseurs de phoque russes, des aventuriers français et des entrepreneurs britanniques.

Enfin, en 1846, des colons américains fomentèrent, avec l'aide du gouvernement des États-Unis, la révolte du Bear Flag (drapeau de l'ours). Ils reprirent ainsi la Californie au Mexique, puis créèrent une république indépendante qui fit bientôt partie des États-Unis. C'est ainsi que, tout juste deux ans avant qu'on ne découvre de l'or au mythique pays des amazones si cher aux Espagnols, le drapeau américain flottait sur San Francisco.

La Ruée vers l'or n'attira pas que des prospecteurs dans la jeune ville, mais aussi nombre d'écrivains américains parmi les plus talentueux, pour leur part à la recherche de nouvelles sources d'inspiration. Mark Twain, fraîchement sorti des champs aurifères, s'y installa au cours des années 1860, tout comme un coloriste local du nom de Bret Harte. Ambrose Bierce se fit le critique acerbe de tous et de tout dans le journal *Examiner*, dirigé par William Randolph Hearst. En 1879, Henry George publia à San Francisco un ouvrage intitulé *Progress and Poverty* (progrès et pauvreté), dans lequel il promulgua un système d'imposition révolutionnaire. Robert Louis Stevenson explora la région de la baie quelques années plus tard, et Jack London en fit le théâtre de ses récits d'aventure.

Avec des personnages comme Joshua Abraham Norton dans ses rues, San Francisco s'imposait comme un lieu de prédilection naturel pour les conteurs et raconteurs de tout horizon. Passant de la richesse à la misère, Norton avait fait fortune et tout perdu à peine quelques années après la Ruée vers l'or; refusant de se laisser abattre par la déconvenue, il s'était carrément nommé empereur des États-Unis. En outre, San Francisco, plutôt que d'interner cet hurluberlu, l'accueillit en son sein et fit de l'«empereur Norton» sa mascotte.

Mais même une société ouverte aux excentricités peut parfois se retourner contre elle-même, pour frapper d'ostracisme virulent une partie de sa population. C'est alors qu'émerge la face sombre du rêve, noircissant le destin de certains et portant ombrage à tous. Dans les années 1860, on fit venir des émigrants chinois pour construire le chemin de fer transcontinental. Une fois achevé, en 1869, ce dernier reliait San Francisco au reste des États-Unis, et ses propriétaires, dont ceux qu'on en étaient venu à désigner sous le nom des «Quatre

Grands» (Mark Hopkins, Leland Stanford, Collis Huntington et Charles Crocker), avaient accumulé des richesses fabuleuses. La main-d'œuvre asiatique contribua en outre à l'essor de San Francisco, pour en faire une ville sillonnée de funiculaires et tissée d'imposantes maisons victoriennes vers la fin du siècle dernier. Et pourtant ces mêmes Chinois furent victimes d'un racisme mordant. L'hystérie associée au «péril jaune» prit toute son ampleur à San Francisco au cours des années 1880, et donna lieu à des passages à tabac, à des meurtres et à la proscription de toute immigration asiatique aux États-Unis.

Les bouleversements sociaux cédèrent ensuite le pas aux convulsions dévastatrices qui secouèrent le sol le 18 avril 1906. Le rêve prit des allures de cauchemar à 5 h 12 ce matin-là lorsqu'un violent tremblement de terre (8,3 sur l'échelle de Richter) ébranla la région et la fit se tordre de douleur. Comble de malheur, les violents incendies qui s'ensuivirent se révélèrent encore plus apocalyptiques que les perturbations sismiques associées au désormais tristement célèbre tremblement de terre de San Francisco. L'une des rares personnes tuées par le tremblement de terre lui-même n'était autre que le chef des pompiers de la ville. Les conduites de gaz se rompirent un peu partout à travers la cité, et les conduites d'eau furent complètement éventrées. Quelques heures après ce déchaînement de la nature, on dénombrait 50 foyers d'incendie distincts, lesquels ne tardèrent pas à converger pour créer un tourbillon de feu qui, à la tombée du jour, déferla sur la ville tout entière. Les trois quarts des habitations de San Francisco furent anéanties au cours des trois jours que dura cet holocauste, 452 personnes perdirent la vie et 250 000 autres se retrouvèrent sans abri.

La municipalité dont l'emblème est un phénix renaissant de ses cendres fut toutefois rapidement rebâtie. L'hôtel de ville (City Hall) et le centre administratif (Civic Center) devinrent parties intégrantes d'une San Francisco ressuscitée. Les ponts Golden Gate et Bay furent quant à eux achevés dans les années trente, et, au cours de la Seconde Guerre mondiale, le port local devint un important lieu d'embarquement pour les troupes et leur matériel. Ville d'envergure internationale, San Francisco était même appelée à devenir, en juin 1945, le théâtre de la signature de la Charte des Nations Unies.

Dans la nouvelle ère qui s'annonce après la Deuxième Guerre mondiale, San Francisco brille à l'avant-garde de la société américaine. Son sceau est celui de l'innovation culturelle, et cette ville aux confins du continent s'enorgueillit d'évoluer aux confins de la pensée. Au cours des années cinquante, elle devient la capitale *beat* du monde, et les Allen Ginsberg, Jack Kerouac, Gary Snyder ainsi que d'autres poètes *beat* commencent à hanter des endroits comme le Caffe Trieste et le Co-Existence Bagel Shop. Les tenants de ce courant produisent un jazz doux, récitent des poèmes en vers libres et vantent les vertus du nihilisme.

Lawrence Ferlinghetti inaugure le City Lights Bookstore (librairie) en 1953. Deux ans plus tard, Ginsberg lit en public un poème intitulé *Howl*, qui redéfinit le rêve américain et offusque la société de l'époque d'Eisenhower. En 1957, Jack Kerouac, qui ricoche entre San Francisco et la Côte Est tel un projectile humain, dresse le tableau de sa génération dans *On the Road*. Il signera plus tard son œuvre la plus achevée, *The Dharma Bums*, dont les protagonistes et les décors appartiennent à la Californie du Nord.

Mais Kerouac lui-même n'attendait nullement la prochaine vague d'immigrants culturels qui allait déferler sur San Francisco. Ce rendez-vous incontournable des marginaux devait en effet devenir le lieu de rencontre mystique de myriades de hippies. Le quartier Haight-Ashbury se fit dès lors le berceau d'un mouvement résolu à révolutionner la conscience américaine.

Ken Kesey et ses Merry Pranksters créent le Trips Festival en 1966, alliant des jeux d'éclairage dynamiques à des doses massives de LSD dans un effort sans précédent visant à divertir tout en «éclairant» les esprits. Le groupe Jefferson Airplane, Big Brother and the Holding Company et la formation Grateful Dead font alors éclater les consciences grâce à un nouveau son électrique baptisé «*acid rock*». Puis, en janvier 1967, quelque 20 000 personnes s'assemblent dans le Golden Gate Park à l'occasion d'un «Human Be-In». Ginsberg y chante, les Hells Angels font vrombir leurs Harley, et Tim Leary lance le slogan *«Turn on, tune in, and drop out»* (qu'on peut librement traduire par «branchez-vous, soyez dans le vent et laissez tout tomber»). L'événement prend des proportions colossales et engendre le fameux «Summer of Love», cet été de paix et d'amour au cours duquel des hippies du monde entier se sont donné le mot pour faire de San Francisco le nerf vital de la conscience cosmique.

Dans les années soixante-dix, San Francisco devient la terre d'élection d'une minorité énergique et créative, celle des gays, hommes et femmes. Cette population avait augmenté à un rythme constant au fil des décennies, mais voilà que l'esprit ouvert et indépendant de San Francisco provoque soudain un influx phénoménal de gays. C'est ainsi qu'en 1977 le *supervisor* Harvey Milk devient le premier gay avoué du pays à être nommé à un important poste municipal. De plus, cette même année, la Ville vote une ordonnance historique reconnaissant les droits des gays. En prenant de l'envergure, la population gay, qui se chiffre aujourd'hui autour de 200 000, gagne dès lors en force sur le plan social et sur le plan politique.

Resurgit ensuite le spectre ombrageux du rêve : plus de 900 membres du People's Temple, l'une des innombrables sectes qui ont leur siège à San Francisco, commettent un suicide collectif sur leur propriété isolée de la Guyane. Puis, peu après, le 27 novembre 1978, le haut fonctionnaire municipal Dan White assassine, dans des circonstances n'ayant aucun lien avec le premier incident, son collègue Harvey Milk et le maire de San Francisco, George Moscone. Ce double meurtre atterre le monde entier et outrage la communauté gay. Lorsque White est enfin jugé l'année suivante, et qu'on prononce contre lui une sentence somme toute légère, le Civic Center devient la cible d'une émeute qui dure toute la nuit et occasionne des dommages s'élevant à 300 000 $. Finalement à peine quelques années plus tard, comme pour compléter le tableau, le SIDA prend des proportions épidémiques, frappant cette fois de plein fouet la communauté gay.

Tout au long des années quatre-vingt et quatre-vingt-dix, San Francisco a conservé un *supervisor* gay, le groupe qu'il représente faisant partie intégrante de la vie municipale. Multiculturelle dès ses origines, San Francisco demeure une ville frontière, aussi ouverte à l'expérimentation qu'à l'expérience. Quoi qu'il en soit, les médias nationaux continuent à dépeindre cette région du pays comme une sorte d'asile ouvert, peuplé d'excentriques et de doux dingues. C'est ainsi qu'ils se font un plaisir de relater des faits divers, telle cette course à la mairie au cours de laquelle un certain Jello Biafra, le chanteur d'une formation punk connue sous le nom de «Dead Kennedys», a récolté plus de 3 % des voies de scrutin.

De fait, cette ville semble parfois compter autant de cultes que d'habitants, mais elle n'en accueille pas moins une foule d'artistes, et le mouvement écologique national, qui a fait ses débuts dans ce coin de pays grâce au travail de pionnier de John Muir, y prospère également. Pour tout dire, vous trouverez ici les sièges de douzaines d'organismes préoccupés par l'environnement.

Cela dit, tout n'est pas forcément rose. Au cours des dernières décennies, par exemple, la silhouette de San Francisco a souffert du syndrome de Manhattan, et s'est vu ternie par des amas de gratte-ciel plutôt sombres. Le SIDA a pour sa part fait un nombre incalculable de victimes, surtout au sein de la population gay de la région. La ville a en outre laissé dépérir son port; la majorité des cargos qui traversent la baie se rendent désormais à Oakland, tandis que les restaurants gastronomiques et les chic centres commerciaux poussent comme des champignons sur le magnifique bord de l'eau de San Francisco, en transformant à jamais le visage. En cité infatuée d'elle-même, elle troque volontiers le négoce maritime, trop terre à terre pour elle, contre l'industrie touristique, à la fois rentable et séduisante.

En octobre 1989, San Francisco démontrait une fois de plus le don inquiétant qu'elle a d'allier réjouissances et tragédie. Alors que les citoyens du pays tout entier étaient rivés à leur téléviseur pour regarder le troisième match de la Série mondiale de base-ball, disputé au Candlestick Park entre les Giants de San Francisco et les Athletics d'Oakland, sa voisine, ils eurent la surprise d'assister en direct à un tremblement de terre de force 7,1 sur l'échelle de Richter. Le séisme ébranla le stade et une bonne partie de la Californie du Nord, laissant derrière lui 67 morts et causant des dommages évalués à 10 milliards de dollars. Une fois que la poussière fut retombée, le flot des nouveaux arrivants reprit aussitôt son cours en Californie, et ce, malgré des semaines de battage médiatique pour le moins alarmant.

Peut-être Rudyard Kipling avait-il raison lorsqu'il qualifiait cette ville de «*démente et habitée en majeure partie par des gens complètement insensés*»? William Saroyan y voyait plutôt, pour sa part, «*une ville invitant le cœur à battre à tout rompre... une enivrante expérience de vie*». Cependant, l'un ne contredit pas forcément l'autre, puisque San Francisco est follement belle et tient à la fois de la pure merveille et de l'excentricité loufoque, sa contribution au monde étant justement son mode de vie unique.

Les gens qui gravitent autour d'elle deviennent des modèles pour leur génération, certains exemplaires, d'autres moins. Chaque décennie, San Francisco se fait un peu plus marginale, préservant ainsi une tradition d'avant-gardisme et d'icono- clasme qui a vu le jour avec l'arrivée des *forty niners*, ces aventuriers de 1849. Cette ville est un véritable puzzle à jamais inachevé, et ceux qui s'en éprennent en sont les morceaux qui, plutôt que de s'emboîter parfaitement, préfèrent se démarquer des autres et mettre en évidence leurs angles uniques.

LA POPULATION

Les fameuses *Tales of the City* de l'écrivain Armistead Maupin (traduites en français sous le titre de *Chroniques de San Francisco*, Éditions du Passage du Marais, 1995), qui racontent la San Francisco des années soixante-dix, résument bien l'esprit qui anime toujours la population de la ville. Une jeune femme naïve, venue de l'est du continent, découvre cette société bigarrée, rencontrant tour à tour un gay à la recherche de l'âme sœur, une hippie nostalgique, une droguée douce et sympa- thique, un homme d'affaires ambitieux jouant sur tous les tableaux et, enfin, la femme de ce dernier, un être fragile qui désespère de trouver un jour le bonheur absolu, le tout arrosé de clins d'œil à *Vertigo*, le célèbre film d'Alfred Hitchcock entièrement tourné dans les rues de San Francisco.

D'aucuns diront, en exagérant, que l'on vient vivre à San Francisco pour trouver la fortune et le bonheur, que l'on n'y naît surtout pas et que certains s'y installent pour oublier un passé trouble et refaire leur vie. On dit aussi à la blague que tous ceux qui disparaissent de leur patelin sans laisser de traces réapparaîtront un jour dans les rues de «Frisco». La péninsule de San Francisco, qui pourrait éventuellement se séparer du continent, selon certains spécialistes, est souvent comparée à l'Atlantide mythique engloutie sous les flots, alors que sa population est jugée sévèrement par l'Amérique conservatrice, qui l'assimile aux habitants de Sodome. Avec ses rencontres parfois déconcertantes qui peuvent changer la vie de quelqu'un pour toujours et sa faille sismique la menaçant en permanence,

San Francisco attire dans son giron tous ceux qui ont le goût du risque. On trouve parmi ceux-là nombre de célibataires désireux de savourer cette ville d'audace et de liberté.

Pas surprenant alors que San Francisco soit devenue avec New York le principal foyer de la communauté homosexuelle des États-Unis. Près du quart de la population de la ville, hommes et femmes confondus, est considérée comme gay (environ 200 000 personnes). Les homosexuels, autrefois regroupés dans le quartier environnant Castro Street, ont maintenant tendance à se faire plus discrets et à se fondre dans l'ensemble de la population à mesure qu'ils sont davantage acceptés par la société californienne.

Contrairement au quartier gay, qui a tendance à s'étioler, les multiples quartiers ethniques de San Francisco sont bien démarqués et sont en pleine effervescence. Ils illustrent la variété des ethnies qui ont contribué au développement de la ville. On ne peut cependant parler de véritables ghettos, car il existe peu d'animosité entre les groupes, plutôt une curiosité polie associée à la volonté de mettre en évidence sa culture, d'où le grand nombre de restaurants spécialisés et de clins d'œil architecturaux rappelant leur pays d'origine.

Partout en Californie, l'héritage hispanique est omniprésent, les noms mêmes des plus grandes agglomérations de l'État en témoignent. Les Espagnols ne furent-ils pas les premiers à coloniser ce territoire? Supplantés par les États-Unis anglo-saxons au XIXe siècle, les hispanophones prennent une douce revanche depuis le début du XXe siècle à travers une immigration massive et quelquefois illégale vers cet Eldorado du Nord que représente la Californie pour les populations démunies de l'Amérique centrale. Même si le phénomène est moins présent à San Francisco qu'il peut l'être à Los Angeles, le quartier hispanique traditionnel de Mission s'étend dans toutes les directions, et l'espagnol est désormais entendu partout dans la ville.

Les Californiens d'origine hispanique sont divisés en deux groupes : les Hispanos, premiers colons de Californie demeurés sur place après l'annexion aux États-Unis en 1848, et les Chicanos, immigrants arrivés de différents pays hispanophones au cours du XXe siècle, entre autres le Mexique, le Nicaragua, le Guatemala et Cuba.

Les richesses, le climat et le mode de vie particulier de San Francisco ont attiré, dès l'époque de la Ruée vers l'or, une population européenne aux origines variées. Aussi retrouve-t-on, parmi les premiers habitants de la ville, des Allemands, des Russes, des Français, des Irlandais et des Italiens venus chercher fortune au bout du monde. Tous ont contribué à leur manière à la croissance de la ville, à l'instar des Italiens, qui ont fondé la Bank of Italy, devenue la puissante Bank of America. Certains ont leur propre quartier, comme les Italiens justement, installés près de North Beach, d'autres non. D'autres encore ont été repoussés vers les zones extérieures par des communautés plus puissantes et plus nombreuses.

Le quartier ethnique le plus célèbre de San Francisco est sans contredit le Chinatown, le plus ancien et le plus important quartier chinois d'Amérique, formé dès 1850, à l'époque de la Ruée vers l'or. On oublie trop souvent que des Chinois venus tenter leur chance en Amérique figurent parmi les premiers prospecteurs d'or de Californie. Ces «petits hommes jaunes», longtemps victimes de discrimination, se sont repliés jusqu'en 1940 dans leur quartier situé à proximité du centre des affaires.

De nos jours, les San-Franciscains d'origine chinoise habitent différents secteurs de la ville et de la banlieue, mais aiment se retrouver les fins de semaine dans le Chinatown. Même dans l'adversité, la communauté chinoise de San Francisco n'a jamais cessé de croître. Aux Chinois chercheurs d'or, ouvriers du chemin de fer, restaurateurs et propriétaires de blanchisseries, se sont joints plus récemment des milliers d'immigrants de Hong-Kong, effrayés par le retour de cette colonie britannique dans le giron de la Chine communiste en 1997.

La communauté chinoise compte quelque 80 000 individus, auxquels il faut ajouter des Coréens, des Vietnamiens, des Laotiens, des Cambodgiens, des Phillippins et des Japonais afin de dresser le portrait oriental complet de San Francisco (environ 200 000 personnes). Les Japonais ont même — chose rarissime — leur propre quartier : Japantown. Internés et dépouillés de leurs biens au moment de la Seconde Guerre mondiale, et ce, même s'ils étaient résidants de Californie depuis plusieurs générations, ils ont conservé une certaine amertume. Le cas des Phillippins est plus complexe. Associés à la fois aux communautés orientales et à l'héritage hispanique, ils ont contribué à rapprocher les deux groupes. Longtemps relégués aux tâches domestiques les plus ingrates, ils commencent à connaître du succès en affaires.

À l'instar des Chinois, les Afro-Américains figurent eux aussi parmi les premiers chercheurs d'or de Californie. Des esclaves affranchis pour la plupart, venus du «Vieux Sud» des États-Unis avant la guerre de Sécession, ils n'ont pas connu un sort plus enviable que celui des Chinois. Écartés des filons les plus prometteurs par la force, rares sont ceux qui ont pu s'enrichir. Depuis les années soixante, les Afro-Américains gays trouvent à San Francisco un terrain de prédilection d'où le racisme est presque absent. Mais les Noirs sont relativement peu nombreux à San Francisco, proportionnellement aux autres grands centres américains, et sont surtout regroupés dans la ville voisine, Oakland, située de l'autre côté de la baie. C'est d'ailleurs dans cette ville qu'a été fondé le mouvement radical des Black Panthers, visant la défense des droits des Noirs.

Même si San Francisco a accueilli le monde depuis ses débuts, les Américains de la Côte Est ont toujours constitué son bassin d'immigrants les plus influents. Jeunes étudiants de Berkeley décidés à demeurer sur place après leurs études, hippies traversant les États-Unis dans un vieux camion rouillé, cadres dynamiques de Cincinnati ou de Pittsburgh apprenant avec délectation qu'ils ont été mutés sur la Côte Ouest, tous ces gens ont donné à San Francisco son ton actuel, son ambiance décontractée et ses expressions langagières uniques, étrangères aux non-initiés.

Bien que les habitants de San Francisco aient toujours fait preuve de tolérance et d'ouverture d'esprit, l'émergence de toutes les idées nouvelles qui ont fait le tour du monde est un phénomène associé aux nouveaux venus de l'après-guerre. Que ferait-on maintenant sans micro-ordinateurs, sans la culture biologique des fruits et des légumes, sans mouvements de protection de l'environnement? La liberté d'agir et de penser qui anime la population de San Francisco a permis au monde d'évoluer et à San Francisco de devenir l'une des grandes métropoles culturelles de la Terre.

L'ARCHITECTURE

La superposition des innombrables bâtiments de bois et de stuc grimpant à l'assaut des collines de San Francisco donne parfois l'impression d'un bric-à-brac bon enfant qui pourrait dégringoler au moindre coup de vent. Cependant, ces groupements de petits immeubles très colorés encadrant les perspectives sur la baie ou la mer, auxquels il faut ajouter les luxuriants jardins de fleurs des propriétés des beaux quartiers et les devantures de boutiques et de cafés rappelant l'époque psychédélique, constituent la principale originalité architecturale et urbaine de San Francisco.

Il subsiste dans cette ville au nom bien hispanique très peu de vestiges des époques espagnoles et mexicaines, mis à part l'église de la mission Dolores, érigée à partir de 1782. Ce bâtiment est recouvert d'adobe, communément utilisé en Californie jusqu'au milieu du XIXe siècle pour tous les types de constructions. D'abord réservé à une brique de terre crue, le terme en est venu à désigner une technique de construction employant des billes de bois insérées dans les surfaces de terre pour former la charpente de la toiture et des galeries. Cette technique s'inspire largement de l'architecture traditionnelle de la civilisation amérindienne *pueblo* et de celle de leurs héritiers *navajos* du Nouveau-Mexique.

Mais la Ruée vers l'or de 1849 allait balayer tout cela en quelques mois. Ignorants des techniques de construction locales, les nouveaux venus érigent leurs campements de fortune à l'aide de tentes faites des voiles des navires qui les ont amenés là. D'autres fabriquent des maisons avec les coques renversées de ces mêmes navires. Rapidement, des fournisseurs de bois de l'est du continent découvrent à San Francisco un débouché providentiel pour leurs produits. Bientôt, des centaines de maisons préfabriquées arrivent par bateau et sont érigées en quelques semaines.

Au cours des années 1850, San Francisco se développe avec frénésie et dans l'anarchie la plus totale. Grâce aux richesses immenses accumulées en quelques années par les industriels,

«Painted Ladies»

les commerçants et les prospecteurs, on voit s'élever de nombreux «palais» bourgeois, des hôtels de tourisme qui rivalisent de luxe et d'ostentation, et même quelques opéras dignes de ceux de New York ou de Baltimore, car les San Franciscains sont, dès l'origine, friands d'opéra. La ville victorienne se passionne pour l'éclectisme extravagant et les excentricités de toutes sortes.

De 1850 à 1890, le style italianisant est à l'honneur. Il se veut un rappel des richesses de la Renaissance italienne et se caractérise par des corniches débordantes, des bossages de surface et de petits frontons au-dessus des ouvertures. Mais l'ensemble des styles de la période victorienne se retrouve également à San Francisco, qui ne ménage alors aucun effort pour faire étalage de sa prospérité et prouver au reste du monde qu'elle est sophistiquée et qu'elle n'a pris aucun retard sur les villes de la Côte Est des États-Unis.

Certains bâtiments de cette époque sont revêtus de briques, ou de pierres de grès extraites des carrières de la côte californienne, mais la plupart des maisons sont recouvertes d'un déclin de bois sur lequel est apposé un décor très élaboré dans le même matériau. La grande disponibilité du bois de séquoia dans les forêts au nord du Golden Gate et les qualités mêmes du matériau, résistant mais facile à scier, à tourner à assembler, permettent de réaliser une ornementation complexe à peu de frais. Ces maisons surnommées les «Painted Ladies», ces vieilles dames indignes peintes de toutes les couleurs, ont donné à la ville son caractère architectural propre. Elles se plieront avec brio à toutes les modes de la Belle Époque, du style Second Empire au style «Queen Anne» en passant par le néoroman de Richardson.

Les San-Franciscains commencent enfin à se rendre compte de la beauté des paysages qui les entourent à partir de 1870. Ils adoptent alors en grand nombre les *bay-windows* et autres types d'oriels, qui surplombent encore les rues des vieux quartiers afin de profiter au maximum des panoramas. Cet élément est devenu un trait typique de l'architecture de San Francisco. Les célèbres tramways ou *cable cars* installés en 1873 font eux aussi partie du patrimoine architectural de cette époque. Il ne subsiste toutefois que trois des multiples lignes en service au XIXe siècle.

Le tremblement de terre de 1906 et la conflagration majeure qu'il a provoquée ont détruit une grande partie de San Francisco. En général, les maisons de bois épargnées par l'incendie résistèrent mieux au séisme que les bâtiments de pierre ou de brique, qu'il fallut reconstruire. Étonnamment, la ville conserve un nombre appréciable de maisons datant d'avant le séisme, et ce, dans presque tous les quartiers du centre. Avant la catastrophe de 1906, on avait fait peu de cas de la possibilité d'une secousse tellurique majeure. Seul le vaste Palace Hotel avait été renforcé par une structure de béton armé. Il a d'ailleurs pu être conservé et fut par la suite entièrement restauré.

Plusieurs architectes locaux vont participer à la reconstruction de San Francisco. Parmi ceux-ci, figurent Willis Polk, Bernard Maybeck et surtout Julia Morgan, première femme acceptée à l'École des beaux-arts de Paris. La nouvelle San Francisco donne lieu à quelques expérimentations (Hallidie Building, 1917), mais, dans l'ensemble, la ville tient à ses petits immeubles blancs à oriels. La tenue de l'exposition «Panamá Pacific» en 1915, aménagée sur le site de l'actuel quartier Marina, célèbre la reconstruction de la ville et marque l'apothéose de l'architecture Beaux-Arts sur la Côte Ouest, également représentée à San Francisco par le colossal hôtel de ville, par le musée d'art, réplique du Palais de la Légion d'Honneur, à Paris, et par quelques demeures élégantes d'inspiration Louis XVI.

L'héritage espagnol de la Californie a également servi d'inspiration aux architectes du XXe siècle lors de la construction de bâtiments de style Mission, caractérisés par des surfaces lisses percées d'arcades surmontées de toitures de tuiles rouges. L'architecture coloniale mexicaine ainsi que l'architecture espagnole du XVIe siècle ont également influencé les artistes des années vingt, qui ont créé des églises, des cinémas et des bâtiments publics aux façades richement sculptées ou moulées.

L'Art déco n'est pas en reste puisque, à partir de 1930, il devient la marque de commerce de nombreux chantiers mis sur pied pour contrer le chômage engendré par la Crise. Ce style français aux formes géométriques et aux multiples décrochés est celui du Golden Gate Bridge, le fameux pont suspendu franchissant le détroit du même nom, rapidement devenu le symbole par excellence de San Francisco. Il fut conçu par l'architecte Irving Morrow et par l'ingénieur Joseph Strauss. Ce dernier est aussi le concepteur du pont Jacques-Cartier, sur le fleuve Saint-Laurent, à Montréal.

La contrainte des séismes engendre dès 1906 le développement d'une série d'audacieux moyens techniques plus ou moins efficaces pour permettre aux bâtiments de résister aux secousses telluriques. Cependant, l'enveloppe architecturale des édifices demeure plutôt conservatrice. Il faut attendre l'après-guerre pour que l'architecture moderne s'épanouisse vraiment à San Francisco. Depuis 1970, le centre de la ville se pare de nombreux gratte-ciel, comme la Trans-America Pyramid (1972), de forme pyramidale. Mais cette densification du centre-ville est loin de plaire à tous. Certains craignent que les édifices de grande hauteur ne s'écroulent lors d'un tremblement de terre majeur, d'autres y voient plutôt une attaque à leur qualité de vie.

Conscients de la valeur des paysages, de la faune et de la flore exceptionnelles qui les entourent, de plus en plus de San-Franciscains rejettent au cours des années soixante les formules venues de l'est du continent et se tournent vers une architecture dite «écologique». Déjà au début du XXᵉ siècle, on voit s'élever sur le pourtour de la baie de San Francisco quelques maisons faisant appel à d'énormes charpentes de séquoia équarri, à des parements de bardeaux de cèdre ou de bois teint et à des plans aérés qui s'inspirent des habitations de Frank Lloyd Wright. On parle alors de la «First Bay Tradition». La «Second Bay Tradition» des années trente se caractérise, quant à elle, par une relation étroite entre les pièces de la maison et le jardin extérieur qui l'avoisine.

La «Third Bay Tradition» des années soixante, en plus de cumuler les deux traditions précédentes, développe des formes inspirées de la grange typiquement nord-américaine et se préoccupe de l'aménagement de communes pour les hippies et autres amants de la nature. L'architecte Charles Moore en est un des plus importants représentants (The Sea Ranch). On trouve également au sein de cette architecture, que l'on pourrait qualifier de vernaculaire, des influences asiatiques, notamment dans la relation entre l'habitat et le jardin extérieur.

Les San-Franciscains sont aussi des pionniers de la préservation du patrimoine dans son sens le plus large, incluant même les bâtiments industriels, ce qu'illustre la reconversion d'une ancienne chocolaterie en centre commercial dès 1962 (Ghirar-delli Square). En outre, ils adorent les murales réalisées par des collectifs, souvent influencés par les artistes mexicains, ainsi que les nombreuses sculptures disséminées dans la ville, parmi lesquelles figure une œuvre colossale en béton du sculpteur québécois Armand Vaillancourt.

RENSEIGNEMENTS GÉNÉRAUX

L e présent chapitre a pour objectif d'aider les voyageurs à mieux planifier leur séjour à San Francisco.

Prenez note que l'indicatif régional de San Francisco est le 415. Aussi, par souci d'économie d'espace, l'avons-nous supprimé dans le présent ouvrage. À moins d'indication contraire, prenez donc pour acquis que le préfixe est toujours le 415.

FORMALITÉS D'ENTRÉE

Pour entrer aux États-Unis, les Québécois et les Canadiens n'ont pas besoin de visa. Il en va de même pour la plupart des citoyens des pays de l'Europe de l'Ouest. En effet, seul un passeport valide suffit, et aucun visa n'est requis pour un séjour de moins de trois mois. Un billet de retour ainsi qu'une preuve de fonds suffisants pour couvrir le séjour peuvent être demandés. Pour un séjour de plus de trois mois, tout voyageur, à l'exception des visiteurs canadiens, est tenu d'obtenir un visa (120 $US) à l'ambassade des États-Unis de son pays.

Précaution : Les soins hospitaliers étant extrêmement élevés aux États-Unis, il est conseillé de se munir d'une bonne assurance-maladie. Pour plus de renseignements, voir la section «La santé» (p 46).

Douane

Les étrangers peuvent entrer aux États-Unis avec 200 ciga-
rettes (ou 100 cigares) et des achats en franchise de douane
(*duty-free*) d'une valeur de 400 $US, incluant les cadeaux
personnels et un litre d'alcool (vous devez être âgé d'au moins
21 ans pour avoir droit à l'alcool). Vous n'êtes soumis à aucune
limite en ce qui a trait au montant des devises avec lequel vous
voyagez, mais vous devrez remplir un formulaire spécial si vous
transportez l'équivalent de plus de 10 000 $US. Les médica-
ments d'ordonnance devraient être placés dans des contenants
clairement identifiés à cet effet (il se peut que vous ayez à
produire une ordonnance ou une déclaration écrite de votre
médecin à l'intention des officiers de douane). La viande et ses
dérivés, les denrées alimentaires de toute nature, les graines,
les plantes, les fruits et les narcotiques ne peuvent être
introduits aux États-Unis.

Pour de plus amples renseignements, adressez-vous au :

United States Customs Service
1301 Constitution Avenue Northwest
Washington, DC 20229
☎ (202) 927-6724.
⇟ (202) 927-1393

L'ACCÈS À LA VILLE

Par avion

Du Québec

À partir de Montréal, les compagnies aériennes Air Canada et
Canadien proposent chacune entre 5 et 10 vols par jour vers
San Francisco via Chicago ou Toronto. La durée du voyage
varie entre sept et neuf heures, selon les escales.

De l'Europe

Toutes les compagnies majeures volent à destination de San Francisco à partir des grandes métropoles européennes. À titre d'exemple, citons Air France, qui dessert San Francisco quotidiennement au départ de Paris. La durée d'un vol sans escale est de 11 heures. À cela, il faut ajouter environ une heure par escale ou le double lorsqu'il y a changement d'avion.

Aéroport de San Francisco (SFO)

L'aéroport international de San Francisco, mieux connu sous l'acronyme SFO, se trouve à 25 km au sud du centre-ville par les routes 101 et 280; il faut compter une trentaine de minutes en voiture pour s'y rendre. San Francisco étant une destination de premier plan au départ de tous les points du globe, cet aéroport bourdonne toujours d'activité.

Pour vous rendre de l'aéroport au centre-ville, adressez-vous à **San Francisco Airporter** *(9 $; départ aux 15 min, de 5 h 20 à 23 h 30; ☎ 495-8404)*, qui assure un service de transport fréquent. **Supershuttle** *(☎ 871-7800)* propose pour sa part un service de navette de porte à porte; il faut toutefois réserver au moins 24 heures à l'avance. Comptez 10 $ à partir des hôtels du centre-ville ou 12 $ à partir d'une résidence privée. Vous pouvez en outre prendre un car de la **San Mateo County Transit**, ou SamTrans *(☎ 1-800-660-4287)* jusqu'au Transbay Terminal *(425 Mission Street)*, ou encore passer par les services du **BART** *(☎ 992-2278)* en correspondant à Colma ou à Daly City. Vous avez enfin la possibilité de héler une limousine ou un taxi *(comptez 30 $)*, ou de vous adresser à **Lorrie's Airport Service** *(10 $ par personne; ☎ 334-9000)*.

En voiture

Les principales routes menant à San Francisco sont la **route 1**, la pittoresque route côtière, la **route 101**, le principal axe de circulation nord-sud de la Californie, et la **route 80**, l'autoroute transcontinentale qui part de la Côte Est des États-Unis.

Par autocar

Greyhound Bus Lines (☎ *1-800-231-2222*) dessert San Francisco depuis toutes les grandes villes des États-Unis. La **Transbay Terminal** (gare routière) est située au 425 Mission Street (☎ *495-1575*).

Songez également à **Green Tortoise** *(494 Broadway, San Francisco, CA 94133,* ☎ *821-0803)*, une entreprise «Nouvel Âge» qui exploite un parc de cars pour le moins originaux, chacun d'eux étant équipé de plates-formes que les passagers peuvent utiliser comme couchettes de manière à prendre du repos au cours de la longue traversée du pays. Ces cars s'arrêtent en outre à divers sites d'intérêt le long de leur parcours. Green Tortoise (la tortue verte), une espèce en voie de disparition sortie tout droit des années soixante, dessert la Côte Est, Seattle, Los Angeles et d'autres régions des États-Unis, offrant à la fois un moyen de transport et une expérience de vie en groupe.

En train

Pour ceux qui préfèrent voyager en train, **Amtrak** (☎ *1-800-872-7245*) fait circuler le «Coast Starlight», le «California Zephyr» et le «San Joaquin», en provenance ou à destination de la gare d'Emeryville. De là, vous pourrez atteindre par bus le San Francisco Ferry Building, situé à l'angle de Market Street et de l'Embarcadero.

AMBASSADES ET CONSULATS DES ÉTATS-UNIS À L'ÉTRANGER

Au Québec

Consulat des États-Unis
Place Félix-Martin
1155, rue Saint-Alexandre
Montréal H2Z 1Z2
☎ (514) 398-9695

En Europe

France
Ambassade des États-Unis
2, avenue Gabriel
75382 Paris cedex 08
☎ 01-42-96-12-02
☎ 01-42-61-80-75
⇌ 01-42-66-97-83

Consulat des États-Unis
22, cours du Maréchal Foch
33080 Bordeaux cedex
☎ 05-56-52-65-95
⇌ 05-56-51-60-42

Consulat des États-Unis
12, boulevard Paul-Peytral
13286 Marseille cedex
☎ 04-91-54-92-00
⇌ 04-91-55-09-47

Consulat des États-Unis
15, avenue d'Alsace
67082 Strasbourg cedex
☎ 03-88-35-31-04
⇌ 03-88-24-06-95

Belgique
Ambassade des États-Unis
27, boulevard du Régent
B-1000 Bruxelles
☎ (2) 513-3830
⇌ (2) 511-2725

Espagne
Ambassade des États-Unis
Serano 75
28001 Madrid
☎ (1) 577-4000
⇌ (1) 564-1652
Telex (1) 277-63

Luxembourg
Ambassade des États-Unis
22, boulevard Emmanuel-Servais
2535 Luxembourg
☎ (352) 46-01-23
↹ (352) 46-14-01

Suisse
Ambassade des États-Unis
93, Jubilaum strasse
3000 Berne
☎ 31-43-70-11

Italie
Ambassade des États-unis
Via Vittorio Vérito
11917-121 Roma
☎ 467-41
↹ 610-450

CONSULATS ÉTRANGERS À SAN FRANCISCO

Canada
Bureau commercial du gouvernement du Canada
50 Fremont Street
Suite 1825
San Francisco
CA 94105
☎ 543-2550
↹ 512-7671

France

540 Bush Street
San Francisco
CA 94108
☎ 397-4330
↹ 433-8357

Belgique
625 3rd Street
San Francisco
CA 92106
☎ 882-4648
≈ 957-0730

Suisse
456 Montgomery Street
Suite 1500
San Francisco
CA 94104
☎ 788-2272
≈ 788-1402

Italie
2590 Webster Street
San Francisco
CA 94115
☎ 931-4924
≈ 931-7205

 RENSEIGNEMENTS TOURISTIQUES

Pour toute demande de renseignements touristiques, prenez contact avec les organismes suivants :

En Californie
California Office of Tourism
801 K Street
Suite 1600
Sacramento
CA 95812
☎ 1-800-862-2543
≈ (916) 322-3402

San Francisco Visitor
Information Center
Hallidie Plaza
Lower Level
(Angle Powell Street et Market Street)
San Francisco
CA 94102
☎ 391-2000

Numéros utiles

Urgences	☎ 911
AAA (assistance routière)	☎ 1-800-400-4222
Childs Crisis Service (enfants)	☎ 387-8700
Handicapped Crisis Line (personnes handicapées)	☎ 1-800-426-4663
Poison control center (empoisonnement)	☎ 1-800-523-2222
Women against rape crisis control (viol)	☎ 647-7273

Informations pratiques

AC Transit Bus Line	☎ 510-839-2882
Amtrak	☎ 1-800-872-7245
BART	☎ 788-2278
Better Business Bureau	☎ 243-9999
Chamber of commerce Visitor Information Center	☎ 392-4511
Greyhound/Trailways Bus lines	☎ 1-800-231-2222
Passport information	☎ 744-4444
Traveiiers aid 24-hours events recordings (ligne d'information générale quant aux activités culturelles)	
Anglais	☎ 391-2001
Français	☎ 391-2003
Allemand	☎ 391-2004
Japonais	☎ 391-2101
Espagnol	☎ 391-2122
Visitor Information Center (centre d'information touristique)	☎ 391-2000
Weather (météo)	☎ 936-1212
Youth Hostels (auberges de jeunesse)	
San Francisco	☎ 771-7277
Marin County	☎ 331-2777

VOS DÉPLACEMENTS DANS LA VILLE
ET DANS LES ENVIRONS

En voiture

Bien que ce soit à pied ou en utilisant les transports en commun qu'on visite le plus facilement San Francisco, il est tout de même relativement aisé de se déplacer en automobile, et ce, malgré que les parcs de stationnement soient rares et que les embouteillages soient fréquents aux heures de pointe.

La location d'une voiture

Si vous désirez louer une voiture, sachez que la plupart des grandes agences de location exploitent des franchises à l'aéroport même. Parmi elles, retenons **Avis Rent A Car** *(☎ 877-6780 ou 1-800-331-1212)*, **Budget Rent A Car** *(☎ 875-6850 ou 1-800-527-0700)*, **Dollar Rent A Car** *(☎ 244-4130 ou 1-800-800-4000)*, **Hertz Rent A Car** *(☎ 877-1600 ou 1-800-654-3131)* et **National Interrent** *(☎ 877-4745 ou 1-800-227-7368)*.

Si vous êtes disposé à sacrifier certains des avantages offerts par les grandes agences pour réaliser des économies, songez à celles qui n'ont pas de comptoir à l'aéroport, mais qui acceptent de vous y cueillir, comme **Ace Rent A Car** *(☎ 771-7711)*, **California Compacts Rent A Car** *(☎ 871-4421 ou 1-800-954-7368)* et **Flat Rate Rent A Car** *(☎ 583-9232 ou 1-800-433-3058)*.

À noter qu'il est permis de tourner à droite sur un feu rouge, après bien entendu avoir vérifié qu'il n'y ait aucun danger.

Lorsqu'un autobus scolaire (de couleur jaune) est à l'arrêt (feux clignotants allumés), il est obligatoire de vous arrêter quelle que soit votre direction. Le manquement à cette règle est considéré comme une faute grave!

Le port de la ceinture de sécurité est obligatoire.

Les autoroutes sont gratuites, sauf en ce qui concerne la plupart des Interstate Highways, désignées par la lettre «I», suivie d'un numéro. Les panneaux indicateurs se reconnaissent à leur forme presque arrondie (le haut du panneau est découpé de telle sorte qu'il fait deux vagues) et à leur couleur bleue. Sur ce fond bleu, le numéro de l'Interstate ainsi que le nom de l'État traversé sont inscrits en blanc. Au haut du panneau figure la mention «*Interstate*» sur fond rouge.

La vitesse est limitée à 55 mph (88 km/h) sur la plupart des grandes routes. Le panneau de signalisation de ces grandes routes se distingue par sa forme carrée, bordée de noir et dans lequel le numéro de la route est largement inscrit en noir sur fond blanc.

Sur les Interstates, la limite de vitesse s'élève à 65 mph (104 km/h).

Le panneau triangulaire rouge et blanc où vous pouvez lire la mention «*Yield*» signifie que vous devez ralentir et céder le passage aux véhicules qui croisent votre chemin.

La limite de vitesse vous sera annoncée par un panneau indicateur de forme carrée et de couleurs blanche et noire sur lequel est inscrit «*Speed Limit*», suivi de la vitesse limite autorisée.

Le panneau rond et jaune, barré d'une croix noire et de deux lettres «R», indique un passage à niveau.

Postes d'essence : les États-Unis étant un pays producteur de pétrole, l'essence est nettement moins chère qu'en Europe, et même qu'au Québec et au Canada, en raison des taxes moins élevées.

Les transports en commun

San Francisco est une ville dotée d'un système de transports en commun efficace. Quel que soit l'endroit où vous désirez vous rendre, composez le numéro de la **San Francisco Muni** *(☎ 673-6864)*, et un téléphoniste vous indiquera aussitôt le moyen de transport le mieux adapté à vos besoins.

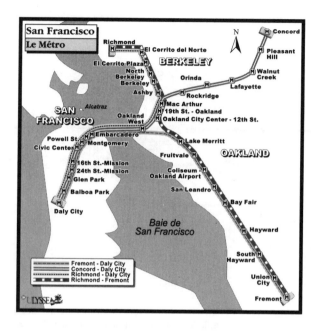

Plus de 90 lignes d'autobus sillonnent la ville et ses environs, sans compter les trolleybus, les tramways, les métros légers sur rail et les funiculaires. La majorité des lignes en question sont en service tous les jours de la semaine, quoique leurs horaires peuvent varier les fins de semaine et les jours fériés. Le titre de correspondance qui vous est remis au moment d'acquitter votre droit de passage (monnaie exacte requise) vous permet de passer d'une ligne à l'autre ou de faire autant d'arrêts que vous le désirez à l'intérieur d'une période de 90 min. Pour tout connaître du réseau de transports en commun de la Muni, procurez-vous un exemplaire du *Muni Street and Transit Map* au Visitor Center *(900 Market Street, ☎ 391-2000)*, au comptoir d'information de l'hôtel de ville ou dans les librairies locales.

Par contraste avec le système classique de funiculaires de San Francisco, le **Bay Area Rapid Transit System**, ou BART *(☎ 992-2278)*, fait circuler de rapides rames de métro profilées

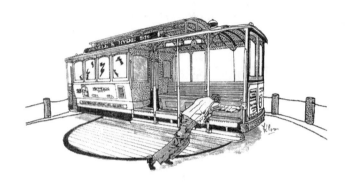

Cable Car

sous les rues de la ville. Ce moyen de transport futuriste dessert le centre-ville, le Mission District, le Glen Park et Colma, mais aussi (en passant sous la baie de San Francisco) les villes d'Oakland et de Berkeley, de même que d'autres points de l'East Bay. Les rames circulent aux 8 min ou aux 20 min, selon l'heure de la journée. Les stations du BART ouvrent leurs portes dès 4 h du matin (6 h le samedi et 8 h le dimanche), et ce, jusqu'à minuit (tous les jours).

Nombre de communautés voisines sont en outre reliées à San Francisco par des réseaux de transports en commun. Au nord, la **Golden Gate Transit** *(☎ 332-6600)* exploite un service d'autobus et de traversier. Au sud, la **San Mateo County Transit**, ou **SamTrans** *(☎ 1-800-660-4287)* fait circuler des autobus jusqu'à Palo Alto. **CalTrain** *(☎ 1-800-660-4287)* propose également un service de banlieue entre San Jose et San Francisco, différents arrêts étant prévus entre ces deux points. De l'autre côté de la baie, l'**Alameda-Contra Costa Transit**, ou **AC Transit** *(☎ 510-839-2882)*, achemine des passagers d'Oakland, de Berkeley et d'autres villes de l'East Bay vers la Transbay Terminal de San Francisco.

Les funiculaires

Les funiculaires (*cable cars*), symboles incontournables de San Francisco, constituent le moyen par excellence pour explorer cette ville aux collines abruptes. Ce vénérable réseau s'étend sur 10 km dans le centre-ville de San Francisco.

Le funiculaire a été inventé en 1873 par Andrew Hallidie. Il fonctionne grâce à des câbles souterrains entraînés à une vitesse constante de 15,3 km/h. Trois des 12 lignes originales du réseau sont encore en service toute l'année. Les lignes Powell-Mason et Powell-Hyde partent du centre-ville pour se rendre au Fisherman's Wharf, et la ligne de California Street circule d'est en ouest en passant par le Chinatown (quartier chinois) et Nob Hill.

En partie construits de bois et équipés de longues passerelles transversales à l'ancienne, ces véhicules ouverts se révèlent à la fois lents et élégants. En gravissant les collines fortement inclinées de la ville pour ensuite redescendre vers la baie comme s'ils empruntaient des pistes de toboggan, ils offrent nombre de vues sur San Francisco parmi les plus saisissantes. La moitié du plaisir de telles balades consiste toutefois à observer le travail des conducteurs de ces véhicules d'une autre époque, puisque chacun a développé sa façon toute personnelle de manier le levier de contrôle, de freiner et d'actionner la cloche. Aussi vous offrent-ils souvent un véritable concert en plus de vous faire vivre une expérience à couper le souffle.

En taxi

Vous trouverez ici des taxis à profusion, mais il n'y a rien de moins évident que de les héler au passage, de sorte qu'il vaut mieux recourir au téléphone pour en obtenir un. Les principales entreprises sont la **DeSoto Cab Company** (☎ *673-1414)*, **Luxor Cabs** *(☎ 282-4141)*, la **Veteran's Taxi Cab Company** *(☎ 552-1300)* et **Yellow Cab** *(☎ 626-2345)*.

À pied

San Francisco semble avoir été conçue pour les piétons. Il n'y a donc rien d'étonnant à ce qu'elle propose différents circuits de promenade permettant d'explorer divers quartiers et sites historiques.

Les **Chinese Heritage Walks** *(droits de participation; Holiday Inn, angle Kearny Street et Washington Street, ☎ 986-1822)* se tiennent tous les samedis à 14 h sous les auspices du Chinese Culture Center et révèlent le vrai visage du Chinatown. Elles comportent également une «**Culinary Walk**», grâce à laquelle vous pourrez visiter les marchés et les herboristeries avant de vous arrêter pour le déjeuner dans un restaurant où l'on sert le traditionnel *dim sum* (brunch à l'orientale).

Les **Wok Wiz Chinatown Walking Tours** *(750 Kearny Street, Suite 800, ☎ 355-9657)*, dirigés par Shirley Fong-Torres, auteur de livres de cuisine, portent sur les pâtisseries et marchés locaux, vous permettent d'assister à une cérémonie du thé privée et comportent également un déjeuner de type *dim sum*. Cette balade de trois heures constitue un bon moyen de se familiariser avec la tradition culinaire du quartier chinois.

Le **Flower Power Haight-Ashbury Walking Tour** *(520 Shrader Street, Suite 1, ☎ 221-8442)* parcourt le quartier rendu célèbre par les hippies des années soixante. Outre les sites marquants du «Summer of Love», il jette un regard prolongé sur les constructions victoriennes datant de l'époque où Haight, alors rurale, était un centre de villégiature volontiers fréquenté les fins de semaine.

Le **Dashiell Hammett Walking Tour** *(droits de participation; mai à août sam 12 h, départ de la San Francisco Public Library, angle Larkin Street et Grove Street; P.O. Box 982, Glen Allen, CA 95442, ☎ 707-939-1214)* sillonne sur 5 km les lieux hantés par Dashiell Hammett, cet auteur de mystères, et son détective fictif Sam Spade. Hammett a vécu à San Francisco, la «Ville de la Baie», entre 1921 et 1930, et en a fait le théâtre de nombreux romans et nouvelles, dont *Le faucon maltais*. Tout en retraçant les périples de Sam Spade, ce circuit pédestre ratisse la ville depuis Tenderloin jusqu'à Nob Hill.

Le personnel du Mexicana Museum organise une visite du **San Francisco City Club** *(droits d'entrée; Fort Mason, bâtiment D, ☎ 441-0445)*, un édifice du début du siècle ayant jadis abrité la Bourse de San Francisco où trône une fresque de Diego Rivera. D'autres circuits permettant d'admirer des murales sont proposés par les **Precita Eyes Muralists** *(348 Precita Avenue, ☎ 285-2287)*.

City Guides, un regroupement de guides volontaires parrainé par la société des amis de la San Francisco Public Library, propose des visites gratuites de différents attraits de la ville, entre autres les maisons victoriennes de Pacific Heights, l'historique Market Street, North Beach, le quartier de Nob Hill et la Coit Tower. Pour de plus amples renseignements sur les lieux et les heures de départ, composez le ☎ 557-4266.

LES ASSURANCES

Annulation

Cette assurance est normalement proposée par l'agent de voyages au moment de l'achat du billet d'avion ou du forfait. Elle permet le remboursement du billet ou forfait dans le cas où le voyage devrait être annulé en raison d'une maladie grave ou d'un décès. Les gens sans problème de santé n'ont pas vraiment à recourir à une telle protection. Elle demeure par conséquent d'une utilité relative.

Vol

La plupart des assurances-habitation au Québec protègent une partie des biens contre le vol, même si celui-ci a lieu à l'étranger. Pour faire une réclamation, il faut présenter un rapport de police. Comme tout dépend des montants couverts par votre police d'assurance-habitation, il n'est pas toujours utile de prendre une assurance supplémentaire. Les visiteurs européens, pour leur part, doivent vérifier si leur police protège leurs biens à l'étranger, car ce n'est pas automatiquement le cas.

Vie

Plusieurs compagnies aériennes offrent une assurance-vie incluse dans le prix du billet d'avion. D'autre part, beaucoup de voyageurs disposent déjà d'une telle assurance; il n'est donc pas nécessaire de s'en procurer une supplémentaire.

Maladie

Sans doute la plus utile pour les voyageurs, l'assurance-maladie s'achète avant de partir en voyage. La couverture de cette police d'assurance doit être aussi complète que possible, car aux États-Unis le coût des soins peut s'élever rapidement. Au moment de l'achat de la police, il faudrait veiller à ce qu'elle couvre bien les frais médicaux de tout ordre, comme l'hospitalisation, les services infirmiers et les honoraires des médecins (jusqu'à concurrence d'un montant assez élevé, car ils sont chers). Une clause de rapatriement, pour le cas où les soins requis ne peuvent être administrés sur place, est précieuse. En outre, il peut arriver que vous ayez à débourser le coût des soins en quittant la clinique. Il faut donc vérifier ce que prévoit la police en tel cas. Durant votre séjour, vous devriez toujours garder sur vous la preuve que vous avez contracté une assurance-maladie, ce qui vous évitera bien des ennuis si par malheur vous en avez besoin.

LA SANTÉ

Généralités

Pour les personnes en provenance d'Europe, du Québec et du Canada, aucun vaccin n'est nécessaire. D'autre part, il est vivement recommandé, en raison du prix élevé des soins, de souscrire à une bonne assurance maladie-accident. Il existe différentes formules, et nous vous conseillons de les comparer. Emportez vos médicaments, surtout ceux qui exigent une ordonnance. Sauf indication contraire, l'eau est potable partout en Californie.

Sécurité

Malheureusement, la société américaine est relativement violente, mais rien ne sert de paniquer et de rester cloîtré dans sa chambre d'hôtel!

Un petit conseil : il est souvent préférable de s'enquérir, dès son arrivée, des quartiers qu'il vaut mieux s'abstenir de visiter à n'importe quelle heure du jour et de la nuit. En prenant les précautions courantes, il n'y a pas lieu d'être inquiet outre mesure pour sa sécurité. Si toutefois la malchance était avec vous, n'oubliez pas que le numéro de secours est le **911**, ou le **0** en passant par le téléphoniste.

D'une façon générale, il est conseillé d'éviter de fréquenter seul les couloirs du métro de San Francisco en dehors des heures de service, tôt dans la matinée ou très tard dans la soirée. De la même manière, vous devriez abandonner l'idée d'une promenade nocturne dans un des grands parcs de la ville, à moins qu'il ne s'y tienne un événement quelconque qui attire une foule importante.

LE CLIMAT

À San Francisco, l'écart de température entre les saisons est très mince. En effet, le sol ne gèle pratiquement jamais, et les coups de soleil sont plutôt causés par les vents violents que par la chaleur torride.

Les températures n'oscillant que de quelques degrés au cours de l'année (un écart d'environ 8 °C entre janvier et juillet), il est tout de même possible de faire ressortir une généralité de cette température pour le moins bizarre : les journées sont particulièrement agréables (très ensoleillées d'avril à septembre) et les nuits assez froides.

L'hiver n'étant pas rigoureux, vous n'aurez qu'à vous soucier de la pluie; aussi faudrait-il envisager d'emporter un imperméable et un parapluie. Quoiqu'il fasse doux durant la journée (prévoyer tout de même un chandail), il est fortement conseillé de bien se couvrir pendant la nuit, celle-ci étant relativement fraîche.

Par ailleurs, l'été est plus printanier que suffocant, comme en fait montre sa moyenne des températures maximales, qui se situe à 23 °C au mois de juillet. Mais encore une fois, à la tombée du jour, il est nécessaire de porter un chandail, à moins de ne pas être frileux.

QUAND VISITER SAN FRANCISCO?

Le cœur de l'été (de juillet à la fête du Travail, célébrée le premier lundi de septembre) est très populaire. Vous auriez peut-être intérêt à visiter la ville au printemps ou en automne, lorsque les prix sont moins élevés. La période de Noël et du Nouvel An est également fort prisée. Il est à retenir que vos vacances seront plus paisibles et que vous aurez moins de mal à réserver une place dans un hôtel si vous voyagez hors saison, en avril et en mai, ou de la fin octobre à la fin décembre.

POSTE ET TÉLÉCOMMUNICATION

On peut se procurer des timbres dans les bureaux de poste, bien sûr, mais aussi dans les grands hôtels. La levée du courrier s'effectue sur une base quotidienne.

Le système téléphonique est extrêmement performant aux États-Unis. On trouve aisément des cabines fonctionnant à l'aide de pièces de monnaie. **L'indicatif régional de San Francisco est le 415**. Aussi, par souci d'économie d'espace, l'avons-nous supprimé dans le présent ouvrage. À moins d'indication contraire, prenez donc pour acquis que le préfixe est toujours le 415.

Dans ce guide, vous trouverez des numéros dont le préfixe est 800 ou 888. Il s'agit alors d'un numéro sans frais, généralement accessible de tous les points d'Amérique du Nord.

Pour téléphoner à San Francsico depuis le Québec, il faut composer le 1-415, puis le numéro de votre correspondant.

Depuis la France, la belgique et la Suisse, il faut faire le 00-1-415, puis le numéro de votre correspondant.

En appelant durant certaines périodes précises, vous pouvez bénéficier de réductions substantielles. Ainsi, depuis le Québec, la période la plus économique s'étend entre 23 h et 7 h. En France métropolitaine, appelez entre 2 h et midi pour le tarif réduit 1 ou après 20 h pour le tarif réduit 2. En Belgique, choisissez un moment entre 20 h et 8 h, ou faites votre appel le dimanche toute la journée.

Pour joindre le Québec depuis San Francisco, il faut composer le 1, l'indicatif régional et finalement le numéro de votre correspondant. Pour atteindre la France, faites le 011-33, puis le numéro à 10 chiffres du correspondant en omettant le zéro. Pour téléphoner en Belgique, composez le 011-32, l'indicatif régional, puis le numéro de votre correspondant. Pour appeler en Suisse, faites le 011-41, l'indicatif régional et le numéro de votre correspondant.

Par ailleurs, les hôtels sont, la plupart du temps, équipés de télécopieurs (fax). Notez qu'il peut coûter beaucoup plus cher de téléphoner de votre hôtel que d'une cabine téléphonique.

LES SERVICES FINANCIERS

La monnaie

L'unité monétaire est le dollar ($US), lui-même divisé en cents. Un dollar = 100 cents. Il existe des billets de banque de 1, 2 (rarement utilisés), 5, 10, 20, 50 et 100 dollars, de même que des pièces de 1 (*penny*), 5 (*nickel*), 10 (*dime*) et 25 (*quarter*) cents.

Sachez qu'aucun achat ou service ne peut être payé en devises étrangères aux États-Unis. Songez donc à vous procurer des chèques de voyage en dollars américains. Vous pouvez également utiliser toute carte de crédit affiliée à une institution américaine, comme Visa, MasterCard, American Express, Carte Bleue, Interbank et Barcley Card. Il est à noter que tous les prix mentionnés dans le présent ouvrage sont en dollars américains.

Taux de change

1 $CAN	0,74 $US	1 $US	1,34 $CAN
1 FF	0,20 $US	1 $US	5,10 FF
1 FS	0,80 $US	1 $US	1,25 FS
10 FB	0,32 $US	1 $US	31,11 FB
100 PTA	0,78 $US	1 $US	127,30 PTA
1000 LIT	0,66 $US	1 $US	1517,28 LIT

Banques

Les banques sont ouvertes du lundi au vendredi, de 9 h à 15 h et la plupart proposent des services courants aux touristes. Pour avoir de l'argent liquide, la meilleure solution demeure encore d'être en possession de chèques de voyage. Le retrait de votre compte à l'étranger constitue une solution coûteuse. Par contre, plusieurs guichets automatiques accepteront votre carte de banque européenne, canadienne ou québécoise, et vous pourrez alors faire un retrait de votre compte directement ou obtenir une avance sur votre carte de crédit. Les mandats-poste ont l'avantage de ne pas comporter de commission, mais l'inconvénient de prendre plus de temps à transiger.

Change

La plupart des banques changent facilement les devises européennes et canadiennes, mais presque toutes demandent des frais de change. En outre, vous pouvez vous adresser à des bureaux de change qui, en général, n'exigent pas commission. Ces bureaux ont souvent des heures d'ouverture plus longues. La règle à retenir : se renseigner et comparer.

HORAIRES ET JOURS FÉRIÉS

Horaires

Magasins

Ils sont généralement ouverts du lundi au samedi, de 9 h 30 à 17 h 30 (parfois jusqu'à 18 h). Les supermarchés ferment en revanche plus tard ou parfois restent ouverts 24 heures par jour, sept jours par semaine.

Jours fériés

Voici la liste des jours fériés. La plupart des magasins, services administratifs et banques sont alors généralement fermés.

Jour de l'An : 1er janvier

Journée de Martin Luther King : troisième lundi de janvier

Anniversaire de Lincoln : 12 février

Anniversaire de Washington (President's Day) : troisième lundi de février

Jour des morts au champs d'honneur (Memorial Day) : dernier lundi de mai

Jour de l'Indépendance : 4 juillet (fête nationale des États-Unis)

Fête du Travail (Labor Day) : premier lundi de septembre

Journée de Colomb (Columbus Day) : deuxième lundi d'octobre

Journée des Vétérans et de l'Armistice : 11 novembre

Action de grâces (Thanksgiving Day) : quatrième jeudi de novembre

Noël : 25 décembre

LE CALENDRIER
DES ÉVÉNEMENTS ANNUELS

Janvier

À la fin de janvier ou au début de février, on célèbre le Nouvel An chinois (**Chinese New Year**) par un défilé extravagant de dragons, de danseurs et de fanfares, le tout couronné d'un feu d'artifices.

Mars

À l'occasion de la Saint-Patrick (**St. Patrick's Day**), fanfares, politiciens et fêtards de toute sorte défilent à travers la ville le dimanche le plus rapproché du 17 mars.

Avril

Le **Cherry Blossom Festival** (festival des cerisiers en fleurs) du Japantown est souligné par des défilés, des cérémonies du thé, des représentations théâtrales et des démonstrations d'arts martiaux. **Opening Day on the Bay** marque l'ouverture de la saison de la navigation de plaisance par la bénédiction des embarcations et un défilé de bateaux décorés. Le **San Francisco International Film Festival** regroupe une foule d'événements cinématographiques.

Mai

Plus de 100 000 cœurs vaillants parcourent les abords de la baie au rythme de la **Breakers Foot Race** (course à pied), nombre d'entre eux franchissant les 12 km du tracé revêtus de costumes. Le Mission District célèbre pour sa part le **Cinco de Mayo** (fête du 5 Mai).

Juin

La **Gay Freedom Day Parade** (défilé du jour célébrant la liberté gay) s'anime avec ses chars allégoriques colorés et ses costumes inventifs; il se rend de l'Embarcadero au Civic Center.

Le **Stern Grove Midsummer Music Festival** prend également son envol pour deux mois.

Juillet

Au Fisherman's Wharf comme dans toute la Californie du Nord, on célèbre le **Fourth of July** (fête de l'Indépendance) par des feux d'artifice. Le **San Francisco Marathon** se déroule pour sa part entre le Golden Gate Park et le Civic Center, à travers un parcours de 42 km.

Août

Le **County Fair Flower Show** (exposition florale régionale) présente des milliers de beautés végétales à l'intérieur du Hall of Flowers du Golden Gate Park.

Septembre

Ce mois musical entre tous marque l'ouverture du **San Francisco Opera** et du **San Francisco Symphony**, de même que la célébration annuelle du **Blues Festival** et d'**Opera in the Park**.

Octobre

Le **Columbus Day** est ponctué d'un défilé, d'un tournoi de *bocce* et de la bénédiction annuelle des bateaux de pêche. Les cow-boys, pour leur part, se donnent rendez-vous à la **Grand National Livestock Exposition, Rodeo and Horse Show** (exposition d'animaux, rodéo et concours équestre).

Novembre

Le **San Francisco Bay Area Book Festival** (foire du livre) est l'occasion rêvée de rencontrer les éditeurs locaux et d'entendre des lectures d'ouvrages par leurs auteurs. De nombreux festivals et foires inaugurent en outre la saison des fêtes de Noël, parmi lesquels le **Harvest Festival & Christmas Crafts Market** (festival des récoltes et marché de décorations de Noël).

Décembre

La **Dickens Christmas Fair** (foire de Noël à la façon de Dickens) s'étend du Thanksgiving (fête américaine de l'Action de grâces) à Noël, et le **Sing-It-Yourself Messiah** égaye également la saison, sans oublier les défilés de Noël (**Christmas Parades**) qui ont lieu dans différentes localités de la Californie du Nord.

 HÉBERGEMENT

Peu importe vos goûts ou votre budget, cet ouvrage saura sûrement vous aider à dénicher le type d'hébergement qui vous convient. Rappelez-vous que les chambres peuvent devenir rares et les prix s'élever durant l'été. Les voyageurs qui désirent visiter San Francisco durant la belle saison devraient donc réserver à l'avance.

La formule des *Bed and Breakfasts* est aussi représentée à San Francisco. On retrouve souvent ces établissements aménagés dans de jolies maisons traditionnelles, harmonieusement décorées. Généralement, ils comptent moins de 12 chambres.

Par ailleurs, un peu à l'extérieur de la ville, l'abondance de motels le long des autoroutes permet aux voyageurs de trouver des chambres au charme inexistant, mais à des prix très abordables.

Dans ce guide, les prix mentionnés pour les établissements s'appliquent à une chambre pour deux personnes en haute saison et devraient se lire comme suit :

> $ = moins de 50 $
> $$ = 50-90 $
> $$$ = 90-130 $
> $$$$ = plus de 130 $

 RESTAURANTS

Outre la description de nombre d'établissements, le chapitre «Restaurants» comporte un index thématique permettant de retrouver plus facilement le type d'établissement et de cuisine qui vous convient.

Les tarifs mentionnés pour les établissements mentionnés dans ce guide s'appliquent à un repas pour une personne, excluant les taxes et les boissons.

> $ = moins de 10 $
> $$ = 10-20 $
> $$$ = 20-25 $
> $$$$ = plus de 25 $

Pourboires

Selon le restaurant, on calcule de 10 % à 15 % (avant taxes) pour le service; celui-ci n'est pas, comme en France, inclus dans l'addition, et le client doit le calculer lui-même et le remettre à la serveuse ou au serveur; service et pourboire sont une même et seule chose en Amérique du Nord.

LES ENFANTS

D'innombrables aventures familiales vous attendent à San Francisco. Quelques conseils vous permettront d'en profiter au maximum.

Par exemple, faites vos réservations à l'avance en vous assurant que l'endroit où vous désirez loger admet les enfants. S'il vous faut un berceau ou un petit lit supplémentaire, n'oubliez pas d'en faire la demande au moment de réserver. Un bon agent de voyages peut vous être très utile à cet égard, de même que pour vos différents projets de vacances.

Si vous vous déplacez en avion, demandez des sièges en face d'une cloison; vous y aurez plus d'espace. Transportez, dans vos bagages à main, couches, rechange de vêtements, collations et jouets ou petits jeux. Si vous vous déplacez en voiture, tous les articles que nous venons de mentionner sont également indispensables. Assurez-vous en outre de faire des provisions d'eau et de jus; la déshydratation peut en effet occasionner de légers problèmes.

Ne voyagez jamais sans une trousse de premiers soins. Outre les pansements adhésifs, la pommade antiseptique et un onguent contre les démangeaisons, n'oubliez pas les médicaments recommandés par votre pédiatre contre les allergies, le rhume, la diarrhée ou tout autre affection chronique dont votre enfant pourrait souffrir.

Si vous comptez passer beaucoup de temps à la plage, soyez particulièrement prudent les premiers jours. La peau des enfants est généralement plus fragile que celle des adultes, et une grave insolation peut survenir plus tôt que vous ne le croyez. Enduisez vos enfants de crème solaire, et songez même à leur faire porter un chapeau. Inutile de vous dire qu'il faut toujours surveiller vos tout-petits lorsqu'ils se trouvent près de l'eau.

Lorsque vous avez une sortie en soirée, plusieurs hôtels sont à même de vous fournir une liste de gardiennes d'enfants dignes de confiance. Vous pouvez également confier vos enfants à une garderie; consultez l'annuaire téléphonique, et assurez-vous qu'il s'agit bien d'un établissement détenant une licence.

LES AÎNÉS

À San Francisco, les gens âgés de 65 ans et plus peuvent profiter de toutes sortes d'avantages tels que des réductions substantielles sur les droits d'entrée aux musées ou à divers attractions et des prix réduits dans les hôtels, restaurants, etc. Bien souvent toutefois, ces tarifs spéciaux ne sont guère publicisés. Il ne faut donc pas se gêner pour s'en informer.

Par ailleurs, mentionnons que l'**American Association of Retired Persons (AARP)** *(601 E. Street NW, Washington D.C. 20049,* ☎ *202-434-2277)* accepte comme membre toute personne de plus de 50 ans qui en fait la demande. Les avantages proposés par cette association incluent des remises sur les voyages organisés par plusieurs firmes.

Soyez particulièrement avisé en ce qui a trait aux questions de santé. En plus des médicaments que vous prenez normalement, glissez votre ordonnance dans vos bagages pour le cas où vous auriez besoin de la renouveler. Songez aussi à transporter votre dossier médical avec vous, de même que le nom, l'adresse et le numéro de téléphone de votre médecin. Assurez-vous enfin que vos assurances vous protègent à l'étranger.

LES PERSONNES HANDICAPÉES

Les organismes américains suivants sont en mesure de fournir des renseignements utiles aux voyageurs handicapés : **Society for the Advancement of Travel for the Handicapped** *(347 5ᵗʰ Avenue, Suite 610, New York, NY 10016, ☎ 212-447-7284)*, **Travel Information SERVICE** *(Philadelphia, PA, ☎ 215-456-9600)*, **Mobility International USA** *(P.O. Box 10767, Eugene, OR 97440, ☎ 503-343-1284)* et **Flying Wheels Travel** *(P.O. Box 382, Owatonna, MN 55060, ☎ 1-800-535-6790)*. **Travelin' Talk** *(P.O. Box 3534, Clarksville, TN 37043, ☎ 615-552-6670)*, un organisme de réseau, propose également ce genre d'information.

DIVERS

Bars et discothèques

Certains établissements exigent des droits d'entrée, particulièrement lorsqu'il y a un spectacle. Le pourboire n'y est pas obligatoire et est laissé à la discrétion de chacun; le cas échéant, on appréciera votre geste. Pour les consommations par contre, un pourboire entre 10 % et 15 % est de rigueur.

Notez que l'âge légal auquel il est permis d'entrer dans les bars ou d'acheter de l'alcool est de 21 ans.

Décalage horaire

Lorsqu'il est 12 h à Montréal, il est 9 h à San Francisco. Le décalage horaire pour la France, la Belgique ou la Suisse est de neuf heures. Depuis 1996, vous n'avez plus à vous préoccuper des changements d'horaire, car ils se font aux mêmes dates en Amérique et en Europe. Enfin, n'oubliez pas qu'il existe plusieurs fuseaux horaires aux États-Unis : San Francisco, sur la côte du Pacifique, a trois heures de retard sur Boston.

Drogues

Elles sont absolument interdites (même les drogues dites «douces»). Aussi bien les consommateurs que les distributeurs risquent de très gros ennuis s'ils sont trouvés en possession de drogues.

Électricité

Partout aux États-Unis et en Amérique du Nord, la tension électrique est de 110 volts et de 60 cycles (Europe : 50 cycles); aussi, pour utiliser des appareils électriques européens, devrez-vous vous munir d'un transformateur de courant adéquat.

Les fiches d'électricité sont plates, et vous pourrez trouver des adaptateurs sur place ou, avant de partir, vous en procurer dans une boutique d'accessoires de voyage ou une librairie de voyage.

Poids et mesures

Le système impérial est en vigueur aux États-Unis :

Mesures de poids
1 livre (lb) = 454 grammes

Mesures de distance
1 pouce (po) = 2,5 centimètres
1 pied (pi) = 30 centimètres
1 mille (mi) = 1,6 kilomètre

Mesures de volume
1 gallon américain (gal) = 3,79 litres

Mesures de température
Pour convertir °F en °C : soustraire 32, puis diviser par 9 et multiplier par 5.
Pour convertir °C en °F : multiplier par 9, puis diviser par 5 et ajouter 32.

Taxes de vente

Une taxe totale (celle de la Ville et celle de l'État) de 12 % est en vigueur sur le prix de l'hébergement, alors que celle s'appliquant aux produits et services est de 8,5 %.

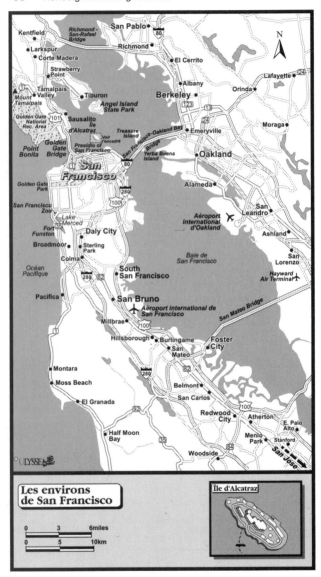

Les environs de San Francisco

Île d'Alcatraz

| 0 | 3 | 6miles |
| 0 | 5 | 10km |

ATTRAITS TOURISTIQUES

San Francisco possède une foule d'attraits, tous plus fascinants les uns que les autres, que vous pourrez découvrir en suivant chacun des 19 circuits que nous vous proposons à travers la ville. Ces circuits, le centre-ville ★, autour du Civic Center ★, South of Market ★, le Financial District ★, autour de l'Embarcadero, le Chinatown ★★★, Nob Hill ★, North Beach ★★, autour du Fisherman's Wharf ★★, Russian Hill ★, Union Street ★, Pacific Heights ★, autour du Presidio ★, le Japantown, Haight-Ashbury ★, le Mission District ★, le Golden Gate Park ★★★, la Golden Gate National Recreation Area ★★★ et l'«arrière-cour» de San Francisco, sont autant d'invitations à arpenter les rues et les moindres recoins de la ville pour en saisir la beauté et les secrets.

 LE CENTRE-VILLE ★

Quelle que soit la ville du monde dans laquelle vous vous rendez, la visite commence toujours par un secteur vital certes, mais le plus souvent nébuleux, désigné sous le nom de «centre-ville» **(voir carte du circuit A)**, et San Francisco n'échappe pas à la règle. Ici, le centre-ville est synonyme d'**Union Square ★ (1)** *(au croisement des rues Geary et Stockton)*, une place arborée située en plein cœur du quartier des hôtels et des boutiques. Les hauts édifices qui se dressent en marge de ce secteur abritent de grands magasins à rayons, tandis que les rues avoisinantes accueillent beaucoup d'hôtels et de boutiques des plus chic et des plus huppés.

Toutefois, le rôle le plus fascinant de l'Union Square est sans doute celui de centre d'expression artistique libre de San Francisco. Ne vous étonnez donc pas d'y voir et entendre, n'importe quel jour de la semaine, une fanfare traversant la place au pas, une chorale scolaire chantant les gloires du monde ou un rassemblement de musiciens bigarrés mais talentueux qui n'hésitent pas à passer le chapeau de manière à pouvoir s'offrir un ticket de métro pour rentrer chez eux.

Les **funiculaires ★★★ (2)** *(cable cars)* de la station voisine du square, à l'angle des rues Powell et Market, se font entendre au passage alors qu'ils roulent en direction de Nob Hill ou du Fisherman's Wharf. Installez-vous donc sur un coin de pelouse et observer tranquillement les mouvements de la ville, à moins que vous ne préfériez simplement contempler les haies et les plates-bandes du square.

Prenez ensuite le chemin du frénétique Financial District, où le complet-veston à fines rayures règne en maître. Le parcours emprunte fort à propos la **Maiden Lane (3)**, la plus capiteuse des artères de boutiques huppées de la ville. Aux jours de la Barbary Coast, alors que San Francisco avait mauvaise réputation, cette allée qui s'étend sur deux rues voyait s'entasser en rang serré, le long de ses trottoirs, une succession de maisons closes et d'autres établissements malfamés. Mais voilà qu'aujourd'hui les lanternes rouges ont cédé leur place à des commerces tout ce qu'il y a de plus chic. Parmi les galeries et boutiques dignes de mention de cette rue désormais entièrement piétonnière, il faut retenir le bâtiment qui se trouve au **140 Maiden Lane (4)**. Conçus par Frank Lloyd Wright en 1948, son escalier circulaire intérieur et ses autres atouts uniques laissaient déjà prévoir les éléments architecturaux qu'il allait retenir pour la réalisation du fameux musée Guggenheim, à New York.

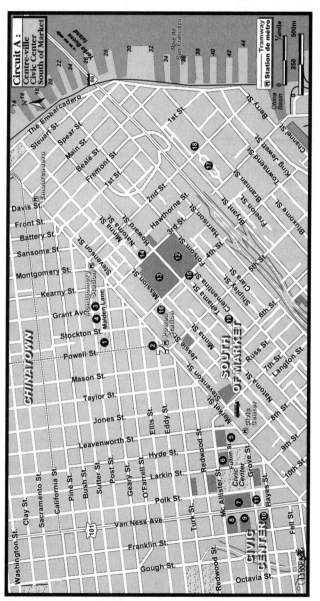

Circuit A :
Centre-ville
Civic Center
South of Market

Tramway
Ⓜ Station de métro

AUTOUR DU CIVIC CENTER ★

De l'autre côté du centre-ville, au sud-ouest plus précisément, se dresse le **Civic Center** ★ (centre administratif) **(voir carte circuit A)**, dont l'architecture fait l'orgueil de la ville. La plus jolie voie d'accès à ce théâtre des affaires municipales part de l'**United Nations Plaza (5)**, à l'angle des rues Fulton et Market.

Tous les mercredis et dimanches, cette promenade accueille le **Heart of the City Farmers' Market**, un marché maraîcher à ciel ouvert qui attire des fermiers de tous les coins de la Californie du Nord.

Pour faire l'expérience d'un des centres d'information les plus modernes des États-Unis, allez flâner du côté du siège principal de la **San Francisco Public Library (6)** *(100 Larkin Street, ☎ 557-4400)*, réalisé au coût de 104,5 millions de dollars américains et ouvert au printemps de 1996. Preuve vivante du fait que les bibliothèques ne s'intéressent plus qu'aux livres imprimés, ces installations renferment 400 postes de travail informatiques permettant d'accéder gratuitement à l'Internet. Mentionnons par ailleurs, parmi les 11 centres de recherche spécialisés de la bibliothèque municipale, le San Francisco History Center, le Gay and Lesbian Center et l'Art and Music Center.

Entouré de statues blanchies par la fiente des oiseaux et d'édifices aux colonnes grisonnantes, le Civic Center s'impose comme le fief des éminences grises et des dirigeants politiques locaux, quoique, par quelque ironie du sort, ses pelouses ponctuées de bancs en font aussi le rendez-vous des sans-abri de la ville. Après avoir croisé le bassin aux eaux miroitantes et le jardin classique, gravissez les marches de l'**hôtel de ville** ★ **(7)** *(City Hall, à l'angle des rues Polk et Grove)*, et vous aurez tôt fait de constater à quel point ces deux extrêmes se côtoient de près.

Construit sur le modèle du Capitole national, ce géant de granit et de marbre se coiffe d'un dôme à vrai dire plus haut que celui de Washington. La rotonde se présente pour sa part comme une œuvre éblouissante de grès et de marbre, incrustée de statues et ceinturée d'un balcon en fer ornemental. Sous son style Renaissance française, le City Hall constitue la pièce maîtresse du Civic Center, qui incarne à son tour l'expression ultime du souci d'embellissement urbain qui a inspiré les rebâtisseurs de la San Francisco d'après le grand tremblement de terre à réaliser l'un des plus splendides centres administratifs des États-Unis.

Mais toute beauté semble inéluctablement avoir son revers, que vous découvrirez ici en montant le grand escalier jusqu'à la porte 200, derrière laquelle se trouve le bureau du maire. C'est dans cette pièce que, le 27 novembre 1978, se rendit Dan White, à cette époque *surveyor* de San Francisco. Ultraconservateur, ancien policier et vétéran du Vietnam, White luttait amèrement contre le maire George Moscone pour conserver son poste. Par ce froid matin d'hiver, il fit feu à quatre reprises sur le maire, traversa le City Hall et abattit à son tour Harvey Milk, le premier *surveyor* gay avoué de la nation américaine. Le double meurtre de White outragea la cité tout entière et transforma pour un temps les élégants corridors de cet édifice en couloirs d'horreur.

En quittant le City Hall par l'arrière pour déboucher sur Van Ness Avenue, vous vous retrouverez face à face avec le point de mire culturel de San Francisco. Sur la droite se dresse le **Veteran's Building (8)** (édifice des vétérans), qui abritait jadis le musée d'Art moderne de San Francisco. En plein centre, c'est le **War Memorial Opera House (9)** *(angle Van Ness Avenue et Grove Street)*, siège d'une des meilleures compagnies d'opéra du monde; l'opéra est présentement fermé pour cause de rénovation, mais il rouvrira ses portes en septembre 1997. Par ailleurs, la construction de verre et de granit ultramoderne que vous apercevez sur la gauche n'est autre que le **Louise M. Davies Symphony Hall (10)** *(droits d'entrée; angle Van Ness Avenue et Grove Street,* ☎ *552-8338)*, où a élu domicile l'orchestre symphonique de San Francisco. À travers le demi-cercle de sa paroi vitrée, teintée de vert, vous pourriez jeter un coup d'œil à l'intérieur du bâtiment, l'un des plus neufs et prestigieux de la ville. Si vous préférez plutôt regarder de l'intérieur vers l'extérieur, sachez que des visites sont offertes, de la salle de concerts elle-même comme des hauts lieux de la culture qui l'entourent.

L'un des meilleurs endroits pour apprécier la riche tradition culturelle de cette ville est le **San Francisco Performing Arts Library and Museum (11)** *(fermé dim-lun; 399 Grove Street,*

☎ *255-4800)*. Sa collection permanente porte sur l'héritage musical, théâtral et littéraire de San Francisco, qu'elle révèle à travers des photographies, des documents écrits, des costumes et diverses activités. Les vitrines d'exposition traitent de tout, de Jean Cocteau à l'association symphonique locale.

Les visites guidées du Civic Center partent de la San Francisco Public Library. Pour de plus amples renseigne-ments, composez le ☎ 557-4266.

 SOUTH OF MARKET ★

Il y a 20 ans à peine, le quartier South of Market, communé-ment appelé «SOMA» **(voir carte du circuit A)**, avait la réputa-tion d'être l'un des moins attrayants et des moins sûrs de San Francisco. Truffé de logements hôteliers, d'entrepôts désertés et de bars malfamés, il était ignoré par plus d'un ciyoyen. Or, ce phénomène de rejet constituait en soi une occasion en or pour ceux qui désiraient s'isoler, si bien qu'au cours des années soixante-dix SOMA devint la terre d'accueil par excellence des bains gays et des homosexuels bardés de cuir.

Puis, dans les années quatre-vingt, SOMA se métamorphosa de nouveau. Des fonctionnaires en mal de nettoyage fermèrent alors les bains publics, et des boîtes de nuit à la mode vinrent bientôt les remplacer, tandis que les bars fréquentés par les gays tout de cuir vêtus, comme The Arena, devinrent des dancings populaires aux noms moins agressifs tels que «DNA Lounge».

Quant aux entrepôts à l'abandon, ils attirèrent un nouveau groupe de marginaux, à savoir les artistes. S'inspirant de leurs homologues de SOHO (New York), les artistes du Bay Area transformèrent les grands espaces vides de SOMA en com-plexes regroupant logements et ateliers, galeries d'art, studios de musique et scènes de spectacle. Plusieurs esprits des plus créateurs de San Francisco vivent et travaillent d'ailleurs encore dans de petits théâtres et galeries du quartier. Les détaillants indépendants ont eux aussi profité des espaces d'entrepôts peu coûteux pour ouvrir de grands magasins d'usines et commerces d'aubaines, suivis des grandes chaînes commerciales au cours des années quatre-vingt-dix.

De nombreux restaurants et cafés répondent aux besoins de cette population urbaine moderne, et n'hésitent pas à intégrer des éléments propres à SOMA dans leur décor et leur menu. Ne soyez donc pas surpris si votre table de bistro est occupée par un ordinateur relié à l'Internet, ou si le restaurant où vous dînez arbore un décor à peine achevé au cours des heures tranquilles de la matinée.

Baptisé en mémoire de George Moscone, le maire de San Francisco qui a été assassiné en 1978, le **Moscone Center (12)** *(Howard Street, entre 3rd Street et 4th Street)* est un gigantesque centre de congrès couvrant une superficie de 4,5 ha. Entouré de restaurants, d'hôtels, d'appartements et de magasins gravitant autour de lui tels des satellites, il s'impose comme la figure dominante du quartier qui se transforme le plus rapidement au sein de la ville.

Un récent ajout de taille au secteur est le **Yerba Buena Gardens ★ (13)**, un projet qui a mis 30 ans à se matérialiser mais dont le jeu valait la chandelle, puisqu'il offre une nouvelle tribune aux arts visuels et aux arts de la scène, sans compter des espaces verts dont le quartier avait grand besoin.

Un élément de ce complexe de 4 ha, sis au-dessus du Moscone Convention Center (aménagé en sous-sol), est le **Center for the Arts at Yerba Buena Gardens (13)** *(droits d'entrée; ☎ 978-2787)*. Il se compose de deux bâtiments, dont l'un a été conçu par l'architecte japonais réputé Fumihiko Maki. Vous y trouverez trois galeries essentiellement vouées aux œuvres d'artistes de la Californie du Nord, de même qu'une salle de projection où l'on présente des films et des créations vidéographiques *(mar-dim 11 h à 18 h)*. L'autre construction abrite une salle de spectacle de 750 places consacrée à la musique, à la danse et au théâtre. Enfin, une esplanade de 2,25 ha, ponctuée de jardins et de scènes extérieures, vient adoucir les angles contemporains plutôt âpres de l'ensemble.

L'un des points de mire du Yerba Buena Gardens est le Martin Luther King Jr. Memorial, une gracieuse cascade dont les eaux glissent sur du granit Sierra.

La popularité du **San Francisco Museum of Modern Arts** ★★ **(14)** *(151 3ʳᵈ Street,* ☎ *357-4000)* a grimpé en flèche dès qu'il a emménagé dans ses nouveaux locaux de South of Market en 1995, à tel point qu'il compte aujourd'hui parmi les 10 musées les plus visités des États-Unis. L'édifice qui l'abrite, dessiné par l'architecte suisse Mario Botta, est en soi une œuvre d'art moderniste, rehaussée d'une tour revêtue de bandes de pierre superposées, alternativement noires et blanches. À l'intérieur se succèdent trois grandes galeries et 20 plus petites sur une superficie totale de 4 645 m². Le rez-de-chaussée présente des pièces choisies parmi celles de la collection permanente du musée. La galerie du premier étage permet d'admirer des photographies et des œuvres sur papier. Les deux étages supérieurs accueillent pour leur part des expositions thémati-ques et des travaux de grandes dimensions appartenant à la collection permanente du musée.

L'une des galeries les plus importantes de SOMA, **The Ansel Adams Center** ★ **(15)** *(droits d'entrée; fermé lun; 250 4ᵗʰ Street,* ☎ *495-7000)* se subdivise en cinq galeries consacrées à la photographie d'art, dont quatre présentent des expositions temporaires portant sur différentes époques du XIXᵉ siècle à nos jours. La cinquième, et la plus courue, est entièrement vouée à l'œuvre d'Ansel Adams.

Le **Cartoon Art Museum** ★ **(16)** *(droits d'entrée; fermé lun-mar; 814 Mission Street,* ☎ *227-8666)* se trouve aussi dans le voisinage du Yerba Buena. Ce musée monte des expositions temporaires sur les différentes incarnations du dessin humoris-tique, qu'il s'agisse de bandes dessinées telles qu'on en trouve dans les journaux, de caricatures à saveur politique, de magazi-nes, de recueils ou de dessins d'animation. Les points forts en sont une galerie conçue à l'intention des enfants et une salle réservée à la consultation interactive de disques optiques compacts. On ne compte que trois musées du genre aux États-Unis, ce qui en fait une rareté à ne pas manquer.

Serti dans un écrin délimité par les rues Bryant et Brannan, de même que par 2ⁿᵈ Street et 3ʳᵈ Street, le **South Park (17)** est un ovale de verdure ceinturé de cafés et de studios d'artistes. Il s'inscrit dans un environnement industriel qui a récemment attiré divers créateurs et entreprises multimédia en quête de lofts aménagés à l'intérieur d'entrepôts désaffectés.

À visiter : des sites pas comme les autres

Rendez-vous, ordinateur portatif en main, à la **San Francisco Public Library**, où vous pourrez tout aussi bien accéder aux sources d'information électroniques qu'aux quelque 1,5 million d'ouvrages imprimés. (Voir p 64)

Baladez-vous du côté de la **Waverly Place ★** du Chinatown, une rue aux airs de ruelle où l'auteur de mystères Dashiell Hammett a entraîné ses lecteurs dans Dead Yellow Women. (Voir p 81)

Parcourez les étagères du **City Lights Bookstore ★**, une institution de l'époque *beat* fondée par le poète Lawrence Ferlinghetti. (Voir p 85)

Remontez le temps jusqu'aux jours de l'Empire espagnol à la Mission San Francisco de Asís, mieux connue sous le nom de «**Mission Dolores**», l'une des 21 missions construites le long de la côte californienne. (Voir p 114)

S'il est un endroit permettant d'apprécier la vitalité artistique de ce secteur urbain, c'est le **Capp Street Project (18)** *(fermé dim-lun; 525 2nd Street, ☎ 495-7101)*, un ancien entrepôt offrant aux artistes des logements et des salles d'exposition sur deux étages reliés par un escalier central en acier. Les productions, régulièrement renouvelées, mettent l'accent sur les œuvres «alternatives» d'artistes locaux et internationaux.

Pour vous faire une idée de la force de frappe du tremblement de terre de 1906, et de la manière dont il a pu tordre et déformer les constructions de San Francisco, empruntez la ruelle qui sépare 5th Street et 6th Street, immédiatement au sud de la rue Mission, jusqu'aux n^{os} **479 et 483** de **Tehama Street (19)**. Ces deux vieux entrepôts donnent l'impression que la terre s'est dérobée sous leurs pieds tandis qu'une main géante les repoussait en arrière.

LE FINANCIAL DISTRICT ★

Au-delà du centre-ville, là où Maiden Lane débouche sur un réseau complexe de rues, vous découvrirez «la Wall Street de l'Ouest» **(voir carte du circuit B)**, soit Montgomery Street, nerf vital du quartier des affaires. Cœur battant des échanges commerciaux et boursiers du Pacifique, les gratte-ciel y sont légion. Ils forment ici de véritables canyons de verre et d'acier balayés par les vents et peuplés d'oiseaux pour le moins exotiques dans leur complet-veston et leur tailleur coupé sur mesure.

Derrière le granit et le marbre de la rue Montgomery se cachent plus de banques qu'on ne pourrait l'imaginer. L'**A.P. Giannini Plaza (1)**, délimitée par les rues Pine et California, est à la fois un centre commercial et un édifice à bureaux érigé à la mémoire du brillant banquier italien, qui a réussi à transformer une simple caisse d'épargne en l'une des plus importantes institutions financières du monde, à savoir la Bank of America.

Une autre banque, située au 420 Montgomery Street, abrite le **Wells Fargo History Museum ★ (2)** *(fermé sam-dim; ☎ 396-2619)*. Outre d'étincelants spécimens d'or et divers objets évoquant les services postaux d'antan, vous pourrez y admirer des photographies qui font revivre les jours de perdition de l'Ouest sauvage. La pièce maîtresse de l'exposition est toutefois une diligence à 18 places entièrement remise à neuf. *(Rappelez-vous que ce minimusée n'est ouvert que pendant les heures d'ouverture de la banque.)*

Songez également à la Bank of Canton of California, qui a reconstruit un hôtel fédéral des monnaies datant du XIXᵉ siècle pour ensuite l'intégrer à son **Pacific Heritage Museum (3)** *(fermé sam-dim; 608 Commercial Street, ☎ 399-1123)*. Le reste des installations accueille des expositions temporaires sur l'art et la culture du bassin du Pacifique.

Les amateurs d'histoire ne manqueront pas, quant à eux, de repérer au passage les plaques commémoratives en bronze nichées çà et là le long de cette rue légendaire, car Montgomery Street a toujours été au centre des aventures financières de San Francisco. L'une de ces plaques, apposée près du 505 Montgomery, marque l'emplacement passé du **siège social**

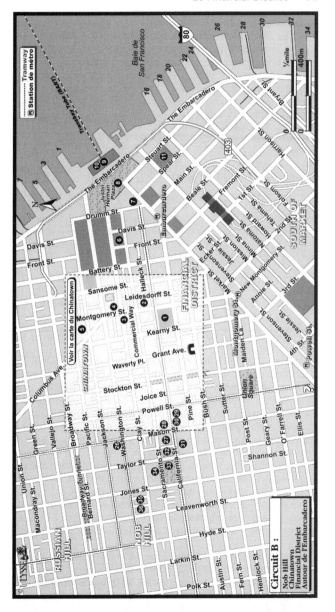

de la Compagnie de la Baie d'Hudson. Il semble en effet qu'en 1841 cette entreprise d'origine britannique se soit établie ici et ait fait courir des frissons dans le dos des négociants américains qui commençaient à tenir la Californie pour leur chasse gardée. Sur un des côtés de la California National Bank, à l'angle des rues Montgomery et Clay, une autre plaque marque l'endroit où est arrivé, en 1860, le premier messager du *pony express* après une randonnée dangereusement éreintante au départ de St. Joseph, au Missouri.

La construction aux lignes bizarres qui se dresse entre les rues Clay et Washington n'est autre que le **Transamerica Building ★★ (4)** *(☎ 983-4100)*. Sa silhouette de pyramide passée à l'essoreuse en fait un des éléments les plus frappants du ciel de San Francisco. Du côté est du bâtiment surgit un minuscule parc qui constitue en soi une attraction unique, puisque vous pourrez y contempler des sculptures métalliques, une fontaine et une vue en contre-plongée de l'aiguille de pierre qui se profile au-dessus de vous.

Mieux connu des résidants sous le nom de «Pyramid Building», le Transamerica Building compte 48 étages et s'élève à 260 m au-dessus du bitume.

La portion 700 de la rue Montgomery regroupe une série de bâtiments datant des années 1850. Ceux-ci font partie des environs du **Jackson Square (5)**, une enclave délimitée par Washington Street, Pacific Street, Columbus Avenue et Sansome Street qui n'a aucune raison de s'appeler ainsi puisqu'il n'y a aucun «square» dans les parages. Il s'agit plutôt d'un secteur administratif historique ponctué de façades en brique et de cours intérieures. Dans les années 1850 vibrait ici le cœur de charbon de la Barbary Coast. Des prospecteurs ambitieux et des prisonniers en fuite hantaient alors ses salles de jeux malfamées et ses asiles de nuit. La tendance des tristes hôtes de ces lieux à kidnapper les marins ivres a même donné naissance au verbe «shangailler» (embarquer quelqu'un de force comme membre d'équipage sur un navire).

Comme dans le cas de Maiden Lane, au centre-ville, le passage du temps mêlé d'une certaine ironie a peu à peu transformé le visage de ce secteur, des galeries à la mode et d'autres commerces huppés ayant remplacé les bordels et les bouges. Bien que les prix y soient aussi élevés que les gratte-ciel voisins, rien ne vous empêche de visiter les boutiques, parmi lesquelles brillent certains des meilleurs magasins d'antiquités de la ville.

 ## AUTOUR DE L'EMBARCADERO

Au sud du Financial District, là où les gratte-ciel ont rendez-vous avec la baie, s'étire l'Embarcadero **(voir carte du circuit B)**. Cette promenade sur front de mer devient de plus en plus attrayante depuis le tremblement de terre de 1989, lequel a obligé la municipalité à détruire une autoroute qui longeait autrefois la baie. La vue s'en trouve ainsi dégagée, et la large promenade se laisse désormais parcourir sans entrave.

À l'époque de la Ruée vers l'or, avant l'avènement des pernicieuses opérations de remblayage, cette zone tout entière reposait sous des brasses d'eau et portait le nom de «lagune Yerba Buena». À preuve, les centaines de grands voiliers abandonnés ici par des équipages préférant courir leur chance dans les champs aurifères en sont venus à être intégrés aux travaux de comblement.

La nature résiste rarement à la machinerie lourde, et le littoral de la baie se vit ainsi contraint de reculer des abords de Montgomery Street à son emplacement actuel. En venant du quartier des affaires, ayant donc le pas léger, puisque même si le monde existe maintenant bel et bien depuis quatre milliards d'années, vous foulez ici un sol à peine centenaire.

Fort à propos, le premier attrait que vous croisez est l'**Embarcadero Center (6)**, un entrelacs de cinq gratte-ciel qui s'élancent bien haut au-dessus de la rue Sacramento, au pied de Market Street. Ce complexe de 645 millions de dollars, souvent surnommé «le Rockefeller Center de l'Ouest», abrite des galeries marchandes en gradins sur trois niveaux qui permettent aux piétons de passer d'un édifice à l'autre à travers un véritable labyrinthe de boutiques, de restaurants, de fontaines et de jardins.

Au n° 5 surgit le **Hyatt Regency ★ (7)**, à l'angle des rues Market et California. Il s'agit là d'un des rares hôtels que vous verrez jamais figurer parmi les attraits à proprement parler d'une ville, et, cet honneur, il le doit à son hall d'entrée, un atrium de forme triangulaire et d'une hauteur de 52 m ceinturé d'une série de balcons intérieurs s'élevant jusqu'à un plafond qui laisse voir le ciel. D'un côté, des plantes ruissellent en cascade dans un jardin suspendu couvrant 20 étages de la construction, tandis qu'un autre mur arbore une forme en zigzag qui vous donnera l'impression de vous trouver à l'intérieur d'une pyramide. D'ailleurs, avec ses plantes en fleurs et ses fontaines qui fusent de partout, ses ascenseurs aux cabines en forme de capsules de verre partant à l'assaut des parois verticales, et son plafond qui éclabousse le tout de soleil, on peut certes dire qu'on est en présence d'une sorte de pyramide du XXIᵉ siècle.

Puisque nous parlons d'avenir, ce fouillis massif de cylindres en béton faisant jaillir de l'eau dans toutes les directions n'est pas un immense jeu de construction abandonné à lui-même, mais plutôt la **Vaillancourt Fountain ★ (8)**, plantée au beau milieu de la devanture du Hyatt par le sculpteur québécois Armand Vaillancourt. Quant à la courtepointe de gazon et de bitume qui l'entoure, c'est la **Justin Herman Plaza (8)**, un endroit rêvé pour une promenade ou un pique-nique. Les vendeurs d'artisanat offrant à qui mieux mieux boucles de ceinture en laiton gravé, bijoux en argent et saccos en ont fait leur adresse commerciale.

De l'autre côté de la rue, là où Market Street croise l'Embarcadero, se dresse la réplique de San Francisco à la statue de la Liberté, ou du moins la réponse faite par la ville à ce monument de la Côte Est au début du siècle, alors que la tour de l'horloge du **Ferry Building ★ (9)** était un point de repère aussi célèbre que le pont Golden Gate peut l'être aujourd'hui. À cette époque, il n'y avait aucun pont, et 100 000 usagers du traversier passaient chaque jour les portails de la deuxième gare maritime en importance au monde. Construit en 1896, ce vieux monument regagne aujourd'hui la faveur populaire; d'élégants traversiers à propulsion accostent désormais à ses rampes remodelées, et l'on projette même de moderniser sous peu le complexe tout entier en recourant aux services de l'architecte de renom I.M. Pei.

Peut-être voudrez-vous également emprunter une autre rampe, à savoir celle qui conduit au **World Trade Center (10)**, sur l'Embarcadero, au pied de Market Street, puisqu'elle est bordée de murales de Covarrubbia, rescapées de l'Exposition internationale de la Golden Gate en 1939. Ces murales vous feront penser aux cartes qui illustraient vos vieux livres d'études sociales lorsque vous étiez sur le point de terminer vos études primaires; l'une d'elles représente «le peuple du Pacifique» par des aborigènes sortant comme par magie du continent austra- lien et des Amérindiens revêtus de ponchos gardant les côtes de l'Amérique du Sud. Une autre leçon illustrée de géographie dépeint l'économie du Pacifique au moyen de saumons nageant au large du littoral nord-américain et de bols de riz poussant sur le territoire de la Chine.

L'une des conséquences joyeuses de l'horrible tremblement de terre survenu à Loma Prieta en 1989 fut la démolition de l'autoroute de l'Embarcadero, une plaie de longue date pour les yeux qui revêtait l'aspect d'une cicatrice de béton sur le visage du front de mer. Maintenant que l'autoroute a disparu, le secteur est plus gai et plus lumineux, d'autant plus qu'on a planté des palmiers le long de l'Embarcadero et qu'on voit beaucoup mieux le Bay Bridge et Treasure Island. En 1996, la Ville a baptisé du nom de «Herb Caen Way» la promenade piétonne qui épouse les contours du boulevard, en l'honneur d'un fameux chroniqueur mondain de San Francisco. Par ailleurs, en même temps, un nouveau voisinage a rapidement vu le jour autour et au sud de la partie basse de Market Street, où appartements, restaurants et boîtes de nuit poussent aujourd'hui comme des champignons, sans oublier le marché maraîcher du samedi matin. Les gens du coin aiment bien se retrouver, surtout à l'heure du déjeuner, au **Rincon Center (11)** *(101 Spear Street, ☎ 777-4100)*, qui regroupe un assortiment de petits restaurants proposant de tout, des nouilles coréennes aux currys indiens. Ces établissements encadrent une cour intérieure centrale pourvue de tables et de chaises, et agré- mentée d'une spectaculaire fontaine laissant couler l'eau comme de la pluie.

La Rincon Annex occupe les locaux d'un bureau de poste des années trente entièrement restauré qui arbore de magnifiques murales de la WPA à la gloire de la science et de la technologie.

De chaque côté du Ferry Building s'étirent une succession de **quais maritimes** qui contribuèrent jadis à la renommée portuaire de San Francisco. Aujourd'hui, une bonne partie du commerce s'effectue de l'autre côté de la baie, dans le port d'Oakland. Afin de mieux vous imprégner de la grande époque maritime de San Francisco, suivez l'Embarcadero vers le nord en partant du Ferry Building du côté impair. La ville s'étend sur votre gauche, et la baie ondule et miroite droit devant vous. Vous êtes ici au pays des algues marines et des cornes de brume, où de vieux loups de mer légendaires exercent encore leur métier. Des remorqueurs au nez aplati s'amarrent à des reliques rouillées de Guadalcanal, tandis que les traversiers à propulsion arborent les plus récentes courbes aéronautiques et semblent à tout moment sur le point de quitter l'eau pour s'envoler vers le ciel. Quant aux vieux traversiers ventrus, on les a vidés de leurs équipages, repeints aux couleurs des contes de fées et loués comme espaces de bureau ou condominiums (appartements) flottants.

Parmi ce défilé d'appontements, vous apercevrez des quais en béton caverneux sur lesquels s'affairent hommes de pont et chariots élévateurs à fourche. Les locomotives y manœuvrent dans le fracas, les camions se bousculent pour une place avantageuse, et les portiques à conteneurs fendent l'air. D'autres quais sont tombés en désuétude et ont rejoint les rangs de ceux qu'envahissent la rouille et les amas de détritus avariés par l'eau. Les seuls dénominateurs communs de cette curieuse progression arithmétique de quais et de jetées sont les mouettes et les pélicans qui blanchissent partout les pylônes.

En face du Pier 23 **(voir carte du C)** , la **Levi's Plaza** *(1155 Battery Street)* est entourée d'un parc gazonné qui se prête merveilleusement bien aux pique-niques et, tout juste au-delà du Pier 35, un parc sur front de mer vous offre un poste d'observation enviable pour épier les bateaux qui sillonnent la baie.

 LE CHINATOWN ★★★

Vous avez ici le plus grand quartier chinois à l'extérieur de l'Asie, un endroit que les Chinois d'un certain âge désignent sous le nom de «*dai fao*» (la grande cité). Le Chinatown de San Francisco **(voir carte du circuit B)** constitue en outre le quartier le plus densément peuplé de la ville. Lieu de résidence de 40 000 des quelque 150 000 Chinois de la métropole, cette

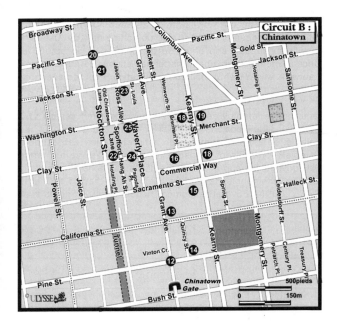

enclave est un bastion asiatique depuis les années 1850. À l'origine un ghetto où l'on isolait les Chinois du reste de la société locale, ce quartier tend aujourd'hui les bras à un nombre croissant d'immigrants venus d'une foule de pays asiatiques.

En surface, ce pan de ville palpitant, bruyant et on ne peut plus bigarré de quelque 70 pâtés de maisons s'entoure d'une aura de rêve pour le touriste, avec ses pagodes or et écarlate, ses magasins gorgés d'exquises soieries et de dragons multicolores, ses restaurants plus nombreux qu'on ne saurait l'imaginer et ses canards rôtis suspendus derrière les vitrines de commerces jouxtant temples bouddhistes et fabriques de beignets chinois.

Or, le quartier chinois est beaucoup plus qu'un simple rendez-vous touristique, puisqu'il regroupe pêle-mêle des familles, de puissants groupes politiques, de petits marchands, des immigrants pauvres et des entrepreneurs ambitieux occupés à se façonner un avenir plus prospère. Bien que la «ville dans la ville» autrefois symbolisée par le Chinatown n'accueille plus qu'un quart de la population chinoise de San Francisco, elle n'en demeure pas moins un noyau d'histoire, de culture, d'art et de traditions millénaires.

Afin d'ajouter au caractère dramatique de votre visite, vous entrez dans le Chinatown par une arche ornée de dragons et flanquée de part et d'autre par des lions de pierre, à l'angle de l'avenue Grant et de la rue Bush.

C'est à l'époque de la Ruée vers l'or que les premières «créatures célestes», coiffées de nattes et vêtues de costumes exotiques, ont fait leur apparition massive en Californie. Souvent contraints d'accepter des emplois d'apprentis à contrat, ils œuvrèrent dès le départ dans les champs aurifères et participèrent par la suite à la construction du chemin de fer transcontinental. Au cours des années 1870 et 1880, ce peuple fier, venu à San Francisco avec une vision de «grande cité sur les collines dorées», fut victime de la hantise du «péril jaune» qui s'emparait alors de la nation tout entière. On les battit, on les lyncha, et l'on incendia leurs maisons. Les racistes blancs, qui convoitaient les terrains de choix sur lesquels le ghetto chinois s'était développé, tentèrent même d'en chasser la population hors de la ville.

Il fallut un tremblement de terre pour les déloger. La catastrophe de 1906 dévasta en effet le Chinatown, laissant dans son sillage d'innombrables morts et sans-abri. Une fois que la fumée fut dissipée et que les débris furent nettoyés, un nouveau quartier chinois vit le jour; les fumeries d'opium et les maisons de prostitution qui avaient fait la réputation du ghetto cédèrent le pas à un arrondissement appelé à devenir le Chinatown que nous connaissons aujourd'hui.

Marcher le long des huit rues que couvre la **Grant Avenue ★★ (12)** du quartier chinois, c'est fouler le sol de la plus vieille artère de San Francisco. Il s'agit aujourd'hui d'un ruban ultramoderne bordé de boutiques d'art et d'artisanat chinois, de restaurants et de marchés asiatiques. C'est en outre l'une des rues les plus bondées que vous aurez jamais à emprunter. Immortalisée dans une chanson de la comédie musicale *Flower Drum Song*, l'avenue Grant de San Francisco est une clameur, un tumulte et un carrefour de cultures. À tout moment, un camion délabré peut s'arrêter près de vous et, en ouvrant ses portes, révéler une cargaison de poteries chinoises, de fruits et légumes frais, ou encore de carcasses de porc aplaties. De vieux Chinois flânent sous le chambranle des portes, de gros cigares au bec, tandis que les plus jeunes déambulent vêtus de vestes de cuir.

À l'angle de California Street, là où les funiculaires croisent bruyamment l'avenue Grant, s'élève la jolie construction de brique de l'**Old St. Mary's Church (13)**. Cette splendide cathédrale datant de 1854 fut à l'origine construite de pierres provenant de carrières chinoises. Tout juste en face, sur le **St. Mary's Square (14)**, se dresse une statue du père de la république de Chine, le docteur Sun Yat Sen, façonnée par le plus grand sculpteur de San Francisco, Beniamino Bufano. Les cohortes de gens d'affaires du quartier financier voisin qui viennent ici prendre leur déjeuner sur l'herbe, à l'ombre des arbres, vous donneront peut-être l'idée de leur emboîter le pas.

Surgit ensuite la **Mam Kue School (15)** *(755 Sacramento Street)*, une école d'une grande beauté architecturale avec sa clôture de fer ornemental, ses portes à meneaux et sa façade aux airs de pagode, quoiqu'elle s'adosse dans un contraste frappant à un gratte-ciel de béton et de verre.

En arpentant l'avenue Grant, aux toits courbes et aux enseignes éblouissantes, jetez un coup d'œil du côté de **Commercial Way**. Cette curieuse rue pavée donne en effet un aperçu du Chinatown «caché». Ponctuée d'adresses plus singulières les unes que les autres, de celle d'une fabrique de nouilles à celle d'une boutique de ginseng, cette rue compacte accueille en outre la **Mow Lee Company (16)** *(774 Commercial Way)*, au second rang des bâtiments les plus âgés du quartier.

Près de Commercial Way, vous trouverez un petit musée de rien du tout qui ouvrira tout grand vos yeux sur le passé du quartier. La **Chinese Historical Society of America ★ (17)** *(mar et ven 12 h à 16 h, ou sur rendez-vous; 650 Commercial Street, ☎ 391-1188)* présente avec force détails l'histoire de la population chinoise de San Francisco. Ce musée recèle une magnifique collection de photos et d'objets récréant l'aventure de ce peuple d'Orient depuis l'époque des coolies nattés jusqu'au récent avènement de la conscience ethnique. De petites dimensions mais d'un intérêt indéniable, ce musée se veut un précieux joyau caressé par un personnel avenant et serviable.

Après cette immersion dans le passé chinois, rendez-vous au **Portsmouth Square (18)** *(à l'angle des rues Kearny et Washington)* pour un cours sur l'histoire de l'ensemble de San Francisco. Jadis la place centrale de la ville, c'est ici qu'en 1846 les Yankees hissèrent pour la première fois la bannière étoilée et que, deux ans plus tard, la découverte d'or en Californie fut annoncée au reste du monde. Par ailleurs, Rudyard Kipling, Jack London et Robert Louis Stevenson ont tous parcouru cet espace. Dans un des angles du parc, vous trouverez le bronze d'un galion honorant la mémoire des voyages en mer de Stevenson. Aujourd'hui, ce charmant écrin de verdure est devenu un rendez-vous pour les vieux Chinois du quartier, qui viennent y pratiquer le taï chi et disputer quelques parties de mah-jong. Du centre de la place, un trottoir serpente directement jusqu'au **Chinese Culture Center (19)** *(fermé lun; 750 Kearny Street, ☎ 986-1822)*, qui présente une exposition sur l'art asiatique.

Maintenant que vous avez terminé le circuit traditionnel, pourquoi ne pas explorer le cœur secret du Chinatown? Empruntez d'abord **Stockton Street ★ (20)**, une rue parallèle à la touristique avenue Grant, immédiatement au nord de celle-ci, où les Chinois préfèrent effectuer leurs achats.

Cette rue est à l'image trépidante du Chinatown. Des éventaires croulant sous le poids des légumes encombrent les devantures de magasins, et des cageots de poisson frais s'empilent sur le bord du trottoir, tandis qu'à travers ce dédale de marchandises les acheteurs se hâtent en tout sens. Derrière les vitrines pendent des canards de Pékin, et les comptoirs laissent voir des têtes de porc et des tortues bien vivantes (gare à vos doigts!). Des herbes rares, des tisanes médicinales et des cristaux de chrysanthème s'alignent de même sur les étagères.

L'art local de cette communauté figure sur une fabuleuse **murale (21)** qui couvre une demi-rue entre Pacific Street et Jackson Street.

En outre, pour sonder plus à fond encore l'âme du quartier chinois, descendez la rue Sacramento en partant de la rue Stockton, puis prenez promptement à gauche sur Hang Ah

Street. Il s'agit là de la première d'une série de ruelles reliant trois pâtés de maisons entre les rues Sacramento et Jackson. À chaque intersection, enjambez simplement la rue qui croise votre passage pour vous engager dans la ruelle suivante.

Formant un univers en soi, ces **ruelles du Chinatown** sont le théâtre des transactions intimes de la communauté asiatique, comme elles l'ont d'ailleurs toujours été depuis plus d'un siècle. Derrière chaque porte, vous pourrez y entendre le cliquetis des plaques de mah-jong et les éclats de voix des femmes occupées à faire leur lessive ou à l'œuvre dans les ateliers de couture.

Tout au long de la rue Hang Ah, des constructions ayant subi les assauts du temps sont entourées d'escaliers de secours et d'enseignes défraîchies. En traversant la rue Clay, au bout de Hang Ah, ne manquez pas de mettre le nez à la vitrine de la **Grand Century Enterprise (22)** *(858 Clay Street)*, dont le ginseng et les autres précieuses racines se vendent quelques centaines de dollars le kilo.

La ruelle suivante, **Spofford Lane**, se présente comme un couloir flanqué de portes peintes et de façades de brique laissant filtrer des mélodies chinoises. Elle prend fin à Washington Street, où vous pouvez vous frayer un chemin jusqu'à **Ross Alley**. Siège ici la **Golden Gate Fortune Cookie Factory (23)** *(56 Ross Alley, ☎ 781-3956)*, une petite entreprise familiale vouée à la fabrication des fameux beignets chinois à l'intérieur desquels vous trouvez des maximes et des horoscopes.

Le dernier segment de ce mystérieux parcours vous ramène à la **Waverly Place ★ (24)**, un tronçon de deux rues séparant Washington Street de Sacramento Street. Ceux qui ont lu le *Dead Yellow Women* de Dashiell Hammett reconnaîtront sûrement cette voie enchanteresse qui tient davantage d'une ruelle que d'une rue. À première vue, les balcons en fer forgé qui surgissent de part et d'autre de Waverly évoquent bien sûr La Nouvelle-Orléans. Mais le célèbre quartier latin lui-même ne peut rivaliser avec la beauté des corniches et des toitures recourbées qu'on peut ici admirer.

Le joyau incontesté de cette tiare architecturale est le **Tian Hou Temple (25)** *(125 Waverly Place)*, où bouddhistes et taoïstes exercent leur culte dans une petite salle tendue de lanternes rouge feu. Des scènes gravées représentent des batailles et des paysages champêtres, tandis que la fumée des encensoirs s'échappe de plusieurs autels. Bouddha sourit quant à lui aux fidèles depuis les illustrations accrochées aux murs, et, du haut du balcon, on peut scruter à loisir la rue la plus «magique» du quartier chinois.

En remontant la colline, au-dessus du Chinatown, vous découvrirez le **Cable Car Museum ★ (26)** *(1201 Mason Street, ☎ 474-1887)*, un imposant bâtiment de brique abritant les funiculaires de la ville. Ce musée offre une excellente occasion de percer le mystère du fonctionnement de ces chefs-d'œuvre de bois et d'acier. La génératrice d'électricité, l'atelier de réparation et l'entrepôt du réseau se trouvent tous ici, tout comme les roues de 4,25 m qui remontent uniformément les câbles en écheveau. Le musée expose enfin trois funiculaires anciens, dont le premier jamais construit.

 NOB HILL ★

Sans doute la plus célèbre des élévations qui enveloppent affectueusement de leurs ombres la ville de San Francisco est-elle la proéminente Nob Hill **(voir carte du circuit B)**, véritable monument aux vieilles fortunes et aux potentats dont les racines datent de l'époque des «Quatre Grands». Il semble qu'au XIXᵉ siècle les Crocker, Huntington, Hopkins et Stanford, les quatre magnats du chemin de fer transcontinental, aient choisi de se rendre gloire à eux-mêmes sur Nob Hill. Sur les cimes de cette protubérance de 103 m de hauteur, ils se sont en effet érigé des propriétés plus ostentatoires unes que les autres, transformant les lieux en «*colline des palais*», pour reprendre les mots de Robert Louis Stevenson. Mais c'était sans compter le grand tremblement de terre de 1906, car l'incendie auquel il donna lieu ne fit qu'une bouchée des grands manoirs de Nob Hill.

Tout ce qui subsiste aujourd'hui du fief de ces requins de la finance, c'est le **Pacific Union Club (27)** *(1000 California Street)*, une massive construction de grès élevée en 1855 pour un seigneur argentier du nom de James Flood.

Le **Fairmont Hotel ★ (28)** *(950 Mason Street)* n'a pour sa part survécu que partiellement à la catastrophe de 1906. Bâti peu avant cet événement funeste, cet imposant édifice a en effet conservé sa coquille, et son intérieur a été entièrement refait juste à temps pour lui permettre de rouvrir ses portes à l'occasion du premier anniversaire du terrible tremblement de terre. De nos jours, le hall de l'hôtel, rehaussé de colonnes de marbre et de bas-reliefs dorés, évoque la mémoire des «Quatre Grands».

Jadis la chasse gardée des plus riches familles de San Francisco, Nob Hill accueille désormais les hôtels les plus prestigieux de la ville. Enfilés telles des perles sur le collier de California Street, assez près du Fairmont pour qu'on y entende le sifflet de son portier, se dressent trois hôtels de grand luxe. D'ailleurs, fort à propos, le **Stanford Court Hotel (29)**, le **Mark Hopkins Inter-Continental Hotel (30)** et le **Huntington Hotel (31)** ont tous été construits sur les ruines des manoirs des «Quatre Grands». Quant au havre de verdure constellé d'arbres qui s'étend de l'autre côté de la rue, il s'agit naturellement du **Huntington Park (32)**.

À la Grace Cathedral, vous trouverez des vitraux en gradins à l'effigie de sommités plus tardives, tels le dirigeant syndical John L. Lewis, la travailleuse sociale Jane Adams et l'astronaute John Glenn.

Tout près, la **Grace Cathedral** ★ **(33)** *(1051 Taylor Street)* souligne les efforts déployés par la municipalité pour se doter d'une construction gothique. Consacrée en 1964 et coulée dans le béton, cette cathédrale n'a certes rien à voir avec Notre-Dame de Paris, mais sa titanesque stature voûtée n'en possède pas moins ses charmes. D'emblée, il faut mentionner ses grandes portes, dans le prolongement de son escalier, puisqu'elles reproduisent les *Portes du paradis* de Lorenzo Ghibetti, moulées dans le bronze à partir des originaux florentins de l'artiste. L'intérieur de l'église se pare quant à lui d'une série de murales, et, outre ces ornements architecturaux, l'ensemble regorge d'objets aussi précieux que sacrés : un maître-autel en chêne sculpté du XVe siècle, un crucifix espagnol du XIIIe siècle, une tapisserie belge du XVIe siècle et un orgue de 7 000 tuyaux.

Cathédrale, hôtels et parc sont tous perchés bien haut dans un nid doré que les habitants de San Francisco se plaisent à désigner sous le nom de «Snob Hill»; par ailleurs, lorsque vous serez prêt à quitter ces hauteurs enivrantes, songez à amortir le choc en visitant d'abord quelques-unes des maisons de ville plus modestes du quartier.

Point n'est besoin d'être millionnaire pour vivre sur la rue Sacramento; il suffit d'avoir beaucoup d'argent! Prenez par exemple la pétillante **maison de ville (34)** qui se trouve au n° 1172. Avec son toit en mansarde et ses filigranes de fer forgé, elle se laisserait probablement acquérir à bon prix. Les **maisons en rangée des n°s 1200** forment un ensemble coquet, deux d'entre elles se distinguant par leurs dentelles de fer ornemental. Puis, au 1298 Sacramento Street, les **Chambord Apartments** occupent un immeuble Beaux-Arts unique en son genre, ceinturé de balcons incurvés et richement orné en façade.

Pour tout dire, seuls les trois pâtés de maisons couronnant le faîte même de Nob Hill prétendent vraiment à la richesse dans sa forme achevée. La partie du quartier qui s'étend juste au-dessous, là où les pentes glissent vers l'ouest, se révèle simplement bon chic bon genre, et une certaine enclave trahit même un style carrément rustique. Il s'agit bien sûr de **Priest Street (35)**, qui part de Washington entre Jones Street et Leavenworth Street. En réalité, cette rue fait plutôt figure d'escalier, ou d'allée champêtre bordée de lierre en plein cœur de San Francisco. Pour apprécier ce secteur à sa juste valeur, il faut faire preuve d'un peu d'imagination, ne serait-ce que par le fait qu'il faut toujours regarder sur la droite, du côté où les modestes maisons en rangée sont entourées de haies.

Car, du côté gauche, quelqu'un s'est permis de construire un immeuble d'habitation singulièrement hideux. Pour comble de malheur, on a barricadé le monstre derrière une clôture à mailles de chaîne surmontée d'une spirale de barbelés. Longez la piste qui se dessine dans le prolongement de la rue, et vous déboucherez sur une colline exhaussée qui surplombe la ville. En suivant toujours ce tracé semi-circulaire, vous atteindrez bientôt **Reed Street (36)**, qui, à l'instar de sa voisine, prend plutôt des allures de sentier étroit, ponctué de jardins et de maisons à clins. Peut-être devrions-nous même surnommer les rues Priest et Reed «les Deux Petites», en guise de répartie populaire aux «Quatre Grands» de Nob Hill.

L'une ou l'autre des trois lignes de funiculaires de la ville vous conduira à l'**arrêt Powell-California Street** de Nob Hill, le seul point de San Francisco où elles se croisent.

 NORTH BEACH ★★

Ce quartier **(voir carte du circuit C)** de contrastes est en pleine transition. North Beach allie en effet le commerce de la chair qui se pratique sous les néons de Broadway Street aux ruminations intellectuelles et à l'héritage *beat* de Grant Avenue et de Columbus Avenue. Enclave italienne par tradition, il conserve sans doute ses hauts lieux culinaires faisant une place d'honneur aux pâtes, de même que ses jeux de boules, mais les Chinois s'y font néanmoins de plus en plus nombreux.

La présentation d'un quartier se veut normalement graduelle, de manière à amener lentement mais sûrement le visiteur à mieux le connaître et à l'apprécier à sa juste valeur. Or, dans le cas de North Beach, une telle approche nous est interdite puisque, selon toute logique, il faut d'emblée l'aborder à l'angle des rues Broadway et Montgomery, et, qui plus est, le soir, lorsque les fluorescents dessinent leurs éblouissantes arabesques.

C'est que **Broadway**, voyez-vous, est depuis longtemps la réponse de San Francisco au Times Square new-yorkais, à savoir une artère criarde vouée au sexe. Ainsi, malgré les changements qui s'opèrent constamment dans le quartier, vous y trouverez encore des boîtes de strip-tease, des salons de voyeurisme et des cinémas classés X, Y ou Z, en somme une réplique moderne de la Barbary Coast.

Une fois que ce premier choc sera passé, votre histoire d'amour avec le quartier peut débuter. Commencez par le **City Lights Bookstore ★ (1)** *(261 Columbus Avenue,* ☎ *362-8193)*, le célèbre rendez-vous des poètes *beat* fondé en 1953 par Lawrence Ferlinghetti, lui-même du nombre. Au cours des années cinquante, au plus fort du mouvement *beat*, des «élus» tels qu'Allen Ginsberg, Jack Kerouac, Gary Snyder et Neal Cassady, pour ne nommer que ceux-là, hantaient cette librairie et ses escaliers grinçants. Aujourd'hui, bien que cette époque soit révolue, l'endroit n'en demeure pas moins un nerf vital de la culture locale et un rendez-vous incontournable. Il s'agit d'un de ces établissements où l'on vous encourage à fouiner, à faire ribote et même à vous installer confortablement dans un fauteuil pour lire pendant un moment. Jetez également un coup d'œil aux tableaux, aux photographies anciennes et, pourquoi pas, à la vitrine. Trente ans après la vague *beat*, l'inventaire continue en effet de réunir des œuvres des principaux auteurs à l'avant-garde de la littérature américaine.

Le **Vesuvio Café (1)** *(255 Columbus Avenue, ☎ 362-3370)*, à la porte voisine, attirait lui aussi sa part de bohèmes auréolés. Remontez ensuite l'avenue Grant, tout près, jusqu'au **Caffe Trieste (2)** *(angle Grant Avenue et Vallejo Street, ☎ 392-6739)*. Rehaussé de clichés tachés et d'un bar express à la page, cet endroit a bien peu changé depuis l'époque où des bardes barbus venaient s'y entretenir de *cool jazz* et de la politique d'Eisenhower.

Vous êtes ici sur les «hauteurs de Grant», cœur de l'ancien fief des *beatniks* et encore aujourd'hui une artère importante de l'enclave italienne de la ville. Le Chinatown s'étend désormais plusieurs rues derrière vous, et pourtant vous constaterez, à la vue des caractères orientaux qui ornent les façades de nombreux commerces, que le territoire asiatique empiète de plus en plus sur l'italien. Les cafés et les épiceries fines qui confèrent son aura méditerranéenne à ce secteur depuis que les Italiens s'y sont établis à la fin du XIXe siècle y subsistent toutefois.

Au-delà de Filbert Street, là où l'avenue Grant poursuit sa course sur les flancs de la Telegraph Hill, les commerces cèdent le pas à des résidences italiennes et à des demeures victoriennes. Parvenu à Lombard Street (voir p 96), vous décèlerez sur votre gauche la raison toute sinueuse pour laquelle cette rue est tenue pour «la plus tordue du monde». Prenez ensuite à droite, et laissez la rue Lombard vous entraîner vers les sommets balayés par les vents de la Telegraph Hill.

Ainsi nommée en raison de la station sémaphorique perchée sur sa cime depuis les années 1850, la **Telegraph Hill ★★ (3)** fut un havre bohème au cours des années vingt et trente. L'argent a depuis fait fuir les artistes, et aujourd'hui les propriétés foncières des flancs de cette colline comptent parmi les plus convoitées et les plus onéreuses de la ville.

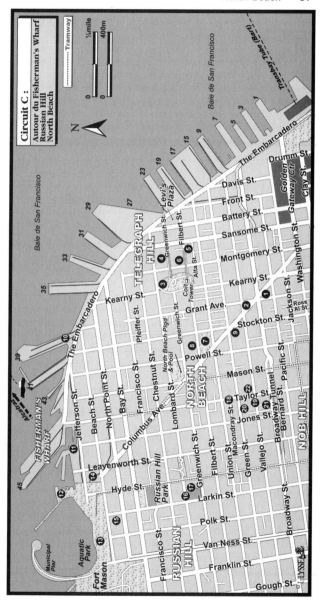

Circuit C :
Autour du Fisherman's Wharf
Russian Hill
North Beach

- - - - - Tramway

N

Baie de San Francisco

Baie de San Francisco

Baie de San Francisco

FISHERMAN'S WHARF

Alcatraz

Municipal Pier

Aquatic Park

Fort Mason

The Embarcadero

TELEGRAPH HILL

NORTH BEACH

RUSSIAN HILL

NOB HILL

Golden Gateway Ctr

Transbay Tube (Bart)

The Embarcadero

Drumm St.
Davis St.
Front St.
Battery St.
Sansome St.
Montgomery St.
Kearny St.
Stockton St.
Mason St.
Taylor St.
Jones St.
Leavenworth St.
Hyde St.
Larkin St.
Polk St.
Van Ness St.
Franklin St.
Gough St.

Clay St.
Washington St.
Jackson St.
Ross Al St.
Pacific St.
Broadway
Broadway Tunnel
Bernard St.
Vallejo St.
Green St.
Union St.
Macondray St.
Filbert St.
Greenwich St.
Lombard St.
Chestnut St.
Francisco St.
Bay St.
North Point St.
Beach St.
Jefferson St.

Grant Ave.
Columbus Ave.
Powell St.
Kearny St.
Pfeiffer St.
Greenwich St.
Filbert St.
Greenwich St.
Alta St.
Coit Tower
North Beach Plgd & Pool

Levi's Plaza

Russian Hill Park

Francisco St.

ULYSSE

Plantée au sommet de cette même colline, la **Coit Tower** ★★★ *(droits d'accès à l'ascenseur qui mène au poste d'observation)*, une structure élancée de 55 m, a été construite en 1934 et baptisée en l'honneur de Lillie Hitchcock Coit, un curieux personnage qui courait derrière les camions d'incendie et qui devint la mascotte d'une unité de sapeurs-pompiers dans les années 1850. L'amour de Lillie pour les pompiers fit même naître des anecdotes à l'effet que la tour phallique épousait la forme d'un bec de boyau d'arrosage, une idée que les critiques architecturaux tiennent pour ridicule.

De belles murales parent l'intérieur de la Coit Tower. Réalisées par des artistes de l'école New Deal, elles évoquent avec sensibilité la vie des ouvriers californiens.

La vue qui s'étend à vos pieds, embrassant toute la ville de San Francisco, ne fait que rehausser les beautés qui vous entourent. La structure sinueuse que vous apercevez sur la droite est le **Bay Bridge** ★, un pont long de 13,3 km, et de fait le plus long pont d'acier du monde. Il est interrompu dans sa course arquée par l'**île Yerba Buena** et son prolongement créé de main d'homme en 1939 à l'occasion de l'Exposition internationale de la Golden Gate, la **Treasury Island**. Le compagnon aux reflets dorés du pont Bay est le **Golden Gate Bridge** ★★★, dont le profil s'étire sur sa gauche, alors qu'entre eux repose la baie de San Francisco. Remorqueurs et cargos glissent dans ses eaux en quête d'un mouillage. Les cornes de brume grondent. De plus, du point élevé où vous vous trouvez, les sloops et les ketchs lointains vous semblent des jouets d'enfant jetés pêle-mêle dans un étang balayé par les vents.

L'île qui surgit immédiatement au large n'est autre qu'**Alcatraz** ★★★, du nom des pélicans qui l'habitent encore. Mais elle demeure surtout célèbre pour les prisonniers notoires qui ont depuis longtemps abandonné ses rivages rocailleux. Dans l'ombre de cette île du Diable, plus précisément derrière elle, c'est l'**île Angel**, et ce point élevé à l'horizon, entre le Golden Gate Bridge et l'île Angel, est le **mont Tamalpais**, joyau incontesté de la couronne qu'est le Marin County. De l'autre côté de la baie, là où le pont Bay rejoint la terre ferme, s'étendent les deux grandes villes de l'East Bay : **Berkeley** et **Oakland**. Enfin, derrière vous, au-delà des gratte-ciel, les collines et les

Coit Tower

rues de San Francisco se chevauchent à perte de vue jusqu'à l'océan.

Maintenant que San Francisco s'est laissée embrasser tel un tableau démesuré, le moment est venu d'en explorer les recoins secrets. Aucun ascenseur ne facilitera votre descente dans les entrailles de la ville, mais en contrepartie aucun touriste ne gênera non plus votre plaisir.

En sortant de la Coit Tower, prenez à droite, traversez la rue, et dirigez-vous vers l'escalier de brique. Parvenu au cœur de la cité, les quais et les usines bien loin en contrebas, vous voilà dans un cadre qu'on dirait volontiers champêtre. Fougères et lierres se font en effet concurrence de part et d'autre des **Greenwich Steps (4)**, tandis que vignes et conifères grimpent au-dessus de votre tête.

Au pied de l'escalier, tournez à droite, franchissez à pied la courte distance qui vous sépare de la rue Montgomery, puis prenez à gauche en empruntant les **Filbert Steps (5)**. Festonné de fleurs, ce nouvel escalier vous transporte dans un monde de rêve peuplé de chats errants et encadré par des maisons à clins de bois; parmi les plus anciennes, il en est plusieurs qui datent des années 1870. Par ailleurs, en longeant le **Napier Lane Boardwalk (6)** depuis les dernières marches, vous découvrirez des bâtiments dont les façades débordent au-delà des murs et des toits, d'où l'on raconte que des marins ont autrefois été «shangaillés».

En revenant sur vos pas (c'est-à-dire en remontant le premier escalier) pour ensuite redescendre de l'autre côté de la rue Filbert, vous atteindrez le **Washington Square ★ (7)**, situé en plein centre de North Beach, entre les rues Filbert et Stockton. Niché entre les collines Russian et Telegraph, il sert de lieu de rendez-vous aux habitants de la petite Italie. Dans ce square, de vieux Italiens et de vieilles Italiennes cherchent un banc de bois où s'installer pour mieux observer les plus jeunes. Les épiceries fines et les cafés des alentours vous permettront de rassembler les provisions nécessaires à un bon pique-nique; allongez-vous ensuite sur l'herbe, et jouissez du défilé quotidien des passants.

On a peine à imaginer que le Washington Square ait pu être un village de tentes en 1906. C'est que, le grand tremblement de terre et l'incendie qui s'ensuivit ayant totalement détruit North Beach, ce parc devint un refuge pour des centaines de sans-abri.

L'**église catholique St. Peter & Paul (8)** *(à l'angle des rues Filbert et Stockton, ☎ 421-0809)* se dresse dans un des angles du square, son double clocher dominant la silhouette de North Beach. Richement ornée et ponctuée d'aigles frayant avec les anges, sa façade est inoubliable. Quant à son intérieur, il révèle un entrelacs indescriptible d'arches voûtées garnies de bas-reliefs dorés et de lampes suspendues. L'ensemble est peut-être quelque peu excessif, malgré les louanges intarissables des touristes, mais, quoi qu'il en soit, la construction regorge de perles architecturales. Il s'agit, pour tout dire, d'une sorte de happening artistique sans tranquillité aucune, sans le moindre espace vierge où les yeux puissent se reposer.

Le **North Beach Museum (9)** *(fermé sam-dim; 1435 Stockton Street, ☎ 626-7070)*, aménagé à l'intérieur de l'Eureka Bank, présente l'histoire du quartier en noir et blanc. Vous y verrez des photos sépia de pêcheurs siciliens, des images du terrible tremblement de terre de 1906 et d'autres clichés de ces gens qui font de cette partie de la métropole un endroit si fascinant à visiter.

 AUTOUR DU FISHERMAN'S WHARF

Certains endroits semblent avoir le don de se parodier eux-mêmes, surtout lorsqu'ils ont reçu en partage la beauté et le magnétisme, ou qu'ils possèdent un trait unique auquel le paysage s'accommode particulièrement bien. Car alors l'homme semble éprouver un besoin irrésistible de les transfigurer.

Tel est le lot du **Fisherman's Wharf (voir carte du circuit C)**. Au XIXᵉ siècle, de nombreux et fiers bateaux de pêche mouillaient ici, et le rivage était une mosaïque de briqueteries, d'usines de mise en conserve et d'entrepôts à charpente de bois. Des pêcheurs génois aux bras musclés prenaient la mer à bord de *feluccas* à voile triangulaire dont se riait le vent d'ouest. Ils avaient arraché le front de mer aux Chinois et devaient eux-mêmes le perdre aux mains des Siciliens. Ils pêchaient le turbot de sable, le bar commun, la morue, la crevette, le saumon royal et le crabe dormeur. Le sel se plaquait en croûte sur leurs mains, et le vent unissait ses efforts à ceux du soleil pour labourer leur visage.

De nos jours, le quai de planches dont le nom honore leur occupation n'est plus vraiment un endroit pour les pêcheurs. On pourrait en effet le rebaptiser «Tourist's Wharf», puisqu'il est devenu un assemblage hétéroclite de centres commerciaux et de salles de jeux électroniques à côté duquel Disneyland fait figure d'incorruptible cerbère de la réalité. L'ancienne jetée s'est ainsi transformée en parc d'attractions, rehaussé d'un musée de cire, d'un musée Ripley et d'innombrables boutiques de pacotille. L'architecture des lieux se plie aux exigences de cette école moderne qui oblige les apparences à contredire l'essence même des choses, que ce soit par le biais d'un faux style Mission, d'une silhouette victorienne vieillie dès sa naissance ou d'une façade disproportionnée par rapport aux dimensions de la structure qu'elle camoufle.

Malgré tout, le sel flotte toujours dans l'air, la brume déploie ses faisceaux sur la baie, et il y a bel et bien des choses à voir sur le «Wharf». Il faut simplement s'efforcer de capturer le passé tout en évitant le présent plastifié. Pour y parvenir, une loi fondamentale de la navigation en mer est de mise : longez toujours le rivage.

À l'angle de l'Embarcadero et de Beach Street, le **Pier 39** est lui-même un centre commercial de conception élaborée qui attire surtout les touristes gravitant autour du Fisherman's Wharf voisin. Outre une pléthore de boutiques et de restaurants de bord de mer, il accueille des jongleurs, des champions de yo-yo et d'autres amuseurs publics dont l'habileté ravit la foule.

La principale attraction du Pier 39 est la **colonie d'otaries ★★** qui a élu domicile tout près, sur les docks. Parfois 400 à se réunir ici, ces pinnipèdes de 450 kg, sorte de croisement entre l'holothurie (concombre de mer) et le lutteur sumo, ont commencé à arriver sur les lieux en 1989. S'emparant pour ainsi dire de la marina, ils causèrent beaucoup d'émoi et devinrent source de la plus nauséabonde des odeurs de ce côté-ci de la sardinerie. Néanmoins, le Pier 39 attira plus de 10 millions de

PIER 39

HARASSMENT OF
SEA LIONS IS
A VIOLATION OF
THE MARINE
MAMMAL
PROTECTION ACT
NO DOCKING

Pier 39

visiteurs dès l'année suivante, ce qui le plaça immédiatement derrière le Disney World d'Orlando et le Disneyland d'Anaheim au chapitre des attractions touristiques les plus courues des États-Unis, tant et si bien que les marchands locaux décidèrent d'accueillir pour de bon ces squatters sympatiques.

Pour admirer de plus près certains autres hôtes de la baie de San Francisco, y compris des requins et des poissons variés, rendez-vous à l'**Underwater World ★ (10)** *(droits d'entrée; Pier 39, ☎ 623-5300)*. Coiffez-vous d'un casque d'écoute, et laissez-vous guider pendant 40 min sur des trottoirs roulants parcourant un tunnel transparent de 122 m qui débouche sur deux immenses réservoirs accessibles sur deux étages. Vous y verrez des raies, des saumons, des crabes, des méduses, des anguilles et plus de 150 représentants des six espèces de requins vivant dans les eaux de la baie. Aucun autre aquarium des États-Unis ne se compare à celui-ci.

Le **Pier 45** est quant à lui un lieu de travail, blanchi par la fiente des oiseaux et encore fréquenté par des bateaux de pêche. Vous n'êtes alors qu'à courte distance de marche des docks de la rue Jefferson, entre les rues Jones et Taylor. Les derniers survivants de la flotte de pêche de San Francisco s'alignent ici flanc contre flanc. Le Nicky-D, le Saint Theresa, le Lindy Sue, le Phu Quy, le Hai Tai Loc et une myriade d'autres embarcations prennent le large tous les matins vers 4 h pour ne rentrer qu'en fin d'après-midi. Avec leurs coques peintes de couleurs vives, leurs ampoules de Noël et leurs équipages équarris au couteau, ils portent les odeurs et le tumulte de la mer.

Fish Alley (11) est un autre recoin nostalgique. Engouffrez-vous simplement dans l'étroit corridor adjacent au Castagnola's Restaurant, sur Jefferson Street, et marchez en direction du Scoma's Restaurant. Les hangars de tôle ondulée que vous apercevez le long des docks sont des usines d'empaquetage de poissons. Les bateaux de pêche y déposent quotidiennement leurs prises pour qu'elles soient apprêtées et livrées aux restaurants et marchés de la ville. Vous verrez ici des quais et des poteaux d'amarrage, des crochets et des haussières, des épaves et des pesons à ressort; mais tout ce passé a un prix, car plus vous vous enfoncez dans ce dédale de quais et approfondissez les vérités de la mer, plus vous êtes assailli par les odeurs poisseuses des entrailles marines.

Pour vous rafraîchir un peu, rendez-vous non loin de là, au Hyde Street Pier, où l'histoire n'agressera pas tant vos narines. Les **Historic Ships ★★ (12)** *(droits d'entrée; ☎ 556-3002)* sont amarrés à ce quai. Intégrés au San Francisco Maritime National Historic Park, ils comprennent une goélette à trois mâts et à coque de bois, le C. A. Thayer, qui transportait jadis du bois de construction le long de la côte californienne. Vous pourrez également monter à bord de l'Eureka, un ferry-boat de 1890 qui a assuré la liaison entre San Francisco et Tiburon pendant près de 30 ans. Arpenter ce quai, c'est retrouver le front de mer du début du siècle. Des embarcations de sauvetage rongées par le sel, des ancres corrodées et de vieux moteurs à charbon gisent çà et là. L'Eppleton Hall est un vieux bateau à aubes, et l'Alma, une goélette à fond plat et à poutres équarries. Quant au Balclutha, un navire marchand à trois mâts et à coque d'acier construit en Écosse en 1886, il mesure 92 m et a croisé le cap Horn 17 fois dans sa jeunesse. Il chargeait du riz à Rangoon, du guano à Callao et de la laine en Nouvelle-Zélande. Aujourd'hui, les seules cargaisons de ce vieux vaisseau sont un musée maritime aménagé sous le pont et une cale pleine de souvenirs.

Ajoutez au tableau le proche **National Maritime Museum ★ (13)** *(à l'angle des rues Beach et Polk, ☎ 556-2904)*, et vous n'êtes plus qu'à deux doigts de devenir marin. Le musée, car c'en est bien un même s'il vous a d'abord donné l'impression de n'être qu'un traversier échoué, est en réalité une structure Art déco conçue de manière à ressembler au pont d'un paquebot. Vous découvrirez à bord une étrange collection d'éléments ayant appartenu à d'anciens bateaux, de même que des modèles réduits, des objets en ivoire sculpté et gravé, et un somptueux assortiment de photos anciennes.

Tous ces hauts lieux de la marine convergent vers l'**Aquatic Park**, qui possède une adorable pelouse ondulant jusqu'à l'une des rares plages sablonneuses de la baie. Amalgame de sons et de spectacles, ce parc s'enorgueillit d'un jeu de *bocce* autour duquel vous verrez de vieux Italiens échanger des histoires et jeter des regards intrigués aux touristes de passage. Les vendeurs ambulants y sont légion, et, si tout cela n'est pas encore assez pour vous, sachez que vous pourrez également assister à la rotation des funiculaires de Powell Street et de Hyde Street avant qu'ils ne repartent à l'assaut de Nob Hill, à moins que vous ne préfériez simplement profiter de la vue abasourdissante sur la baie de San Francisco. Alcatraz repose au large, adossée à l'un des plus beaux panoramas de cette partie du monde.

Par ailleurs, puisque que vous êtes au pays des tremblements de terre, pourquoi ne pas faire une halte au **Museum of the City of San Francisco (14)** *(fermé lun-mar; à l'intérieur de The Cannery, à l'angle des rues Beach et Leavenworth, ☎ 928-0289)*? Des photos historiques, des peintures et divers objets racontent ici l'histoire de la catastrophe de 1906, la pire que la Californie ait jamais connue, en l'éclairant d'un jour nouveau. Parmi les éléments d'exposition les plus notoires, retenons la statue de la Goddess of Liberty, reprise à l'ancien hôtel de ville.

Enfin, il va sans dire qu'une visite du Fisherman's Wharf n'est pas complète sans un détour par **The Cannery ★ (14)** *(à l'angle des rues Jefferson et Leavenworth, ☎ 771-3112)*, un centre commercial regroupant 40 boutiques spécialisées. De plus, ne manquez surtout pas le **Ghirardelli Square ★★ (15)** *(900 North Point Street, ☎ 775-5500)*, un ancien entrepôt reconverti en cour marchande à ciel ouvert. Pour de plus amples renseignements, voir «Magasinage», p 232.

 RUSSIAN HILL ★

Le quartier résidentiel délabré de Russian Hill **(voir carte du circuit C)** compte parmi les secrets les mieux gardés de la ville. Si l'on en croit la légende, les pentes accentuées du voisinage accueillaient jadis un cimetière où l'on enterrait des chasseurs de phoque russes. Mais les Russes ont quitté les lieux depuis longtemps et abandonné ce secteur à la population locale, de même qu'à quelques voyageurs économes.

Parmi les rues en damier de Russian Hill, il est un tronçon unique qui stimule l'imagination de tous. C'est qu'entre les rues Hyde et Leavenworth **Lombard Street ★★ (16)** est connue par le sobriquet de «la rue la plus tordue du monde». Pour savoir si elle est bel et bien la plus tortueuse de la planète, il faudrait sans doute procéder à des mesures précises, mais une chose reste certaine : elle s'impose incontestablement comme la plus congestionnée de photographes amateurs.

On vient en effet de partout dans le monde pour avoir le privilège de se tenir au sommet de Lombard et d'en embrasser la vue multidirectionnelle : à l'ouest, l'étendue boisée du Presidio; au nord, les vieux navires amarrés au Hyde Street Pier et, tout juste au large, l'île d'Alcatraz; à l'est, la Telegraph Hill, couronnée par la Coit Tower et adossée à la silhouette de l'île Yerba Buena. Le **George Sterling Park (17)**, ainsi nommé en mémoire du poète qui avait lui-même baptisé San Francisco «la chouette ville grise de l'amour», s'étend pour sa part dans l'angle sud-ouest des rues Lombard et Hyde, et ses passerelles de bois ainsi que ses courts de tennis ensoleillés offrent un contraste rafraîchissant avec le paysage urbain environnant.

Ils présagent en outre ce qui vous attend en descendant la rue Lombard, puisque ce périple étourdissant révèle une artère magnifiquement paysagée. Le pavé serpente à travers haies et bosquets d'hortensias, tandis que des arbres ont été plantés aux intersections pour le moins irrégulières. Mais vous devez en faire le constat de visu. Il s'agit d'un de ces endroits à ce point envahis par les touristes que vous n'oserez pas dire que vous y étiez, et à ce point indicible que vous ne pourrez vous y soustraire.

Le tronçon de Filbert Street qui plonge entre les rues Hyde et Leavenworth s'impose comme le plus abrupt de la ville.

Après toutes ces émotions, vous voilà prêt pour des découvertes encore plus sublimes. Le paradis semble toujours évoquer des images de portails incrustés de perles et de boulevards à la fois immaculés et étincelants. Mais on espère aussi y trouver ne serait-ce que quelques sentiers idylliques, et, si tel est bien le cas qu'il s'en prévaut, ils sont sûrement inspirés de la **Macondray Lane (18)**. Vous êtes de ceux qui désirent un aperçu de la vie éternelle? Eh bien, cette allée vous attend en retrait de Jones Street, entre les rues Green et Union. Pour les amants de la solitude, ses pavés traversent un jardin, puis débouchent sur un escalier de bois dominant la baie. Vous vous enfoncez ici sous un dais de verdure, flanqué d'une part par des maisons à clins de bois et de l'autre par un flanc de colline envahi par le lierre. Vous êtes au royaume des fleurs en pot et des oiseaux volages, l'un des secrets cachés les plus magiques de San Francisco.

La rue Lombard ne constitue qu'un des deux grands attraits de Russian Hill. Les touristes se ruent sur le premier, tandis que le second n'est pratiquement connu que des historiens littéraires. Pour vous joindre aux spécialistes, empruntez **Vallejo Street (19)** jusqu'à la hauteur des 1000. Avec la Russian Hill Place et Florence Street, deux culs-de-sac voisins, cette enclave fut le rendez-vous de nombre d'écrivains du XIXe siècle. Ambrose Bierce, Frank Norris et une foule d'autres auteurs californiens étaient membres du célèbre salon littéraire local. La beauté qu'ils recherchaient vous apparaîtra dans toute sa splendeur à travers les haciendas de style méditerranéen qui bordent la **Russian Hill Place (20)** et les maisons néo-Pueblo de **Florence Street (21)**.

En 1893, Willis Polk, le maître architecte qui a légué son nom à Polk Street, a conçu et habité la maison tarabiscotée et recouverte de clins de bois bruns qui se dresse au **1013-1019 Vallejo Street**. La vue sur la baie dont jouissait Polk a subi quelques ajouts au fil des ans et englobe aujourd'hui le Fisherman's Wharf, la Coit Tower et les gratte-ciel de San Francisco. À l'époque de Polk, il n'y avait pas non plus d'escalier pour descendre le flanc oriental de Vallejo Street jusqu'à l'**Ina Coolbrith Park (22)**, une rue plus bas, à l'angle de Taylor Street. Cet espace vert pour le moins pentu porte le nom du libraire d'Oakland qui a aidé un certain Jack London à s'y retrouver dans l'univers de la littérature.

 UNION STREET ★

On se rend sur Union Street **(voir carte du circuit D)** pour deux raisons : ses magasins et ses bars de rencontre, le tourisme ne venant à l'esprit qu'après coup. Et pourtant nombre de boutiques à la mode du quartier occupent de somptueuses maisons victoriennes, si bien que, par un juste retour des choses, le tourisme en soi peut devenir l'occasion de «magasiner» des merveilles architecturales.

D'emblée, on pense à l'**Octagon House (1)** *(droits d'entrée; 2645 Gough Street, ☎ 441-7512)*, une construction à huit faces qui date de 1861 et que domine une tourelle. La National Society of Colonial Dames of America, qui a la responsabilité de ce vénérable héritage, ouvre ses portes au public le deuxième et le quatrième jeudis, de même que le deuxième dimanche de chaque mois (sauf en janvier), et ce, de 12 h à 15 h.

Le parc qui s'étend tout à côté, ponctué d'ondulations clémentes et de grands arbres, est un vestige isolé de l'époque où le secteur d'Union Street était un vallon herbeux (Cow Hollow), peuplé de vaches et exploité par une trentaine de laiteries. Le trottoir actuel de cette même rue épouse les contours de ce qui était jadis la berge du «lagon des lavandières», un petit étang autour duquel se réunissaient les ménagères le jour de la lessive.

La maison «jumelle» que vous pouvez voir au **1980 Union Street** s'est démarquée dès l'instant où un père excentrique en a

Sur les eaux de la baie

Le Pier 41 sert de tremplin à la Red and White Fleet (☎ 546-2810), qui organise des **croisières sur la baie** et des visites d'Alcatraz, mais qui assure en outre un service de traversier vers l'île Angel, Sausalito et Tiburon.

Le temps fort de l'excursion à **Alcatraz** ★★★ est la visite de son infâme prison, guidée par le personnel du Service des parcs nationaux. À l'origine un fort, puis une prison militaire, Alcatraz est devenue «le Rocher» aujourd'hui si célèbre lorsqu'elle fut transformée en prison à sécurité maximale en 1934. Al Capone, «Machine Gun» Kelly et Robert «l'oiselier d'Alcatraz» Stroud comptent parmi ses hôtes les plus notoires. Au cours de la visite, vous pénétrerez dans les entrailles de la prison, parcourrez les corridors sombres et humides, et aurez même l'occasion de goûter pendant un moment la vie que les criminels les plus désespérés des États-Unis ont pu connaître dans leur minuscule cellule. Si vous le désirez, vous pourrez enfin entendre un enregistrement sonore sur lequel d'anciens gardes et prisonniers relatent leur passage sur le Rocher.

La prison a fermé ses portes en 1963, après quoi, en 1969, un groupe d'Amérindiens a occupé l'île pendant près de deux ans, prétendant qu'il s'agissait d'un territoire autochtone. Aujourd'hui, Alcatraz fait partie de la Golden Gate National Recreation Area.

La croisière vers l'**Angel Island State Park** est une tout autre aventure. Au contraire du Rocher, cette île en forme d'étoile est couverte de forêts et de collines ondulantes. Elle a jadis servi de base militaire, de quartier de quarantaine, de centre d'immigration et de camp pour prisonniers de guerre. De nos jours, la plus grande île véritable de la baie de San Francisco est devenue un entrelacs de sentiers pédestres, de pistes cyclables et de champs fleuris. Pour vous en faire une idée d'ensemble, visitez le petit musée d'Ayala Cove, où vous verrez un diorama et un plan de l'île, des vitrines d'exposition historiques ainsi que le dispositif d'éclairage d'un vieux phare. Vous pouvez encore suivre un tracé de 8 km autour de l'île ou gravir son sommet afin de jouir d'une vue circulaire sur la région de la baie (Bay Area).

Des cerfs broutent tout autour, et des tables de pique-nique vous attendent partout. L'endroit est idéal pour une journée au soleil. Puis, tout en parcourant l'île, pourquoi ne pas visiter le petit **North Garrison Museum**, consacré à l'histoire du poste d'immigration qu'hébergeait autrefois l'île? Des photographies émouvantes relatent l'histoire de cette Ellis Island de la Côte Ouest. Les différents bâtiments de l'île Angel ne sont ouverts en semaine que d'avril à octobre. Les droits d'accès à l'île sont compris dans le prix de la traversée; vous devez toutefois savoir qu'on perçoit des frais d'amarrage de 5 $ si vous choisissez de vous y rendre à bord de votre propre embarcation. Pour de plus amples renseignements, composez le ☎ 435-1915.

achevé la construction à l'intention de ses deux filles. On raconte qu'elles étaient nouvellement mariées et en quête d'une dot lorsqu'elles se sont confortablement installées dans ces **Twin Wedding Houses (2)**.

Mais pour tout dire, il existe un exemple encore plus impressionnant de double maison victorienne. Vous le découvrirez de l'autre côté de la rue, aux **1923-1929 Union Street (3)**.

La **Vedanta House (4)** *(2963 Webster Street)* fait elle aussi figure de curiosité architecturale. Pour le cas où vous vous poseriez la question : non, elle n'a pas été téléportée de Moscou, mais plutôt construite ici à la gloire de l'hindouisme. Au risque de trahir l'indescriptible, disons qu'il s'agit d'une vaste construction de trois étages, toute de gris et de marron tendue, et surmontée de plusieurs tours. L'une d'elles est entourée de créneaux, une autre est coiffée d'un dôme bulbeux, et une autre encore présente un amas de coupoles.

Ne négligez pas non plus la cour de brique de la **St. Mary's Church (5)** *(à l'angle des rues Union et Steiner)*. Outre l'église elle-même, recouverte de clins de bois, et son jardin, vous trouverez ici une fontaine, et pas n'importe quelle fontaine, puisqu'il s'agit en fait d'une source à laquelle les exploitants des fermes laitières faisaient boire leurs bêtes à l'époque du «vallon aux vaches».

La **Casebolt House (6)** *(2727 Pierce Street)* constitue le dernier chaînon de ce collier de perles architecturales. Les deux magnifiques palmiers qui gardent son entrée et le cortège de saules qui défile à ses côtés lui confèrent une imposante stature. Construite en 1865, elle arbore un style italianisant, et cette maison blanche richement ornée, posée sur une élévation en surplomb sur la rue, est aujourd'hui aussi grandiose qu'elle pouvait l'être aux jeunes heures de la Californie.

 PACIFIC HEIGHTS ★

Le plus prestigieux quartier de San Francisco est perché sur une colline dominant la baie. Outre des Rolls-Royce et des Mercedez Benz, Pacific Heights **(voir carte du circuit D)** recèle certains des plus grands trésors architecturaux de la ville, et il vous suffira de parcourir ses larges rues pour croiser des maisons Tudor, baroques ou victoriennes.

Le meilleur endroit pour entreprendre votre visite de ces hauteurs grandioses est l'intersection des rues Franklin et California. La construction flanquée de deux tourelles qui se livre ici au regard est une **victorienne d'inspiration Queen Anne** érigée pour une personnalité du XIXe siècle ayant fait fortune dans l'or et dans le bois. Quant à ses deux voisines moins fortunées du haut de la colline, ce sont des **victoriennes de style italianisant**, caractérisées par des fenêtres en rotonde à rebord incliné; elles datent l'une comme l'autre des années 1870.

Empruntez la rue Franklin en direction nord jusqu'au n° 1735, où vous attend une **géorgienne** construite au tournant du siècle pour une famille de magnats du café. La **Haas-Lilienthal House (7)** *(droits d'entrée; mer et dim après-midi; 2007 Franklin Street, ☎ 441-3004)*, sans doute la plus majestueuse de toutes les maisons victoriennes de San Francisco, affiche pour sa part un style tarabiscoté à souhait et se pare de pignons ainsi que de bas-reliefs. Malgré sa tour imposante, ses riches ornements et ses dimensions monumentales, ses propriétaires n'ont eu à débourser que 20 000 $ pour la faire bâtir, mais c'était bien sûr en 1886! Aujourd'hui, la demeure a été transformée en maison-musée et placée sous la tutelle de la Foundation for San Francisco's Architectural Heritage.

La **Golden Gate Church**, située au 1901 Franklin Street, est de facture néobaroque et a été construite en 1900 pour le compte des Crockers, à l'époque l'une des plus puissantes familles de Californie.

Prenez à gauche sur Jackson Street, et remontez la pente jusqu'à la **Greenlee Terrace (8)** *(1925 Jackson Street)*. Dotée d'une façade en stuc blanc et d'un toit de tuiles rouges, cette maison divisée en appartements adopte le style néo-Mission et date de 1913. De l'autre côté de la rue, l'édifice en brique massif situé au n° 1950 abrite le **Consulat royal de la Suède (9)**, et, tout près, au n° 2090, c'est la **Whittier Mansion (10)**, un monument de grès rouge datant de 1896.

Tournez à droite sur Laguna Street, descendez la colline, et prenez à gauche sur Broadway. L'austère édifice de trois étages dont l'entrée est gardée par des lions appartient à la **Hamlin School (11)** *(2120 Broadway)*. Construit en 1901, il a été dessiné selon la tradition néobaroque, et James Flood, l'homme qui l'a fait construire, a aussi donné le jour au **palais Renaissance (12)** de marbre blanc qui se dresse au 2222 Broadway.

Retournez sur vos pas sur la distance d'une demi-rue environ, et gravissez Webster Street. La **Bourn Mansion (13)** *(2550 Webster Street)* se présente comme une maison de ville géorgienne. Elle a été bâtie en 1896 par William Bourn, l'un des hommes d'affaires les plus riches de l'État de Californie.

Prenez ensuite à gauche sur Washington Street, et poursuivez votre chemin jusqu'au **Lafayette Park (14)**, un magnifique espace vert revêtu d'une pelouse ondulante et ponctué d'arbres qui s'étend entre les rues Washington et Laguna. De l'autre côté de la rue, au 2080 Washington Street, surgit la **Spreckels Mansion (15)**, une construction richement ornée, revêtue d'un calcaire blanc et lisse qui commence à céder aux assauts du vent et des intempéries.

Il y a en vérité des centaines d'autres maisons à voir dans ce quartier, et, si ce bref aperçu a un tant soit peu aiguisé votre appétit architectural, poursuivez la visite à votre gré en quête d'autres vestiges du passage des sommités qui ont occupé ces hauteurs de San Francisco.

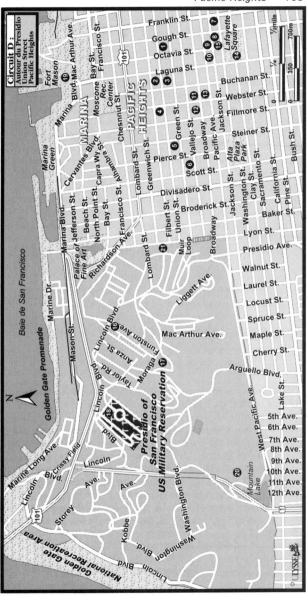

AUTOUR DU PRESIDIO ★

Ce qui fut jadis la plus ancienne base militaire active des États-Unis est aujourd'hui devenu le plus grand parc urbain de la nation américaine. Le Presidio **(voir carte du circuit D)**, érigé par les Espagnols en 1776 et conquis par les États-Unis en 1846, est en outre inscrit au registre national des monuments historiques. Des troupes de la guerre de Sécession s'y sont entraînées, et la Sixth Army en avait fait son quartier général. Et pourtant, même à ses heures militaires, le Presidio avait déjà plus ou moins l'air d'une retraite champêtre. Des sentiers de randonnée serpentent désormais à travers plus de 550 ha de collines ondulantes, parsemées d'acacias, d'arbousiers, de pins et de séquoias, sans parler des vues embrassantes sur la baie. Bien que le site soit encore en développement, on projette d'y aménager de nouvelles pistes, des musées, des centres éducatifs et des salles de conférences.

La meilleure façon de découvrir le Presidio consiste à vous arrêter au **Visitor Information Center** *(Building 102, Montgomery Street, ☏ 561-4323)*, dont le personnel très compétent est à même de vous fournir un plan des lieux et d'organiser pour vous une visite guidée par un ranger.

La dernière ligne de défense

Les formations de combat s'alignent sur **Lovers' Lane** (dans l'angle sud-est du Presidio). Empruntez cette allée étroite au pas de marche ou à un rythme plus nonchalant, et passez en revue les troupes de «Mère Nature». D'une part, telles des sentinelles au garde-à-vous, bras étendus pour mieux ombrager le sentier, se dressent les eucalyptus. En face d'eux, vêtus d'uniformes plus sombres et prêts à battre en retraite sous les assauts du vent, pointent les conifères. Mais oubliez un instant le stupide jeu de la guerre, et jetez un long regard autour de vous, car vous vous trouvez en un lieu spectaculaire, à savoir un des derniers massifs boisés de San Francisco.

Dirigez-vous ensuite vers le **Presidio Army Museum ★ (16)** *(fermé lun-mar; Funston Avenue, près du boulevard Lincoln)*. Ce musée de trois étages abritait à l'origine un hôpital, dont la construction remonte à 1857. Annoncé par une colonnade et protégé par une collection de canons anciens, l'édifice n'a rien perdu de son caractère imposant. Vous y trouverez principalement des uniformes militaires et des armes.

Non loin de là, l'**Officers' Club (17)** *(Moraga Avenue)*, une construction hispanisante coiffée de tuiles, englobe une partie du Presidio des premiers jours (1776) et constitue l'un des tout premiers bâtiments érigés sur le site de San Francisco.

Le **National Cemetery (18)** *(Lincoln Boulevard)*, dont les pierres tombales se succèdent en rangées sur un monticule herbeux dominant le pont Golden Gate, est le dernier salut de San Francisco aux soldats de la nation morts au combat.

Le reste de la visite du Presidio revêt un caractère moins formel. Ainsi, à **El Polin Spring (19)** *(à l'extrémité de MacArthur Avenue)*, où une plaque en bronze porte l'inscription *«la première garnison espagnole a ici découvert sa source d'approvisionnement en eau»*, l'histoire s'est rarement écrite dans un cadre plus enchanteur. La source en question jaillit au millieu d'un adorable parc entouré de collines dont eucalyptus et conifères se disputent la surface stratégique, et des sentiers pédestres se détachent en tous sens de cette merveilleuse clairière.

Le **Mountain Lake Park (20)** *(sur Lake Street, entre 8ᵗʰ Avenue et Funston Avenue)*, dont s'enorgueillit le flanc méridional du Presidio, est un autre endroit idyllique. Ses prés herbeux et ses sentiers boisés en font un lieu rêvé pour un pique-nique ou une promenade. L'étang lui-même, halte chérie des canards de passage, est bordé de scirpes lacustres et de saules envahissants.

La plus jolie promenade de la base s'effectue en réalité en territoire civil, le long du **Presidio Wall (21)**, un mur dressé en bordure de Lyon Street. En partant de la Lombard Street Gate, où deux canons gardent l'entrée orientale de la forteresse, gravissez la colline en empruntant la rue Lyon. Le pan de civilisation urbaine qui s'empare de la vue sur votre gauche n'est autre que le chic secteur d'Union Street, pépinière de bars verdoyants et de magasins d'antiquités. Sur la droite, au-delà de l'enceinte de pierre du Presidio, ce sont les collines chancelantes et les arbres élancés de la vieille garde.

Plusieurs rues plus loin, Lyon se transforme d'artère conventionnelle en escalier. Ici débute la partie à la fois la plus ardue et la plus satisfaisante de votre périple. Empruntez donc cet escalier vers le paradis, en l'occurrence Broadway Street, trônant deux rues plus haut au terme d'une ascension vertigineuse. La ville se dérobe sous vos pieds, et le Palace of Fine Arts, l'île d'Alcatraz, de même que la Marina, s'inscrivent un à un dans votre champ de vision. Plus près de vous, ce sont les résidences cossues du riche quartier de Pacific Heights, d'imposantes constructions hautes de plusieurs étages et prenant volontiers leurs aises au fil du paysage, tant et si bien qu'au moment d'atteindre les dernières marches de pierre au sommet de Broadway elles continuent de dominer l'horizon, puissantes et prétentieuses, s'offrant sans gêne en contrepoint aux hectares de verdure du Presidio.

 LE JAPANTOWN

Le noyau culturel de la population bourgeonnante de San Francisco est le Japantown, une enceinte autonome délimitée par les rues Geary, Post, Laguna et Fillmore. Ce village dans la ville se compose de deux segments : la partie ancienne, surtout résidentielle, et la plus nouvelle, vouée au commerce.

Le **Japan Center**, dessiné par l'architecte Minoru Yamasaki, est une atrocité tentaculaire couvrant une superficie de 2 ha. Construit en 1968, il se conforme à l'image de l'architecture autoroutière de l'époque. Cela dit, ce centre commercial asiatique n'en renferme pas moins de fascinantes boutiques et de remarquables restaurants.

Vous découvrirez également ici et là quelques trouvailles, comme la **Peace Pagoda** ★, un édifice en gradins sur cinq niveaux conçu par l'architecte de renom international Yoshiro Taniguchi. Sa création se veut un témoignage à l'amitié et à la bonne entente entre les peuples du Japon et de l'Amérique.

À l'occasion du Cherry Blossom Festival (festival des cerisiers en fleurs, tenu en avril), de l'August Street Fair (fête de rue ayant lieu en août), des Bon Dances (en automne) et du festival Aki Matsuri (en septembre), le Japantown revêt ses plus beaux atours et se livre à des célébrations musicales. Toute l'année durant, vous pouvez aussi goûter les plaisirs du **Nihonmachi Mall** *(Buchanan Street)*, parcouru de trottoirs pavés et constellé de fontaines d'origami signées Ruth Asawa, sans mentionner les bancs de parc ornés de bas-reliefs réalisés par des enfants du quartier. Passez ici le portail *torii*, puis rendez-vous au 1881 Bush Street, où vous découvrirez la **Soto Zen Mission**, siège accablé par le poids des ans de l'ardente troupe de Go.

Puis, après une journée bien remplie, pourquoi ne pas vous laisser dorloter à la **Kabuki Hot Spring** *(1750 Geary Boulevard, ☎ 922-6000)*, un établissement thermal à la japonaise renfermant des saunas, des bains de vapeur et des cuves d'eaux thermales chaudes et froides? Ses masseurs et masseuses *(massajishi)* y proposent des massages *shiatsu*, au cours desquels ils pétrissent du bout des doigts vos centres nerveux et musculaires. Une expérience à nulle autre pareille! Il va sans dire que tous les services sont payants.

 HAIGHT-ASHBURY ★

Les endroits qui s'inscrivent dans la mythologie culturelle ont souvent gagné droit de cité des siècles plus tôt, mais Haight-Ashbury **(voir carte du circuit E)** est de ceux qui font résolument exception à cette règle. Ce quartier aux paisibles rues bordées de maisons victoriennes n'enflamme en effet la conscience populaire que depuis quelques décennies à peine, laissant derrière lui une traînée vaporeuse qui pourrait bien ne jamais se dissiper.

Pour une génération entière, l'année 1967 est celle du «Summer of Love», une saison enivrante au cours de laquelle on se nourrissait de drogues psychédéliques sous l'emprise absolue de l'*acid rock*. Le 14 janvier 1967, quelque 20 000 illuminés convergèrent vers Haight-Ashbury pour y assister à un «Human Be-In – un rassemblement des tribus de la Terre» et se mettre au diapason d'un cortège d'orateurs, de chanteurs et de visionnaires. L'été venu, San Francisco s'imposait déjà comme un rendez-vous incontournable pour une foule de jeunes gens en quête de la vérité spirituelle et du psychédélisme libérateur. Les rues de Haight-Ashbury furent soudain envahies par une nouvelle race vêtue d'accoutrements bigarrés et parée de clochettes, de plumes, de perles colorées et de petites cymbales. Pendant une courte période, on se serait cru au paradis, un univers de rêve créé de toutes pièces par l'imagination collective. Mais comme tous les rêves, celui-ci se révéla éphémère et ne tarda pas à être durement ébranlé par la réalité du Vietnam et d'une société manifestement de plus en plus répressive.

Bien que nombre d'entre nous emporteront en terre le souvenir de cette époque, Haight-Ashbury a perdu beaucoup de ses hauts lieux de la contre-culture. De retour à son identité première, soit avant qu'il ne soit hanté par les premiers hippies, ce quartier bourgeois rayonne par ses avenues arborées et ses jardins d'arrière-cours. Flanqué de deux des plus beaux parcs de San Francisco, le Golden Gate Park et le Buena Vista Park, il s'enorgueillit par ailleurs de certaines des plus adorables maisons victoriennes de la ville, comme ces «Queen Anne» aux tourelles solitaires et aux façades peintes de couleurs vives, tandis que, sur **Ashbury Heights**, le flanc de colline surplombant Haight Street, ce sont des joyaux du plus pur style tarabiscoté qui soit. Dans l'ensemble du quartier, on dénombre au total plus de 1 000 maisons victoriennes.

Aujourd'hui encore, Haight-Ashbury demeure un quartier en transition. Le secteur s'est sans doute partiellement embourgeoisé, mais il n'en conserve pas moins des vestiges de son passé bohème. De plus, sur **Haight Street**, entre les rues Masonic et Stanyan, les trottoirs sont complètement tapissés de boutiques de mode, de bars à la page, de magasins de vêtements d'une autre époque, de galeries d'art et de restaurants marginaux.

La maison qui se trouve au 2400 Fulton Street, aussi imposante qu'un manoir avec ses quatre colonnes en façade, a été la première demeure de la formation musicale Jefferson Airplane.

Toutefois, avant d'arpenter cette rue entièrement revitalisée, assurez-vous d'explorer le **Buena Vista Park (1)** *(à l'angle des rues Haight et Lyon)*. Densément boisé de conifères et d'eucalyptus, ce parc aux collines pentues offre de splendides vues sur San Francisco, de l'océan à la baie. Dans ce parc aussi

Circuit E :
Haight-Ashbury
Mission District

beau que celui du Golden Gate Park, les foules font défaut, ce dont vous ne vous plaindrez sûrement pas!

Immédiatement en marge de Haight Street subsistent plusieurs centres vitaux de la contre-culture des années soixante. Pour une éclatante rétrospective sur l'art psychédélique, parcourez la **murale (2)** dont se pare tout le mur extérieur du 1807 Page Street. Rehaussée de couleurs vives, elle représente un œil visionnaire rayonnant sur un groupe de musiciens multiracial. D'un côté, de vertes collines se succèdent à l'infini, tandis que, de l'autre, la mer s'ouvre sur le large. Caractérisée par le style chargé quoique vital de son époque, elle regorge d'une multiplicité d'images.

Histoire de teinter de morbidité votre visite jusque-là parfaitement agréable, jetez un coup d'œil à la maison tout à fait ordinaire du **636 Cole Street**. Au cours du «Summer of Love» y logeait de triste mémoire un certain Charles Manson.

Ou, si vous préférez vous en tenir à ces lieux dont tout le monde parle même s'ils ne sont plus ce qu'ils étaient, laissez-vous captiver par la jolie victorienne du 710 Ashbury Street. À l'époque paradisiaque des concerts *live* et des drogues électrisantes, cette maison, surnommée la «**Dead House**», était celle de la plus importante formation de rock psychédélique de San Francisco : The Grateful Dead.

Une façon intéressante de découvrir Haight-Ashbury consiste à se promener à son gré à travers le quartier, en quête de vieilles maisons victoriennes et d'atmosphères enveloppantes. Vous pouvez aussi prendre la direction de **Corona Heights (3)**, où vous attend une vue sur San Francisco connue des seuls résidants de longue date de la ville. Cette ascension sur une distance de six rues au départ de Haight Street dévoile en outre quelques jolies victoriennes (empruntez Masonic Street jusqu'au bout, puis poursuivez sur une demi-rue lorsqu'elle devient Roosevelt Avenue). Tout en haut, un promontoire rocheux balayé par les vents permet d'embrasser la métropole du regard, de Russian Hill au Financial District et aux portions méridionales de la baie. Adossées aux Twin Peaks, les hauteurs de Corona sont peut-être moins impressionnantes que d'autres, mais vous les trouverez souvent désertes, ce qui vous permettra d'en jouir à satiété.

La beauté ne se manifeste pas que dans les grands espaces; elle surgit également dans les couloirs les plus étroits. Ainsi, en redescendant de Corona Heights, songez également à enfiler **Edgewood Avenue (4)**. L'ascension débute sur Farnsworth Lane *(en retrait de Parnassus Avenue, au-dessus du Medical Center de l'University of California)*. Farnsworth Lane se présente comme une allée campagnarde bordée de lierres et de haies taillées qui semblent avoir été posés là par accident. Elle débouche sur Edgewood Avenue, une rue pavée qu'Else Reisner, résidante de San Francisco, tient pour une des plus charmantes promenades de la ville. D'ailleurs, s'il vous vient jamais à l'esprit de vous établir à San Francisco, c'est sans doute là le coin le plus habitable que vous pourriez choisir. De part et d'autre de l'avenue, les maisons se parent de briques ou de bardeaux; elles se succèdent jusqu'à l'orée d'un bois aux arbres chargés de vignes, une sorte de forêt primordiale qu'un sentier permet d'explorer si le cœur vous en dit.

 LE MISSION DISTRICT ★

Selon vos goûts personnels, et peut-être même votre humeur, votre visite du Mission District **(voir carte du circuit E)** vous laissera une impression de poème lyrique ou de vulgaire ghetto. De fait, ce quartier a un peu des deux. «The Mission», le *barrio* espagnol de San Francisco, s'entiche de Mexicains, de Colombiens, de Guatémaltèques, de Nicaraguayens et de Salvadoriens. Sur ses murs, les graffitis envahissants rivalisent avec d'éclatantes murales, et les enfants disputent les places d'autobus et les bancs de parc aux vieillards.

Depuis que les investisseurs de Hong Kong et les artistes bohèmes l'ont découvert, le Mission District devient de plus en plus cosmopolite. La rue Valencia se trouve au cœur de la plus importante enclave lesbienne de la cité, et 16th Street s'impose désormais comme un noyau de la contre-culture, étoffé de bistros et de galeries.

Le *corazón* du district bat sur 24th Street, ponctué de marchés à ciel ouvert et de murales intérieures. Entamez votre visite à l'angle de 24th Street et de la rue York, à environ six rues à l'est de Mission Street.

St. Francis Candies (5), qui occupe cette intersection, est une institution locale. Avec ses banquettes intimes, ses fontaines à l'ancienne et son plafond rose, ce comptoir de glaces volontiers fréquenté par les écoliers à la sortie des classes semble suspendu dans le temps depuis 1955 (bien que l'endroit existe depuis 1918).

Les **murales** que vous voyez dans le parc qui lui fait face de l'autre côté de la rue se veulent de frappantes illustrations de *la raza* (le peuple espagnol). Les artistes qui les ont réalisées sont d'ailleurs souvent représentés dans le cadre des expositions temporaires de la **Galería de la Raza (5)** *(fermé dim-lun; 2851 24th Street, ☎ 826-8009)*, une galerie novatrice et provocante qui peut tout aussi bien monter une vitrine sur le mouvement révolutionnaire salvadorien qu'une exposition de photos ou un étalage d'œuvres d'art plus conventionnelles.

Une autre **murale**, celle-là sur une paroi latérale du 2884 24th Street, reproduit aussi des scènes à caractère hispanique, tandis que la peinture qui orne la façade de **China Books (6)** *(fermé dim; 2929 24th Street, ☎ 282-2994)* révèle un kaléidoscope d'images sur le thème de la vie villageoise dans le monde.

Les ruelles elles-mêmes font ici figure de galeries. Pour vous en convaincre, il vous suffira de jeter un coup d'œil à la chatoyante **murale d'enfants** qui pare le Mission Neighborhood Family Center *(angle 24th Street et Balmy Avenue)*.

L'art de la rue vous attend également tout juste au-delà de l'avenue South Van Ness, où une autre **murale** dépeint des perroquets multicolores et des poissons voltigeant vigoureusement, alors que celle qui s'offre au regard à l'angle de 24th Street et Mission Street, illustration moderniste du métro de San Francisco (BART), s'inscrit en contrepoint de ses homologues à saveur plus populaire.

Si 24th Street constitue le cœur battant du *barrio*, **Mission Street (7)** en devient le centre nerveux, un appendice sillonné de tubes fluorescents qui envoie des décharges électriques à travers les ramifications de la communauté. Le jour, on s'y rend surtout pour ses magasins de chaussures, ses salons de coiffure et ses monts-de-piété, mais le soir, particulièrement les fins de semaine, le secteur se transforme en royaume de la drague. Bien que les fanfarons tapageurs et insolents aient été peu à peu chassés du quartier au cours des dernières années, nombre de carrosseries on ne peut plus macho y côtoient encore de rutilantes fourgonnettes bariolées de dessins multicolores.

Aussi surprenant que cela puisse paraître, **Valencia Street (8)**, le noyau central de la communauté lesbienne, ne se trouve qu'à une rue de ce secteur. Le long de cette artère semblable à tant d'autres se succèdent en effet des bars, des bains publics, des librairies et des cafés axés sur les besoins de cette communauté féminine. Le **Women's Building (9)** (3543 18th Street, ☎ 431-1180) se veut un lieu de rencontre important du quartier.

À moins que vous ne vous soyez déjà laissé distraire par Mission ou Valencia, vous vous trouvez encore à l'intersection de 24th Street et de Mission Street, et ne parvenez pas à détacher votre regard de la murale futuriste qui en fait l'orgueil. Une fois rassasié, franchissez la rue Mission, et poursuivez votre route sur 24th Street, qui grimpe sur une distance de plusieurs rues jusqu'à **Quane Street (10)**. Après avoir arpenté cette ruelle sur trois pâtés de maisons, vous serez sans doute persuadé que les pères et les mères de la ville avaient plutôt l'intention de la nommer «Quaint Street» (la pittoresque). Oh, elle n'a pas grand-chose de bien particulier, si ce ne sont quelques clôtures blanches, de beaux arbres feuillus et une poignée de maisons revêtues de clins de bois, mais force nous est d'admettre que ces petits riens se sont rarement exprimés avec autant d'éloquence.

À l'endroit où ce couloir d'habitations à charpente de bois débouche sur 21st Street, prenez à gauche, puis immédiatement à droite sur Dolores Street. Descendez une rue plus bas, et tournez de nouveau à droite sur Liberty Street pour vous offrir le spectacle de quelques magnifiques victoriennes d'une autre époque. À titre d'exemple, la maison italianisante qui se trouve au 159 Liberty Street n'est autre que la **Murphy House (11)**. Construite en 1878, elle a acquis ses lettres de noblesse le jour où s'y est rendue la célèbre suffragette Susan B. Anthony, dont les efforts ont conduit à l'adoption du 19e amendement de la Constitution américaine, accordant dès 1920 le droit de vote aux femmes de ce pays. Cinq autres demeures grandioses lui succèdent, dont une «Queen Anne» à tourelle.

De retour sur **Dolores Street (12)**, vous avez l'occasion de poursuivre vers le bas de la pente sur un des plus jolis boulevards de San Francisco. Flanquée de part et d'autre de demeures rehaussées de fenêtres en rotonde, cette artère tire une fierté toute particulière de son terre-plein gazonné et planté de palmiers majestueux. Mieux encore, cette promenade de

---

Les quartiers gays

Les quartiers gays de San Francisco gravitent autour de Castro Street, de Polk Street et du secteur de South of Market. Quant à la communauté lesbienne, elle se concentre surtout autour de Valencia Street et du Mission District. Cette population prise dans son ensemble, qui peut aujourd'hui regrouper jusqu'à 200 000 individus, est devenue au fil des ans une force de taille sur le plan social et politique. En 1977, le *surveyor* Harvey Milk était le premier gay avoué des États-Unis à se faire élire à un poste municipal important; depuis lors, malgré le fléau du sida, San Francisco a toujours eu un *surveyor* gay, sans compter que la communauté gay elle-même continue de faire partie intégrante de la vie municipale.

---

rêve s'ouvre sur le **Dolores Park (13)**, un rectangle de verdure ondulant ponctué de magnolias et de faux-poivriers qui s'insère entre la rue Dolores et 20th Street. Suivez les trottoirs sinueux jusqu'aux courts de tennis, ou gravissez les hauteurs de cette oasis pour jouir d'une vue opulente sur la ville.

Plus bas, à l'angle de Dolores Street et de 16th Street, culmine le bâtiment historique qui a donné son nom au voisinage. Joyau par excellence de la ville, la **Mission San Francisco de Asís ★★ (14)** *(droits d'entrée; ☎ 621-8203)*, également surnommée «Mission Dolores», a été achevée en 1791 et fait partie des 21 missions espagnoles érigées par les franciscains le long des côtes californiennes. Ses murs d'adobe épais (et peut-être aussi quelques prières) ont permis à l'église de survivre au grand tremblement de terre de 1906 et à l'incendie qui le suivit, ce qui en fait aujourd'hui la plus vieille construction de la métropole. Vous y remonterez le temps jusqu'aux derniers jours glorieux de l'Empire espagnol; à preuve, la porte du tabernacle vient des Philippines, certains éléments de l'autel ont été importés du Mexique, et le plafond emprunte ses motifs aux Indiens Costanoans, tous ces peuples et contrées étant sous le joug de l'Espagne au XVIIIe siècle. Il y a un mini-musée derrière la chapelle et une basilique massive du XXe siècle tout à côté, mais l'atout le plus fascinant des lieux demeure sans contredit le cimetière de la mission. Émaillé d'ifs et de pierres tombales, il héberge pour l'éternité nombre de personnages célèbres de San Francisco, certains dignes de louange, d'autres beaucoup moins. Parmi eux, retenons le capitaine Louis Antonio Arguello, le premier gouverneur mexicain de la Californie, et le père Francisco Palou, l'architecte de la mission, mais aussi Charles Cora et James Casey, un fameux duo qui périt aux mains du Comité de vigilance de San Francisco.

 LE GOLDEN GATE PARK ★★★

Le Golden Gate Park **(voir carte du circuit F)** est le Central Park de l'Ouest des États-Unis, à moins que vous ne préfériez dire que le Central Park est la réponse de New York au Golden Gate Park de San Francisco. Il s'étend du quartier Haight-Ashbury jusqu'à l'océan en traversant la ville sur près de la moitié de sa largeur. Ses collines plissées, ses prés inclinés, ses lacs et ses musées en font incontestablement le favori de tous.

Jadis un secteur couvert de dunes sablonneuses n'ayant fait l'objet d'aucun développement, ce parc renferme aujourd'hui plus de 400 ha de jardins, de pelouses et de forêts. Ce passage de la stérilité à la prolificité s'est effectué entre la fin du XIXe siècle et le début du XXe siècle grâce aux efforts d'un maître-penseur du nom de John McLaren. Jardinier de son état, cet Écossais mérite d'ailleurs le titre d'architecte de la terre, puisque, de son vivant, il a supervisé l'aménagement du plus grand parc jamais créé par l'homme à la surface du globe.

Il a réussi à façonner un endroit où chacun peut puiser son bonheur. Aussi y trouve-t-on des courts de tennis, des terrains de bowling sur gazon, des sentiers de randonnée, des pistes adaptées aux besoins des cyclistes et des amateurs de patin à roues alignées, de planche à roulette et même de monocycle, un golf de neuf trous, un champ de tir à l'arc, des étangs de pêche au lancer, des terrains de jeu, des terrains de football européen (*soccer*) et américain, des écuries d'équitation et même des pavillons aménagés en vestiaires. Les services de location de bicyclettes et de patins à roues alignées se trouvent tout juste aux abords du parc, sur les rues Haight et Stanyan.

Par ailleurs, si vous préférez vous la couler douce, installez-vous confortablement sous un arbre, et assistez simplement au spectacle. Le meilleur jour pour visiter le Golden Gate Park est le dimanche, alors que beaucoup de routes de son extrémité orientale sont fermées à la circulation automobile mais ouvertes aux cyclistes, aux troubadours, aux mimes, aux patineurs, aux troupes de comédiens improvisées, aux adorateurs du soleil et à quiconque désire en profiter.

L'exploration à proprement parler du parc devrait par contre s'effectuer un autre jour, de manière à pouvoir circuler en toute liberté. Deux routes traversent le parc sur toute sa longueur; l'une comme l'autre partent de Stanyan Street, à l'est de cet immense jardin, et déroulent leur ruban jusqu'à l'océan Pacifique sur une distance d'environ 6 km. Le meilleur tracé est celui qui emprunte d'abord la John F. Kennedy Drive pour ensuite revenir par la Martin Luther King Jr. Drive, avec des détours par les chemins secondaires qui s'enfoncent au cœur même du parc.

Votre premier arrêt sur la John F. Kennedy Drive se trouve immédiatement après l'entrée du parc. La construction coiffée de tuiles rouges et envahie par le lierre que vous apercevez est le **McLaren Lodge (1)** *(à l'angle des rues Stanyan et Fell,* ☎ *666-7200)*, siège des bureaux du parc et source primordiale de plans, de brochures, de dépliants et de renseignements divers. (Le McLaren Lodge est fermé les fins de semaine, mais vous trouverez des plans des lieux au kiosque qui se trouve près du carrousel.)

L'étonnant palais de verre qui se dresse tout près est le **Conservatory ★★ (2)**. Érigé en 1879 selon le style victorien, il a été endommagé au cours d'un orage hivernal survenu en 1995, et l'on procède actuellement à sa réfection. Bien qu'il ne soit pas ouvert au public, il ne s'en prête pas moins à une fabuleuse séance de photo.

Un peu plus loin, c'est le **Rhododendron Dell (3)**, un jardin de 8 ha sillonné de sentiers enchevêtrés. Au début du printemps, lorsque les buissons s'enflamment de rose, le vallon est un véritable concert de couleurs.

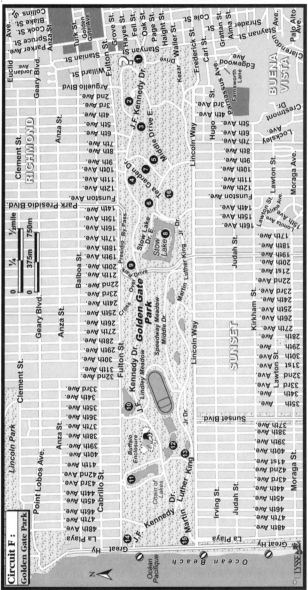

Tout juste au-delà du jardin bat le cœur du Golden Gate Park. Autour d'un carrefour constellé d'arbres reposent le De Young Museum, l'Academy of Sciences et le Japanese Tea Garden. Le **M.H. De Young Memorial Museum ★★ (4)** *(droits d'entrée; fermé lun-mar;* ☎ *750-3600)*, le plus beau musée de la ville, abrite une impressionnante collection retraçant l'histoire de l'art américain depuis l'époque coloniale jusqu'au milieu du XXe siècle. La galerie «Art of the Americas» présente des œuvres anciennes d'Amérique du Sud, d'Amérique centrale et d'Amérique du Nord réalisées au cours des quatre derniers siècles. Il y a aussi une fascinante exposition d'œuvres africaines et océaniennes.

La pièce de résistance du complexe tout entier est cependant l'**Asian Art Museum ★★★ (4)** *(droits d'entrée; fermé lun-mar;* ☎ *668-8921)*, adjacent au De Young Museum. Cette époustouflante construction, qui renferme des œuvres importantes de la Chine, du Tibet, du Japon, de la Corée, de l'Iran, de la Syrie et du reste du continent oriental s'impose comme le plus grand musée des États-Unis entièrement consacré à l'art asiatique. Certaines pièces datent même de 6 000 ans.

Il faut des installations comme celles de la **California Academy of Sciences ★★★ (5)** *(droits d'entrée;* ☎ *750-7145)*, ne serait-ce que pour songer à concurrencer le De Young Museum. Vous y trouverez un planétarium où les étoiles se lèvent toute la journée, un assortiment d'animaux africains évoluant dans un décor de jungle ainsi qu'un aquarium circulaire au centre duquel vous pourrez observer à loisir les créatures des profondeurs. Véritable paradis pour les enfants, ce musée d'histoire naturelle dispose en outre de nombreuses vitrines à éléments interactifs.

Si vous êtes comme la plupart des gens, il ne vous faudra sans doute guère plus d'une heure ou deux avant de commencer à souffrir de la «muséite» et à confondre les vertèbres de dinosaures avec les formations rocheuses. Le moment est alors venu de prendre un repos bien mérité au **Japanese Tea Garden ★★ (6)** *(droits d'entrée)*, où vous pourrez contempler de paisibles étangs peuplés de carpes et déambuler en toute sérénité sous des portails façonnés à la main, le tout complété de petits ponts en arc, de cerisiers, de jardins de bonsaïs et, bien entendu, d'un pavillon de thé où des Japonaises vous serviront du thé de jasmin et de petits gâteaux.

Tous ces hauts lieux de la culture gravitent autour d'une **esplanade (Music Concourse) (7)** où l'on présente régulièrement des concerts.

Vous pouvez maintenant retourner vers la John F. Kennedy Drive et poursuivre votre visite autoguidée en prenant la direction du **Stow Lake (8)**, un plan d'eau annelé en forme de beignet au centre duquel pointe une île. Puis, du sommet de cette île, il vous sera donné d'embrasser du regard San Francisco, de la baie à l'océan. Si une ascension ne fait pas partie de vos plans pour la journée, qu'à cela ne tienne, car un sentier longeant le pourtour de l'île croise une pagode chinoise richement ornée. Vous trouverez sur place des chaloupes, des pédalos et des canots à moteur en location, de même qu'un petit casse-croûte.

Toujours sur la John F. Kennedy Drive, vous atteindrez les **Rainbow Falls**. Le monument duquel semble émaner cette cascade d'eau est la **Prayerbook Cross (9)**, inspirée d'une ancienne croix celtique.

Le **Buffalo Paddock ★★** du Golden Gate Park est un endroit où le bison américain vit encore, quoiqu'une clôture de barbelés limite ses errances.

Vient ensuite une succession de prés, précurseurs verdoyants des lacs qui vous attendent un peu plus loin. Le **Speedway Meadow** et le **Lindley Meadow** bénéficient de la présence de grils et de tables à pique-nique, et tous deux se prêtent à merveille aux bains de soleil.

Le **Spreckels Lake (10)** accueille des canards, des mouettes et des modèles réduits de voiliers, tandis que, de l'autre côté du chemin, les **Golden Gate Park Stables** *(angle John F. Kennedy Drive et 36th Avenue, ☎ 668-7360)* vous proposent des cours d'équitation.

Puis, c'est la **Chain of Lakes** (chaîne des lacs), une succession de trois réservoirs miniatures qui couvrent toute la largeur du parc à angle droit avec la John F. Kennedy Drive. Encadrés par des eucalyptus, ils s'agrémentent de sentiers qui longent leurs berges à tous trois, et, en en faisant le tour, vous remarquerez qu'ils sont ponctués d'îles, elles-mêmes minuscules. Chacun d'eux possède son propre caractère : le **North Lake (11)** se distingue par ses cyprès submergés à hauteur de hanche; le **Middle Lake (12)** s'enorgueillit d'une île truffée de saules pleureurs; et le **South Lake (13)**, le plus petit des trois, révèle des pousses de bambou à ses abords.

Si ces trois lacs font figure de bébés, c'est que la mère n'est pas loin, et nous avons nommé «l'océan Pacifique». À l'endroit où la route y fait halte, vous découvrirez le **Dutch Windmill (14)** (moulin à vent hollandais), un monolithe princier datant de 1903. Avec ses bras de bois au vent et sa carapace de clins de bois, il affronte bravement les vents d'ouest venus de la mer. Son cousin, le **Murphy Windmill (15)**, un orphelin aux bras cassés, vous attend également plusieurs centaines de mètres plus loin sur la côte.

De ces confins du continent, vous êtes à 6 km de votre point de départ par la Martin Luther King Jr. Drive, accessible du moulin Murphy. Cette autre route se faufile doucement parmi des lacs, des forêts, des prés et des terrains de jeu. Mais ce qui importe plus encore, c'est qu'elle croise le **Strybing Arboretum ★ (16)** *(☎ 661-1316)*, un site tout spécialement conçu pour les amateurs de jardins. Il s'agit en effet d'un univers en soi puisqu'il compose une toile fleurie de 28 ha dont les pans sont tissés de sentiers. Plus de 5 000 espèces végétales cohabitent paisiblement en ces lieux : des conifères nains et des magnolias géants, mais aussi des plantes d'Asie, des Andes, d'Australie et d'Amérique. La *redwood trail* (sentier des séquoias) est consacrée aux espèces indigènes de la Californie, sans parler du *garden of fragrance* (jardin des parfums), gorgé de fleurs odorantes, et d'un jardin de promenade à la japonaise. Ce «parc au sein du parc» terminera sur une note glorieuse votre visite du parc au sein de la ville.

LA GOLDEN GATE
NATIONAL RECREATION AREA ★★★

Ce parc métropolitain de 12 500 ha **(voir carte du circuit G)** figure parmi les secteurs les plus spectaculaires de San Francisco; il appartient à tout le monde et attire chaque année quelque 25 millions de visiteurs. Joyau naturel d'importance historique, ce somptueux domaine s'étend sur une bonne partie du secteur de la baie. À l'intérieur de la ville même, il revêt

Golden Gate Bridge

l'aspect d'une étroite bande de verdure ceinturant le bord de l'eau; il épouse ainsi les contours de la baie depuis l'Aquatic Park jusqu'au fort Mason et au pont Golden Gate. Du côté de la mer, il englobe Land's End, une réserve naturelle exotique et virginale, de même que les plus belles plages de la cité.

La façon la plus paisible d'entamer votre exploration de la Golden Gate National Recreation Area consiste à emprunter la **Golden Gate Promenade ★ (1)**. Ce tracé de 5,6 km vous permettra en effet de découvrir un véritable coin de paradis entre l'Aquatic Park et le pont Golden Gate.

Une fois que vous serez arrivé dans le parc, franchissez la courte distance qui vous sépare du **Municipal Pier (2)**, une jetée de béton en forme d'hameçon qui se love sur plusieurs centaines de mètres au-dessus des eaux de la baie. Au fil de ce parcours incurvé, vous verrez s'élaborer autour de vous un panorama circulaire embrassant les ponts Golden Gate et Bay, le mont Tamalpais, l'île d'Alcatraz et le centre-ville de San Francisco. La jetée se peuple volontiers de pêcheurs de crabes et de pêcheurs à la ligne, de joggeurs et de mouettes, mais rarement de touristes, qui semblent très peu nombreux à se rendre ici.

De la jetée, gravissez la colline, et empruntez l'escalier qui descend jusqu'au **Fort Mason Center ★ (3)** *(angle Marina Boulevard et Buchanan Street, ☎ 979-3010)*, un assemblage de vieux quais et entrepôts garnis de tuiles rouges qui constituait jadis un important port d'embarquement militaire. Aujourd'hui, Fort Mason est devenu le noyau culturel de l'avant-garde sanfranciscaine. Au cours des années soixante-dix, les entrepôts se sont vu reconvertis en bureaux, et, par la suite, quelque 50 organisations sans but lucratif s'y sont établies.

Pratiquement toutes les disciplines artistiques et artisanales se trouvent ici représentées; plusieurs troupes de théâtre y ont même élu domicile, sans parler des ateliers successifs de danse, d'écriture créative, de peinture, de tissage, d'imprimerie, de sculpture, de musique et autres. Nombre d'associations environnementales ont également leurs bureaux à l'intérieur du centre, et, ainsi que l'explique une brochure sur les lieux : «*Vous pourrez y assister à une pièce de théâtre, parcourir un musée ou une galerie, vous familiariser avec les techniques du cinéma poétique, étudier le yoga, prendre part à un colloque sur l'informatique et parfaire vos connaissances de la riche tradition maritime de San Francisco.*»

Au **San Francisco Craft and Folk Art Museum (3)** *(droits d'entrée; Building A, ☎ 775-0990)*, les expositions peuvent aussi bien porter sur les courtepointes de l'île Cook que sur les créations artisanales de l'architecte Julia Morgan, originaire de San Simeon, sur la côte californienne, à égale distance de San Francisco et de Los Angeles, à environ 400 km de l'une et de l'autre. Vous ne voudrez pas non plus manquer la boutique de cadeaux, garnie d'objets amérindiens et tribaux, de même que d'un vaste assortiment de bijoux.

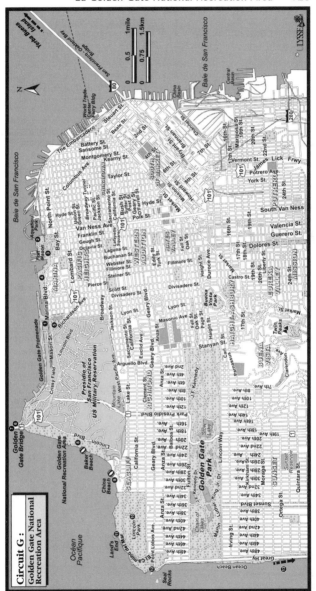

Le **Museo Italo Americano (3)** *(droits d'entrée; fermé lun-mar; Building C, ☎ 673-2200)*, voué aux œuvres d'artistes italiens et italo-américains, présente divers échantillons d'art italien. La collection permanente du musée se compose de pièces issues de plusieurs créateurs, dont certains ont élu domicile à San Francisco depuis nombre d'années. Vous y trouverez en outre des expositions temporaires pouvant porter sur la photographie italienne des années trente ou sur l'exploration picturale des travaux de cinéastes contemporains d'origine italienne tels que Francis Ford Coppola, Dino deLaurentiis, Michael Cimino et Martin Scorcese.

Pour mieux vous imprégner de la riche culture mexicaine, visitez le **Mexican Museum ★ (3)** *(droits d'entrée; fermé lun-mar; Building D, ☎ 441-0404)*, qui monte des expositions temporaires sur l'art précolombien, sur l'art colonial mexicain et sur l'art mexicano-américain de notre époque. L'une des vitrines les plus remarquables est celle qui est consacrée à la collection d'art populaire mexicain de Nelson Rockefeller.

Ancré en permanence à une extrémité de Fort Mason, le **S.S. Jeremiah O'Brien ★ (3)** *(droits d'entrée; téléphonez au préalable pour vous informer des heures de visite, ☎ 441-3101)* s'impose comme le seul des 2 751 Liberty Ships de la Deuxième Guerre mondiale à avoir été préservé dans son état d'origine. Massif et rayonnant, ce navire compte à ses galons celui du débarquement en Normandie. Vous pourrez arpenter ses ponts, explorer les cabines des marins et même descendre dans ses entrailles pour apprécier sa salle des machines.

Désormais au fait de tout ce qui a trait aux arts, à l'environnement et à l'histoire de la Seconde Guerre Mondiale, longez le littoral jusqu'à la **Marina ★ (4)** *(Marina Boulevard)*, où se prélassent certains des yachts les plus rutilants de cette ville de marins.

Le reste de la visite peut s'effectuer en voiture, quoique les esthètes et les athlètes préféreront sans nul doute poursuivre à pied.

Le **Marina Green (4)** voisin, un parc linéaire parallèle à la baie, fera le bonheur des amants de la terre ferme puisqu'il est hanté par des cyclistes, des joggeurs, des jongleurs, des joueurs de football européen *(soccer)* et de *touch-football* américain, des adorateurs du soleil et bien d'autres terriens encore. Ses occupants les plus intéressants sont cependant les cerf-volistes qui dessinent au firmament un arc-en-ciel animé d'engins multicolores.

Poursuivez votre route au-delà de ces joujoux de luxe que sont les bateaux du port de plaisance, aux noms aussi fantaisistes que Haiku, Sea Lover, Valhalla et Windfall. En arrivant tout au bout du petit rectangle que forme le parc, à l'angle de Marina Boulevard et de Yacht Road, vous devrez faire appel à vos talents de navigateur; si vous êtes en voiture, continuez tout droit, passez la barrière de la base militaire, et empruntez successivement Mason Street, Crissy Field Avenue et Lincoln Boulevard, parallèle à l'eau, jusqu'à Fort Point; si vous êtes à pied, prenez à droite sur Yacht Road, puis à gauche sur les quais, et longez le littoral jusqu'au pont Golden Gate.

Avant tout cependant, un détour irrésistible vous guette. Tournez à gauche sur Yacht Road, traversez Marina Boulevard, et rendez-vous jusqu'au magnifique monument Beaux-Arts qui se dresse devant vous. Il s'agit du **Palace of Fine Arts ★★ (5)**, un édifice coiffé d'un dôme tout en arches et en ombres. Orné d'urnes moulées et de personnages en bas-relief, il se veut le seul survivant des constructions érigées à l'occasion de la Panama-Pacific International Exposition de 1915. Il a en outre la chance de reposer en bordure d'un étang chatoyant, lui-même peuplé de malards et de cygnes, sans compter les pilets et les morillons à dos blanc de passage. Ensemble, l'étang, les colonnes du palais et le parc voisin font des lieux l'un des meilleurs endroits en ville pour prendre un moment de repos ou se faire dorer au soleil.

Ce moment d'égarement passé, vous avez une bonne distance à parcourir pour atteindre le pont. Si vous êtes en voiture, vous êtes sans doute déjà à Fort Point, et nous vous rattraperons sous peu. À pied, vous longez encore la baie, et le pont Golden Gate se trouve droit devant. Par ici, les cargos font un brin de causette avec les cornes de brume, tandis que les sloops glissent silencieusement sur l'eau. Le bord de mer prend l'aspect d'une plage sablonneuse suivie d'un amoncellement de pierres en désordre, puis d'une autre plage et d'une succession de dunes, le tout ponctué d'arbres occasionnels. Le massif boisé qui s'étend sur votre gauche appartient au Presidio, les collines chauves qui se dressent sur votre droite de

Palace of Fine Arts

l'autre côté de la baie sont les Marin Headlands, et les édifices élancés qui pointent derrière vous font partie de la silhouette de San Francisco. Vous croiserez encore un poste de la garde côtière et une jetée de pêche avant d'arriver au fort de brique rouge qui niche sous l'arche du pont Golden Gate.

Conçu sur le modèle du fort Sumter et achevé vers l'époque à laquelle les troupes confédérées ont ouvert le feu sur sa malheureuse garnison, le **Fort Point National Historic Site ★ (6)** *(à l'extrémité de Marine Drive,* ☎ *556-1693)* s'impose comme la seule fortification de brique à l'ouest du Mississippi. Sa collection de canons et ses vitrines sur les jours de la guerre de Sécession ne manquent pas de piquer la curiosité des amateurs d'histoire. Téléphonez au préalable pour vous informer des visites guidées et des activités thématiques organisées sur les lieux.

À Fort Point, si vous empruntez l'escalier de granit en spirale qui donne accès au toit, vous vous retrouverez tout juste au-dessus du pont Golden Gate et jouirez d'une vue imprenable sur l'océan Pacifique.

De Fort Point, un sentier conduit au poste d'observation qui flanque le **Golden Gate Bridge ★★★ (7)**. En voiture, suivez le boulevard Lincoln jusqu'au belvédère. Mais peu importe le chemin ou le moyen de transport que vous empruntez, vous ne pouvez ici que vous retrouver devant «le pont du bout du continent». D'un point de vue esthétique, ce pont est tenu pour l'un des plus beaux du monde grâce à son assemblage unique de câbles ébrasés et de poutres d'acier. Statistiquement parlant, il compte parmi les plus longs ponts suspendus qui soient (1 966 m), rehaussé de deux tours jumelles aussi hautes qu'un immeuble de 65 étages et pourvu d'un jeu de câbles retenant plus de 90 millions de kilos de béton et d'acier. C'est l'emblème de San Francisco, une merveille d'ingénierie qui en est venue à symboliser la métropole tout entière.

Si le cœur vous en dit, vous pouvez le traverser à pied le long d'un trottoir vertigineux qui vous fera découvrir un des panoramas les plus fabuleux que vous aurez jamais l'occasion de contempler. De cette hauteur, la région de la baie semble un modèle réduit à l'échelle, tandis que San Francisco et Marin, deux langues de terre effilées, s'ouvrent sur l'incommensurable Pacifique.

La Golden Gate Promenade prend fin au pont, mais le boulevard Lincoln poursuit sa route le long des falaises qui agrémentent la face océanique de San Francisco. Vous y trouverez des **aires panoramiques ★★★** en surplomb sur l'océan qui offrent également des vues renversantes sur le pont. À environ 1,5 km, vous atteindrez la **Baker Beach (8)** *(en marge de Lincoln Boulevard, sur Gibson Road)*, un large couloir de sable blanc. Cet endroit idyllique, tout indiqué pour un pique-nique ou un bain de soleil, fait le bonheur de plus d'un habitant de San Francisco. Les aventuriers peuvent explorer cette bande sablonneuse et les plages plus petites auxquelles elle est reliée,

---

Faites-vous touche-à-tout

Si vous songez à ajouter un volet éducatif à votre visite, sachez que le Palace of Fine Arts abrite un **Explorato-rium ★★** *(droits d'entrée; fermé lun, angle Marina Boulevard et Lyon Street, ☎ 561-0360),* soit un musée interactif dont les éléments inventifs illustrent les principes de l'optique, du son, du comportement animal et de bien d'autres phénomènes encore. La revue *Scientific American* l'a même un jour qualifié de «meilleur musée scientifique du monde». Il s'agit d'un endroit fascinant où les salles permanentes s'animent d'expositions temporaires régulièrement renouvelées, et comportent une «chambre de distorsion» dépourvue d'angles droits, de même qu'un miroir d'illusion que vous aurez l'impression de franchir. Jetez aussi un coup d'œil au Tactile Dome (réservations requises), une enclave à l'intérieur de laquelle vous vivrez à tâtons une aventure toute en textures.

---

s'offrant ainsi une promenade fascinante qui les ramènera presque jusqu'au pont Golden Gate. Avec la mer qui déploie son manteau azuré d'une part et les rochers escarpés qui se dressent de l'autre, le déplacement vaut bien un peu de sable dans ses chaussures. Puis, une **plage nudiste** vous attend à l'extrémité nord du parcours, immédiatement en retrait du pont.

Le boulevard Lincoln devient bientôt El Camino del Mar et serpente à travers Sea Cliff, l'un des quartiers résidentiels les plus cossus de San Francisco. Mais outre le spectacle de ses résidences, ce secteur exclusif a autre chose à offrir : la **China Beach (9)** (jadis connue sous le nom de «James Phelan Beach»). Plus retirée que la plage Baker, celle-ci, minuscule, s'adosse à un promontoire rocheux surmonté des luxueuses demeures à façade vitrée de Sea Cliff. Ainsi baptisée en mémoire des pêcheurs chinois qui campaient ici au XIXe siècle, cette plage est pourvue d'un pavillon délabré. Pour vous y rendre, prenez à droite sur 25th Avenue, puis à gauche sur Sea Cliff Avenue, que vous suivrez jusqu'au bout.

En poursuivant sur El Camino del Mar, bien au-dessus de l'océan, vous atteindrez l'un des plus jolis musées de la ville, le **Palace of the Legion of Honor ★★★** **(10)** *(droits d'entrée; fermé lun; Lincoln Park, angle 34th Avenue et Clement Street,*

☎ *750-3600).* Doté d'un patio à colonnades et d'un portail en arche, il adopte le modèle d'une galerie parisienne et, fort à propos, se consacre aux arts et aux cultures d'Europe. Ses expositions retracent les créations esthétiques du Vieux Continent à travers l'art sacré du Moyen Âge, la peinture de la Renaissance, les époques baroque et rococo, ainsi que les impressionnistes des XIXe et XXe siècles.

Après vous être gavé de la splendide vue sur la ville et la baie depuis les pelouses du musée, descendez 34th Avenue au-delà du terrain de golf, tournez à droite sur Geary Boulevard (qui devient plus loin Point Lobos Avenue), puis encore à droite sur El Camino del Mar, que vous suivrez jusqu'au bout. (Oui, il s'agit bien de la même rue que vous avez déjà empruntée, et, non, nous ne vous faisons pas tourner en rond. Il semble que des glissements de terrain survenus il y a nombre d'années aient fait s'effondrer la partie centrale de cette artère, ne laissant ici que deux culs-de-sac condamnés à garder le même nom.)

Vous êtes à **Land's End (11)**, une sorte de presqu'île que San Francisco semble avoir dérobée à la mer. À aucun autre endroit n'aurez-vous meilleure occasion de voir San Francisco comme les Indiens Coatanoans ont pu la voir. Arpentez les sentiers qui tissent leur toile à flanc de colline, et pénétrez à l'intérieur d'une zone sauvage et érodée où le vent façonne les cyprès jusqu'à ce qu'ils épousent les contours de la terre. Les rochers qui pointent au large se peuplent de créatures marines luisantes profilées, et l'air s'emplit du fracas constant des vagues contre le rivage. Land's End est en quelque sorte la grande finale de San Francisco, un concert de falaises montant la garde au bord des flots et risquant à tout moment de sombrer dans l'éternité.

Du terrain de stationnement qui se trouve tout au bout d'El Camino del Mar, descendez les marches qui partent de l'U.S.S. San Francisco Memorial Flagpole, et suivez le sentier vers l'est jusqu'à l'eau. La nappe plutôt sale de sable blond qui s'étend à vos pieds est une **plage nudiste** fort appréciée du fait de sa situation au cœur de la portion la plus naturelle de San Francisco.

(Faites preuve de prudence au moment de parcourir les sentiers du secteur, car Land's End est sujet à des glissements de terrain et livré aux assauts de randonneurs étourdis. Restez donc sur les sentiers, et jouissez en toute sécurité de ce coin de paradis exotique offrant des vues à couper le souffle sur la côte ciselée par les vents de Marin.)

De retour sur l'avenue Point Lobos, à l'intersection où la route devient parallèle à l'océan, surgissent les ruines des **Sutro Baths (12)**. Devant l'agencement des pierres, on n'a aucun mal à deviner les fondations du rêve fou d'Adolf Sutro; il s'avère par contre plus difficile d'imaginer la structure en gradins que ce philanthrope de San Francisco a pu y poser en 1896. Les bains de Sutro, qui couvrent 1,2 ha sur front de mer, auraient pu servir à laver la ville entière. Il y avait en tout six bains de dimensions olympiennes, de même que trois restaurants et 500 vestiaires, le tout aménagé sous un immense dôme de verre teinté.

Au-dessus des bains se dressait la Cliff House, un château gothique qui ne survécut au grand tremblement de terre de 1906 que pour être consumé par le feu l'année suivante. Après de nombreuses réincarnations, la **Cliff House (12)** *(1090 Point Lobos Avenue)* se présente comme une construction plutôt terne à l'intérieur de laquelle vous trouverez plusieurs restaurants et commerces touristiques. Mais elle abrite également, ce qui est déjà plus intéressant, le bureau d'information du Service des parcs nationaux *(☎ 556-8642)*, et que dire de la vue! De ce nid haut perché, vous étreindrez du regard un vaste pan de l'océan ainsi que le **Seal Rock**, non loin du rivage; mais ne cherchez pas les phoques, car ils ont tous déménagé au Pier 39.

Sous la Cliff House, aussi loin que porte la vue, s'étire le Great Highway. La plage poivre et sel qui le jouxte est l'**Ocean Beach**, un mince ruban de sable qui décore le périmètre occidental de la métropole sur 5 km. Mais rappelez-vous que vous êtes ici à San Francisco, terre de brume, de brouillard et de vents d'ouest, si bien qu'un chandail convient souvent mieux qu'un maillot de bain. Quant à l'eau, elle descend de l'Arctique et se révèle trop glacée pour le commun des mortels; seuls les surfeurs et les ours polaires osent l'affronter. Quoi qu'il en soit, en marchant sur ces rivages, vous aurez l'impression de frôler l'éternité. Les Amérindiens surnommaient l'océan aux abords de San Francisco «la mer où le soleil se couche», et, si vous en prenez le temps un après-midi, vous constaterez que le disque de feu continue ici, jour après jour, de s'éteindre tout juste au large, presque à portée de main.

Sur le boulevard Skyline, complètement au bout d'Ocean Beach, le secteur de **Fort Funston (13)** est celui qui se prête le mieux à la promenade. Le fort lui-même n'est guère plus qu'une succession de canons rouillés, mais un sentier de 800 m serpente au fil des falaises en surplomb sur la mer. Cette zone balayée par les vents et couverte d'herbes des dunes et de plantes grasses offre un panorama qui s'étend de San Francisco aux rivages du Marin County. Des vélideltistes se lancent du haut des falaises et accentuent l'aspect dramatique de ce spectacle ensoleillé et venteux.

À l'intersection des boulevards Skyline et Merced apparaît le **lac Merced**, un réservoir en forme de *U* ayant ceci de particulier que ses eaux ont déjà été salées. Délimité par les chaînons de golf et les sentiers de randonnée du parc Harding, il permet d'agréables pique-niques. Si vous avez résisté aux sensations fortes du deltaplane à Fort Funston, peut-être vous laisserez-vous tenter par les plaisirs plus sereins d'une embarcation à rames ou à voiles, offertes en location au pavillon du lac.

En revenant par la Great Highway, vous croiserez le **San Francisco Zoo ★** *(droits d'entrée; angle 45ᵗʰ Avenue et Sloat Boulevard, ☎ 753-7061)*. Ses 50 espèces et plus en voie de disparition, son excellent habitat pour gorilles et son Primate Discovery Center (centre d'interprétation consacré aux primates) en font un lieu des plus intéressants à visiter.

 L'«ARRIÈRE-COUR» DE SAN FRANCISCO

Il est une section de San Francisco qui s'étend à travers la portion sud de la métropole et que nous avons choisi de baptiser l'«arrière-cour». Nombre d'endroits invitants parsèment cette vaste zone résidentielle, pour la plupart inconnus des touristes, voire même des natifs de cette ville. Pour les découvrir, vous devrez faire appel à votre sens de l'aventure, afficher une certaine dose de patience et posséder un bon plan des rues, sans oublier le désir malin de percer certains secrets.

Tout le monde a entendu parler du tremblement de terre de 1906, de même que de Lombard Street, «la rue la plus tordue» de San Francisco. Mais bien peu connaissent **Vermont Street**, et ce, en dépit du fait qu'elle pourrait bien être plus tordue encore que la plus tordue en titre. C'est qu'elle se trouve sur Potrero Hill, un quartier planté de maisons à clins de bois peu à peu embourgeoisé par des artistes, des artisans et divers autres esprits créateurs. Du jardin public qui se trouve à l'angle de la rue Vermont et de 20th Street, vous aurez une vue de dos sur les gratte-ciel de San Francisco, tandis que, dans la direction opposée, se dressent les Twin Peaks, le mont Davidson et une chaîne de collines moins haute. De ce point de repère, la rue Vermont serpente en descendant jusqu'à 22nd Street tout en décrivant une série de zigzags étourdissants.

Pour une autre vue splendide, rendez-vous à **Bernal Heights**, un quartier ouvrier semblable à celui de Potrero Hill, quoique légèrement mieux nanti et géographiquement un peu plus élevé. Le boulevard Bernal Heights encercle une colline ardoisée, du sommet de laquelle la région de la baie s'étend tout entière à vos pieds. Vous n'avez qu'à garer votre voiture et à grimper un tantinet pour atteindre la crête. Au nord surgit le pont Golden Gate et, au-delà, les monts embrumés de Marin. Puis, dans le sens des aiguilles d'une montre, les gratte-ciel de San Francisco s'imposent en avant-plan. La baie, longue et étroite à cet endroit, trace une ligne à la périphérie est de la ville jusqu'à San Jose. En complétant ce tour d'horizon, vous parcourrez les arêtes qui protègent San Francisco des brumes du Pacifique.

Il va toutefois sans dire que le panorama d'entre les panoramas est celui que vous offrent les **Twin Peaks ★★**, sur le boulevard du même nom. Du haut de ces tertres dénudés, l'œil décrit un cercle parfait autour de la baie. Le pont Golden Gate devient un simple couloir s'ouvrant sur la chaîne montagneuse de Marin. La baie devient un étang sillonné de petits voiliers. Le paysage urbain prend des allures de maquette, et les édifices vous apparaissent comme si vous les regardiez par le mauvais bout d'un télescope. Trépidante et grouillante, la civilisation se perd à l'ouest avant de se heurter à la frontière du Pacifique. Cette vue s'adresse aux voyageurs à même de se replonger mentalement à l'époque où l'homme ne foulait pas encore le sol de la planète et où la Terre n'avait pour compagnons que le vent et l'eau.

Après avoir laissé la métropole dans la poussière, éperonnez votre monture jusqu'au **Glen Canyon Park**. Que ce soit par son cours d'eau sinueux, sa dense végétation broussailleuse ou ses formations géologiques difformes, ce canyon a quelque chose qui rappelle l'Ouest sauvage. Certes, la civilisation rutilante émaille ses flancs, mais, tout au fond, des sentiers de randonnée permettent d'échapper rapidement à toute forme d'urbanité. Comme tous les trésors cachés, le Glen Canyon est difficile à trouver et nécessite une bonne carte. La plupart des visiteurs du parc empruntent Portola Drive jusqu'au boulevard O'Saughnessy, qu'ils descendent ensuite jusqu'à Elk Street. À gauche se trouvent un terrain de baseball et des courts de tennis, immédiatement suivis d'une route. Empruntez-la parallèlement aux courts de tennis jusqu'à ce qu'elle devienne un chemin de terre débouchant sur plusieurs sentiers pédestres.

La légende veut que des voleurs de bétail et des contrebandiers se soient cachés dans une des grottes du Glen Canyon Park, mais aussi des trafiquants d'alcool frelaté se spécialisant dans la fabrication d'une mixture à vous arracher la langue qu'ils avaient baptisée «pisse de panthère».

Une autre retraite boisée vous attend près du sommet du **mont Davidson**. Un sentier qui part de l'intersection de Myra Way et de Sherwood Court grimpe abruptement jusqu'à la cime du plus haut pic de San Francisco (286 m). La croix de béton érigée sur la crête ajoute par ailleurs 31 m à cette masse déjà imposante, et, depuis plus de 60 ans, le Conseil des églises y célèbre sa messe de Pâques au lever du soleil. Cela dit, même si vous n'y êtes pas à cette période de l'année, rien ne vous empêche d'admirer l'océan Pacifique à travers les branches d'eucalyptus.

Le **Stern Grove** *(angle 19th Avenue et Sloat Boulevard)* est réputé pour ses concerts d'été à la belle étoile. Les fervents de jazz et de musique classique convergent ainsi tous les dimanches vers cet amphithéâtre de verdure. (Pour connaître le programme, consultez les journaux et composez le ☎ 666-7035.) Quel que soit le jour ou la saison toutefois, ce bosquet propose des prés herbeux, des coins d'ombre et un minuscule étang parsemé de canards et entouré d'eucalyptus. La balade est fort jolie entre la maison tarabiscotée (jadis une infâme maison de jeux clandestine) et l'étang, et ce, même lorsque aucune musique ne vient bercer vos pas.

ACTIVITÉS DE PLEIN AIR

Ville parfaite pour les amateurs de sensations fortes, San Francisco, entre vents et vagues, sait satisfaire les passionnés de deltaplane et de surf. D'autre part, les moins téméraires seront comblés lorsqu'ils s'aventureront sur les nombreux golfs et tennis des environs de San Francisco.

LA PÊCHE SPORTIVE

Si vous ne songez qu'à passer une journée en haute mer en quête d'une morue, d'un bar ou d'un saumon, adressez-vous à **Hot Pursuit Sport Fishing** *(47 Fisherman's Wharf, ☎ 965-3474)*, au **New Easy Rider Sport Fishing Center** *(225 University Avenue, ☎ 285-2000)* ou à **Wacky Jacky** *(473 Bella Vista Way, ☎ 586-9800)*. Munissez-vous d'un déjeuner et de vêtements chauds.

LA VOILE ET LES CROISIÈRES D'EXPLORATION NATURELLE

Des conditions de voile parmi les plus exigeantes du monde vous attendent sur la baie de San Francisco. Pour affréter un bateau et retenir les services d'un capitaine, faites appel à **A Day on the Bay** *(San Francisco Marina, ☎ 922-0227)* ou à **Pacific Marine Yacht Charters** *(Pier 39, ☎ 788-9100)*.

Si vous désirez faire une excursion jusqu'aux îles Farallon *(juin à nov)*, adressez-vous à l'**Oceanic Society** *(Fort Mason Center, Building E, ☎ 474-3385)*. Du pont de son bateau de 19 m, vous pourrez observer les phoques et les otaries; puffins, marsouins, rorquals à bosse et baleines grises se rencontrent aussi fréquemment dans ces eaux *(excursions aux baleines de déc à avr)*.

 LE CERF-VOLISME

San Francisco a été surnommée «la ville des cerfs-volants». Les brises océaniques, le temps doux et les grands espaces à profusion réunissent les conditions idéales à la pratique de cette activité. Presque tous les jours, de magnifiques engins colorés voltigent dans le ciel. Parmi les endroits les plus prisés, retenez le Marina Green, le terrain de polo du parc Golden Gate, le lac Merced et le fort Funston.

Les boutiques spécialisées de la métropole vendent aussi bien des cerfs-volants cubiques que des engins montés en tandem, des octogones, des hexagones et des dragons de soie. Tentez votre chance chez **Kite Flite** *(Pier 39, ☎ 956-3181)*.

 LE DELTAPLANE ET LE PARAPENTE

Si vous préférez voltiger vous-même dans le ciel, songez au deltaplane; **Airtime of San Francisco** *(3620 Wawona Street, ☎ 759-1177)* propose des cours à ceux qui veulent se familiariser avec ce sport. Vous trouverez des lieux convenant à cette activité à Fort Funston *(Skyline Boulevard, tout au bout d'Ocean Beach)* et à Westlake *(immédiatement au sud de Fort Funston)*. Si vous ne vous sentez pas prêt à vous lancer à la conquête du firmament, contentez-vous d'admirer les amateurs : vous ne serez pas déçu.

 LE PATIN À ROUES ALIGNÉES

Le dimanche venu, des centaines d'adeptes chaussent leurs patins (ou leur planche à roulettes) avant d'envahir les trottoirs et les allées du Golden Gate Park. Un bon exercice, et beau-

le **Glen Eagles International Golf Club** *(2100 Sunnydale Avenue, ☎ 587-2425)*, un neuf trous montueux et étroit. Un autre neuf trous, celui-là court mais plein de surprises, est le **Golden Gate Park Golf Course** *(angle 47th Avenue et Fulton Street, ☎ 751-8987)*. Quant au **Harding Park Golf Course** *(angle Harding Park Road et Skyline Boulevard, ☎ 664-4690)*, il est tenu pour un des meilleurs terrains publics des États-Unis.

 LE TENNIS

Comptant plus de 150 courts publics à entrée libre, San Francisco pourrait facilement être surnommée «la ville des filets». Le **Golden Gate Park** *(droits de jeu; angle John F. Kennedy Drive et Middle Drive)* possède 21 terrains. À la Marina, songez au **George Moscone Playground** *(à l'angle des rues Chestnut et Buchanan)*. Dans le Mission District, le **Mission Dolores Park** *(angle 18th Street et Dolores Street)* compte parmi les rendez-vous populaires. Sur Nob Hill, l'**Alice Marble Memorial Playground** *(à l'angle des rues Greenwich et Hyde)* est aussi recommandé. Dans le Chinatown, tentez votre chance au **Chinese Playground** *(angle Sacramento Street et Waverly Plaza)*. À North Beach, il y a le **North Beach Playground** *(à l'angle des rues Lombard et Mason)*. Pour de plus amples renseignements sur les différents courts de la ville, adressez-vous au San Francisco Parks and Recreation Department *(☎ 753-7032)*.

 LA BICYCLETTE

San Francisco n'a pas vraiment été conçue pour les cyclistes. Certaines collines sont presque trop abruptes pour être négociées à pied, et la circulation au centre-ville peut facilement relever du cauchemar. Il existe toutefois des endroits magnifiques où vous pourrez emprunter des voies faciles. À titre d'exemple, le **Golden Gate Park**, la **Golden Gate Promenade** et le **lac Merced** disposent tous d'excellentes pistes.

Parmi les axes les plus spectaculaires, il faut retenir le trottoir cyclable du **pont Golden Gate**. Pour les moins aventureux, le **Sunset Bikeway** part du boulevard Lake Merced, traverse un quartier résidentiel et longe l'océan jusqu'au terrain de polo du parc Golden Gate.

La location d'une bicyclette

Adressez-vous à **Lincoln Cyclery** *(adjacent au Golden Gate Park, 772 Stanyan Street,* ☎ *221-2415)* ou, tout près, à **Park Cyclery** *(1865 Haight Street, à l'angle de Stanyan Street,* ☎ *221-3777)*.

HÉBERGEMENT

P eu importe vos goûts ou votre budget, cet ouvrage saura sûrement vous aider à dénicher le type d'hébergement qui vous convient. Rappelez-vous que les chambres peuvent devenir rares et les prix s'élever durant l'été. Les voyageurs qui désirent visiter San Francisco durant la belle saison devraient donc réserver à l'avance.

Les tarifs mentionnés dans ce chapitre s'appliquent, sauf indication contraire, à une chambre pour deux personnes en haute saison.

$ = moins de 50 $
$$ = 50-90 $
$$$ = 90-130 $
$$$$ = plus de 130 $

 LE CENTRE-VILLE

Les lieux d'hébergement les moins coûteux en ville se trouvent dans le quartier Tenderloin. Situé entre le square Union et le Civic Center, ce secteur est à courte distance de marche de plusieurs restaurants et lieux d'intérêt culturel. Le Tenderloin se présente comme un quartier miteux, truffé d'individus qui, tout intéressants qu'ils puissent être, ne vous inspireront parfois aucune confiance. Il s'agit d'un de ces endroits où l'on choisit de loger davantage en raison de ses faibles loyers que pour son charme inhérent; si vous n'en faites pas de cas, votre bourse vous en sera sûrement reconnaissante.

Les 18 chambres du **Youth Hostel Centrale** *($; bc, tv; 116 Turk Street, ☎ 346-7835)* sont tout à fait ordinaires. Cependant, bien qu'elles ne fassent l'objet d'aucune décoration, elles se révèlent propres et disposent tout de même d'une moquette et d'un téléviseur. Comme on dit, vous en avez pour votre argent; dans ce cas précis, vous payez ridiculement peu et obtenez en retour une chambre bien mise et immaculée. Une auberge de jeunesse parfaitement adaptée aux besoins des voyageurs sans grands moyens.

Deux hôtels sont à deux rues l'un de l'autre. Le premier, le **James Court** *($; bc/bp; 1353 Bush Street, ☎ 771-2409)*, propose 36 chambres tendues de beige, dont 10 avec salle de bain privée. Café et beignets compris. Le second, du nom de **Nob Hill Pensione** *($ pdj, tv; 835 Hyde Street, ☎ 885-2987, ☞ 921-1648)*, renferme des chambres toutes simples, sans fioritures, garnies d'un lit, d'une commode, d'un secrétaire, d'une chaise et d'un téléviseur. Chambres avec cuisinette et tarifs à la semaine disponibles. Petit déjeuner à la française.

L'**American Youth Hostel–Union Square** *($; 312 Mason Street, ☎ 788-5604, ☞ 788-3023)* est l'endroit tout indiqué si vous êtes à la recherche d'un hébergement économique en plein cœur de la ville. Les chambres sont partagées (de deux à cinq lits superposés par chambre), et une cuisine est mise à la disposition des hôtes.

Si vous penchez plutôt pour un endroit original offrant des prix imbattables, songez à l'**Adelaide Inn** *($ pdj, bc, tv; 5 Isadora Duncan Place, ☎ 441-2261)*, un établissement familial de 18 chambres qui s'affiche comme «l'unique pension européenne de San Francisco». Vous y trouverez un petit hall d'entrée, un salon où l'on sert le café et une cuisine que vous pouvez partager avec les autres résidants de passage. Les prix des chambres, qui comprennent un petit déjeuner à la française, ne vous ruineront certainement pas. Quant aux chambres elles-mêmes, elles sont petites, propres et simplement meublées, chacune disposant d'un lavabo et d'un téléviseur. Qui plus est, cette auberge se trouve en plein centre-ville, et non dans le Tenderloin.

Également en marge du Tenderloin, le **Grant Hotel** *($; tv; 753 Bush Street, ☎ 421-7540 ou 1-800-522-0979, ⇌ 989-7719)* se veut simple et propret. Le mobilier des chambres est quelque peu dépareillé, et les teintes ne sont pas vraiment coordonnées, mais les prix sont justes, et le personnel aimable et serviable de cet hôtel de 76 chambres en fait un endroit où il fait bon séjourner. Un petit salon situé à l'entrée dispose d'un téléviseur grand écran, et vous pourrez savourer un bon café à toute heure du jour.

Le **Temple Hotel** *($; bc/bp; 469 Pine Street, ☎ 781-2565)* pratique également des prix qui conviendront aux budgets limités. Situé à proximité du quartier des affaires, cet hôtel coloré possède un petit hall d'entrée agrémenté d'un ascenseur en fer à la mode d'autrefois. Chambres bien tenues et garnies de moquette à longues mèches.

L'**Allison Hotel** *($; 417 Stockton Street, ☎ 986-8737 ou 1-800-628-6456, ⇌ 392-0850)*, qui se trouve à quelques pas du square Union, complète notre liste d'hôtels économiques du centre-ville. Le décor quelque peu ancien, quoique pas tout à fait, de certaines chambres n'enlève rien à la propreté et au charme des lieux. Compte tenu de son emplacement, sans parler de l'ambiance Artdéco qui y règne, cet établissement constitue une bonne affaire.

Les meilleures aubaines semblent par contre appartenir aux établissements de catégorie moyenne, et ce, pour l'ensemble de la ville. Les endroits en question sont généralement bien situés et confortables, et ils offrent un service de qualité raisonnable à des prix qui ne vous laisseront pas sans le sou. Fort heureusement, San Francisco possède bon nombre de tels lieux d'hébergement, dont voici les plus intéressants.

D'une façon ou d'une autre, le **Commodore International Hotel** *($$; tv; 825 Sutter Street, ☎ 885-2464 ou 1-800-338-6848, ⇌ 923-6804)* n'est pas aussi prestigieux que son nom le laisse croire. Il renferme bien un hall spacieux aux murs rehaussés de bas-reliefs, et se targue volontiers de posséder un café et un bar-salon attenants, mais ses chambres n'offrent aucun caractère particulier. Mièvrement décorées de dessins représentant divers attraits de la ville, elles n'en sont cependant pas moins dotées de moquette, d'un téléviseur, d'une salle de bain conventionnelle avec douche et baignoire, et d'un mobilier confortable. Les prix varient selon la «fraîcheur» et la situation des chambres. Surtout recommandé en guise de solution de rechange, le Commodore International présente un bon rapport qualité/prix, mais ne possède pas les atouts des autres établissements de sa catégorie.

Le **Sheehan Hotel** *($$ pdj; 620 Sutter Street, ☎ 775-6500 ou 1-800-848-1529, ≈ 775-3271)* était autrefois un YWCA, ce qui signifie qu'il bénéficie d'installations qu'on ne retrouve généralement pas dans les hôtels de catégorie moyenne, comme la piscine et les salles d'exercices par exemple. Cela dit, il ne s'agit visiblement plus d'un «Y». Ses chambres ont joliment été parées de gravures et de lampes vieillottes, et ses salles de bain se révèlent spacieuses. Le petit déjeuner à la française est servi dans le salon de thé du hall.

L'**Hotel David** *($$ pdj; 480 Geary Street, ☎ 771-1600 ou 1-800-524-1888, ≈ 931-5442)* trône en plein centre du quartier du spectacle et, qui plus est, au-dessus du David's Delicatessen (voir p 166). Il n'y a, à proprement parler, pas de hall d'entrée, mais les chambres arborent un attrayant décor moderne de style déco, rehaussé de boiseries chaleureuses, de couvre-lits rouges et d'une gravure à l'image d'un cordonnier au-dessus de chaque lit qui ne manque pas de faire sourire les clients y mettant le pied pour la première fois. L'endroit se veut d'une propreté irréprochable, à tel point que nous vous mettons au défi d'y trouver un grain de poussière. Petit déjeuner à volonté à même le menu du *deli*. Somme toute, un établissement original dans le plus pur sens du terme.

Si votre portefeuille est un peu mieux garni, n'hésitez pas à loger dans les hôtels de catégorie moyenne-élevée. Voici plusieurs suggestions dignes d'être considérées.

L'élégance européenne à bas prix : voilà ce que le **Beresford Hotel** *($$$; ⊛, ℂ; 635 Sutter Street, ☎ 673-9900 ou 1-800-533-6533, ≈ 474-0449)* offre à sa clientèle depuis des années. Vous en percevrez le cachet dès que vous foulerez le tapis rouge de l'entrée et que vous vous installerez dans un de ses fauteuils moelleux. L'endroit s'entoure par ailleurs d'une aura historique, mise en évidence par le White Horse Tavern and Restaurant voisin, où règne une ambiance de vieille Angleterre. À l'étage, les chambres sont tout simplement remarquables : moquettes de laine à longues mèches, têtes de lit en bois, peintures originales, meubles douillets, petits réfrigérateurs et salles de bain agrémentées de meubles-lavabos garnis de marbre, et tout cela à seulement deux rues du square Union. Si vous trouvez mieux, faites-le nous savoir.

Le **Beresford Arms** *($$$; C, ◎; 701 Post Street,* ☎ *673-2600 ou 1-800-533-6533,* ⊨ *474-0449)* ne tient pas du Beresford Hotel que le nom. Le Beresford Arms possède en effet lui aussi un hall d'entrée antique, élégamment rehaussé d'un lustre en cristal, de tables garnies de cuir ouvragé, de fauteuils bien rembourrés et d'une vieille horloge de parquet. Imprégné de la même aura européenne que son homologue, il propose des chambres dont plusieurs sont dotées de coiffeuses et de têtes de lit en acajou, sans oublier les éléments de confort que vous vous attendez généralement à trouver dans un établissement de cette catégorie (moquette, baignoires carrelées, placards spacieux...). Et le tout aux mêmes prix avantageux qu'au Beresford Hotel. Tous deux disposent en outre de chambres avec baignoire à remous, cuisinette et bar automatique.

Un hôtel rutilant et bien tenu sur une des meilleures rues marchandes de la ville mérite toujours un coup d'œil. À cet égard, le **Cartwright Hotel** *($$$; 524 Sutter Street,* ☎ *421-2865 ou 1-800-227-3844,* ⊨ *398-6345)* propose, sur sept étages, 114 chambres décorées d'antiquités choisies une à une de façon toute personnelle. Le soin apporté aux détails crève les yeux, comme par exemple ces moelleux oreillers de lecture.

L'**Hotel Carlton** *($$$; 1075 Sutter Street,* ☎ *673-0242 ou 1-800-227-4496)* s'enorgueillit d'un riche hall d'entrée garni d'un sol de marbre, d'appliques murales en laiton et d'une cheminée. Les chambres arborent un décor subtil et étudié, et se louent à bon prix. La maison vous offre en outre le vin à ses frais dans le hall entre 18 h et 19 h. Quoique situé à environ 800 m du square Union, le Carlton ne peut qu'être chaleureusement recommandé.

The Orchard Hotel *($$$-$$$$; 562 Sutter Street,* ☎ *433-4434 ou 1-800-433-4434,* ⊨ *441-2700)* met visiblement l'accent sur l'élégance. Laissez-vous d'abord impressionner par le hall, enveloppé de marbre et de cristal, et attenant à un bar. Les chambres se révèlent petites et intimes, mais elles n'en sont pas moins rehaussées d'objets en bois de rose et d'œuvres d'art, sans oublier les minibars et les salles de bain carrelées. Service aux chambres sur demande.

L'étincelante façade de bois poli du **Savoy Hotel** *($$$-$$$$ pdj, tv; 580 Geary Street, ☎ 441-2700 ou 1-800-227-4223, ≈ 441-2700)* laisse à peine imaginer le luxe qui vous attend à l'intérieur. Le hall se hisse au sommet de l'élégance avec ses sols de marbre noir et blanc, ses appliques en laiton et ses boiseries sombres. Quant aux chambres de cet établissement à la fois somptueux et abordable, elles reflètent volontiers les ambitions de l'entrée, et leur décor provincial français mêle les imprimés floraux et les beaux meubles en bois. Le petit déjeuner à la française et le thé-sherry en après-midi sont compris dans la note. Ajoutez une salle de bain avec douche et baignoire, un édredon et des oreillers en duvet d'oie, un téléviseur couleur et de l'espace à profusion, et vous obtenez un hôtel des plus respectables.

Également dans la veine des hôtels à saveur européenne, **The Raphael Hotel** *($$$-$$$$; 386 Geary Street, ☎ 986-2000 ou 1-800-821-5343, ≈ 392-2447)* se présente comme un établissement de 151 chambres situé en plein cœur du quartier du spectacle. Son personnel international donne le ton et se targue de faire honneur au «petit hôtel élégant de San Francisco». Le hall occupe un espace restreint, garni de fauteuils à haut dossier, de meubles en bois antiques et de peintures italiennes. C'est toutefois à l'étage, dans les chambres, que vous découvrirez l'élégance à son meilleur, grâce aux moquettes moelleuses et au décor on ne peut plus esthétique, chaleureux et spacieux. Malgré tout, les plus avisés accepteront de débourser quelques dollars de plus pour une chambre «de luxe», comprenant un petit salon qui renferme jusqu'à une table de jeu. Service aux chambres et préparation des lits le soir venu ne font qu'ajouter au charme des lieux.

L'**Hotel Bedford** *($$$-$$$$; 761 Post Street, ☎ 673-6040 ou 1-800-227-5642, ≈ 563-6739)* est aussi du nombre des établissements de style européen. Son hall d'entrée frais et lumineux arbore un lustre en cristal et s'émaille de plantes. À l'étage, les chambres révèlent de judicieux agencements et prennent même des airs artistiques avec leurs lithographies de qualité, leurs tentures à motifs floraux et leurs meubles blancs.

Un autre établissement huppé, l'**Hotel Union Square** *($$$-$$$$; 114 Powell Street, ☎ 397-3000 ou 1-800-553-1900, ✆ 885-3268)*, a été construit vers le début du siècle en vue d'accueillir les visiteurs de la Panama-Pacific International Exposition. Pourvu de 131 chambres, il a fait l'objet d'une exquise réfection. L'auteur de mystères Dashiell Hammett et la dramaturge Lillian Hellman, qu'on dit avoir fréquenté cet hôtel à une certaine époque, le reconnaîtraient peut-être même s'ils s'y rendaient aujourd'hui, puisque son hall s'entoure toujours d'une auréole Art déco grâce à ses murales en mosaïque. On raconte par ailleurs que son ancien bar clandestin possédait une «entrée-toboggan» sur la rue Ellis. À l'étage, les murs ont été décapés au jet de sable de manière à révéler la brique originale, et les chambres affichent un décor de teintes douces rehaussé de motifs floraux.

Si vous préférez une atmosphère à l'anglaise, rendez-vous au **King George Hotel** *($$$-$$$$; 334 Mason Street, ☎ 781-5050 ou 1-800-288-6005, ✆ 391-6976)*, un établissement de bon goût dont le hall se pare de pêche pastel et de lustres en laiton. Un escalier de marbre donne accès à la «Bread and Honey Tea Room» (salon de thé pain et miel). Avec ses prix convenables, son emplacement de choix et ses chambres confortables et épatantes, le King George n'a aucun mal à concurrencer ses homologues.

Lorsque l'auteur d'un guide de voyage en vient à s'attarder aux couloirs d'un hôtel, c'est que ce dernier est miteux ou franchement exceptionnel. Ceux de **The Inn at Union Square** *($$$-$$$$ pdj; 440 Post Street, ☎ 397-3510 ou 1-800-288-4346, ✆ 989-0529)* sont élégamment ornés sur toute leur longueur de miroirs et d'appliques murales en laiton, tandis que les portes de la majorité des chambres auxquelles elles donnent accès se voient rehaussées d'un heurtoir en forme de tête de lion, également en laiton. Tout ce laiton doit faire faire des cauchemars à ceux et à celles à qui incombe la tâche de le polir, mais confère un charme indubitable à cet hôtel de poche. L'auberge ne compte en effet que 30 chambres, de sorte que vous comprendrez facilement que l'intimité figure au premier plan des préoccupations de la maison. Vous trouverez un petit salon agrémenté d'une cheminée à chaque étage, où sont servis le petit déjeuner à la française, le thé en après-midi et la collation en soirée. Les chambres, garnies de courtepointes, de têtes de lit en bois et d'antiquités géorgiennes, se révèlent douillettes et chaleureuses. En résumé, il s'agit d'un endroit merveilleux, sans conteste l'un des meilleurs *Bed and Breakfasts* de San Francisco.

Sur la Cathedral Hill, à deux ou trois kilomètres du centre-ville, se dresse **The Majestic** *($$$-$$$$; ℛ, bar; 1500 Sutter Street, ☎ 441-1100 ou 1-800-869-8966, ⚏ 673-7331)*, une construction de cinq étages datant de 1902, époque à laquelle il comptait parmi les premiers grands hôtels de la ville. Il a par contre subi de nombreuses transformations avant de devenir l'établissement qu'il est aujourd'hui. Outre ses 57 chambres, vous y trouverez un restaurant, un bar et un attrayant hall d'entrée. Certaines chambres possèdent même un lit à baldaquin, des antiquités européennes et une salle de bain en marbre.

Depuis son hall d'entrée farfelu et extravagant, garni de fauteuils de derviches, jusqu'aux rideaux de scène saphir de ses 140 chambres, l'**Hotel Triton** *($$$-$$$$; ℛ; 342 Grant Avenue, ☎ 394-0500 ou 1-800-443-6611, ⚏ 394-0555)* témoigne d'un sens de l'humour peu commun. Si vous êtes à la recherche d'un hôtel tapissé de murales fantaisistes, parsemé de meubles aux formes ondulantes, rehaussé de coussins chatoyants, sillonné de luminaires étincelants et pourvu de deux restaurants offrant le service aux chambres, ne cherchez pas plus loin, sans compter qu'il se trouve à proximité du Chinatown.

Pour l'élégance et le style, on pense immédiatement au **White Swan Inn** *($$$$ pdj; bp, tv; 845 Bush Street, ☎ 775-1755 ou 1-800-999-9570, ⚏ 775-5717)*, un monument de style anglais aux fenêtres en rotonde qui a fait ses débuts comme un petit hôtel en 1908. Depuis, il est devenu un *Bed and Breakfast* à la mode et s'enrichit d'une salle de séjour, d'une bibliothèque, d'une salle d'ensoleillement et d'un petit jardin. Son décor inspiré des îles Britanniques se reflète jusque dans le jardin, les papiers peints et les gravures accrochées aux murs. Chaque chambre possède en outre un foyer et un petit bar automatique; tout comme les salles communes, elles sont fort joliment aménagées.

Les chambres de l'**Hotel Nikko** *($$$$; ⊘, ≈; 222 Mason Street,* ☎ *394-1111 ou 1-800-645-5687, ⇌ 394-1106)*, qui occupe un édifice de 25 étages, sont empreintes de *shibui*, c'est-à-dire, en japonais, d'une simplicité raffinée. Le mobilier contemporain aux angles adoucis et aux tons de gris perlé se trouve mis en valeur par les roses et les mauves soyeux de la moquette et des tissus d'ameublement. Le prix de la chambre vous donne accès aux services d'affaires et aux installations de conditionnement physique, qui comprennent entre autres une piscine encerclée de verre sur le toit de l'immeuble.

Le **Campton Place Hotel** *($$$$; 340 Stockton Street,* ☎ *781-5555 ou 1-800-235-4300, ⇌ 955-5536)* occupe un édifice de 17 étages abritant 117 chambres et suites de style uniforme. Résolument luxueuses, elles sont dotées de lits scandaleusement confortables, d'armoires Henredon, de secrétaires, d'œuvres d'art à tirage limité et de salles de bain en marbre. D'innombrables services vous y sont offerts jour et nuit. À une demi-rue du square Union, l'endroit saura vous combler si vous en avez les moyens.

Une fois rendus à l'intérieur du **Pan Pacific San Francisco** *($$$$; 500 Post Street,* ☎ *771-8600 ou 1-800-533-6465, ⇌ 398-0267)*, certains ont du mal à croire que cet hôtel de 21 étages renferme 330 chambres et suites, tant l'ambiance y est celle d'un petit établissement intime. Les chambres s'agrémentent de beaux meubles et accessoires, d'espaces de rangement taillés sur mesure et de fenêtres arquées distinctives à souhait. Malgré leurs dimensions, vous vous y sentirez parfaitement à l'aise, sans doute presque trop pour vouloir les quitter. Salles de bain en marbre très spacieuses et service de nettoyage et de pressage des vêtements ne sont que quelques-uns des atouts complémentaires dont vous jouirez dans cet établissement situé à une rue à l'ouest du square Union.

Le **Prescott Hotel** *($$$$; 545 Post Street,* ☎ *563-0303 ou 1-800-283-7322)* est plus réputé pour son restaurant, le Wolfgang Puck's Postrio (voir p 168), que pour ses chambres. Mais tel ne devrait pas être le cas, car l'hébergement y est tout aussi remarquable, depuis son «salon des premiers jours de la Californie», que réchauffe un grand âtre de pierre, jusqu'à ses 166 chambres et suites magnifiquement parées de meubles Empire et néoclassiques. Armoires en cerisier, papiers peints de soie et tables de chevet incrustées de granit noir baignent dans un cadre aux riches tonalités de pourpre, d'or et de vert forêt. Café et thé offerts par la maison le matin, vin et fromage l'après-midi. Si vous n'avez pas envie de sortir pour dîner, vous pouvez toujours commander quelques plats du Postrio.

AUTOUR DU CIVIC CENTER

À cheval entre l'imposant Civic Center et le douteux quartier Tenderloin, le **San Francisco Central YMCA** *($ pdj; tv, laverie, △, ○, bc/bp, ≈; 220 Golden Gate Avenue, ☎ 885-0460)* propose des chambres simples à un, deux ou trois lits. L'usage d'une salle de bain privée entraîne un léger supplément. Suivant la tradition des établissements de cet organisation, les chambres se veulent aussi propres qu'austères, pour ne pas dire pauvrement meublées et exiguës. Mais à ce prix, qui s'en plaindrait, d'autant plus que vous avez accès à la terrasse d'ensoleillement, à la piscine, au sauna, au bain de vapeur, à la salle de musculation, à la salle de télévision, à la laverie, à la salle d'aérobie, ainsi qu'aux terrains de basket-ball et de racquet-ball. Petit déjeuner à la française.

En bordure immédiate du Civic Center, l'**Hotel Renoir** *($$; tv; 45 McAllister Street, ☎ 626-5200 ou 1-800-576-3388, ≈ 626-5581)* figure parmi les établissements les plus économiques de ce secteur. Son hall est tapissé de reproductions sur papier des œuvres de Renoir et affiche de douces teintes d'or et de pêche. Il possède un salon, et les lieux s'imprègnent d'une atmosphère cordiale. Seule ombre au tableau : son emplacement sur la bruyante rue Market, à proximité du quartier Tenderloin. Cela dit, ses prix en font tout de même une bonne affaire. Les chambres se révèlent petites, quoique bien meublées; celles qu'on nous a fait voir étaient pourvues d'une moquette, d'un téléviseur couleur, d'un chauffage à vapeur, de meubles confortables et d'une salle de bain carrelée avec douche et baignoire.

Un établissement motelier de deux étages flanqué d'une piscine en terrasse et d'un restaurant à saveur antillaise, pourvu de chambres et suites spacieuses au décor doucement tropical, et situé en plein cœur de San Francisco? Non, vous ne rêvez pas, car c'est bien là ce que vous réserve le **Phoenix Hotel** *($$$; 601 Eddy Street, ☎ 776-1380 ou 1-800-248-9466, ≈ 875-3109)*, à une rue à peine du Civic Center! Sa conciergerie, les films tournés en ville qu'il vous permet de visionner dans vos chambres et le patronage de grands noms de l'industrie musicale en font sans doute l'auberge la plus branchée de San Francisco.

Aux amateurs d'opéra, de concerts symphoniques ou de ballet, l'**Inn at the Opera** *($$$$; 333 Fulton Street, ☎ 863-8400 ou 1-800-325-2708, ≈ 861-0821)*, un établissement de 30 chambres et 18 suites, apparaît comme le paradis sur Terre. À distance d'écoute des grandes salles de spectacle, il prodigue un service de conciergerie (particulièrement apprécié lorsqu'il s'agit de se procurer des billets de dernière minute), de même qu'un soin attentif à une foule de petits détails (tels ces fonds de tiroirs garnis de feuilles de musique). Les chambres sont décorées avec goût et pourvues de bars automatiques et de mini-réfrigérateurs.

 ## AUTOUR DE L'EMBARCADERO

À une seule rue de l'Embarcadero, tout près du quartier des affaires, l'**Hotel Griffon** *($$$$; 155 Steuart Street, ☎ 495-2100 ou 1-800-321-2201, ≈ 495-3522)* renferme 62 chambres attrayantes, garnies de tableaux modernes, de banquettes aménagées dans l'embrasure des fenêtres et de très grands miroirs; certaines bénéficient même d'une vue sur la baie. Son hall chaleureux arbore une bibliothèque, de même qu'une cheminée, et il y a un centre de conditionnement physique tout à côté.

Sur la même rue, vous trouverez le **Harbor Court Hotel** *($$$$; ⊘; 165 Steuart Street, ☎ 882-1300 ou 1-800-846-0555, ≈ 882-1313)*, dont certaines des 131 chambres et suites donnent sur l'eau. Les chambres s'avèrent petites, quoique joliment pourvues de gravures nautiques, de grands miroirs, de lits à baldaquin et d'appliques murales en laiton. Le hall d'entrée est grand, confortable et tout indiqué pour les après-midi de détente, à moins que vous ne préfériez profiter du centre de culture physique et de la piscine intérieure qui jouxtent l'établissement.

LE CHINATOWN

Partout dans le quartier chinois, vous verrez des portes et des escaliers annonçant des chambres à louer, mais vous devez savoir qu'il s'agit le plus souvent d'immeubles résidentiels desservant la communauté asiatique locale. Vous remarquerez d'ailleurs que nombre d'entre eux affichent en permanence «complet» *(no vacancy)*, ce qui signifie qu'il s'agit de pensions fermées au grand public. Vous trouverez néanmoins dans ce quartier deux hôtels et un YMCA convenant très bien aux voyageurs peu fortunés, sans compter qu'ils présentent une occasion unique de vraiment se tremper dans l'atmosphère fascinante du quartier.

Quelques lieux d'hébergement hors du commun

Au centre-ville, songez à l'**Adelaide Inn** *($)*, l'«unique pension européenne» de San Francisco, originale mais proprette. (Voir p 142).

Entrez sur la pointe des pieds au **Bed and Breakfast Inn** *($$-$$$)*, aménagé dans deux maisons victoriennes aux murs couverts de lierre à l'écart des bruits de la ville. (Voir p 157).

Défaites vos valises dans un des établissements les plus branchés de San Francisco, **The Phoenix Hotel** *($$$)*, à une rue du Civic Center. (Voir p 150).

Laissez-vous couler dans le luxe du XIX⁰ siècle à la **Sherman House** *($$$$)*. (Voir p 157).

Si vous êtes à la recherche d'une aubaine sans pareille, foncez tout droit vers le **Chinatown YMCA** *($; bc/bp, ≈, ⊘, ≈; 855 Sacramento Street, ☎ 982-4412, ⊷ 982-0117)*, dont les chambres sont dénuées de toute décoration et simplement meublées d'un lit, d'une commode et d'une table. Plutôt spartiate, nous en convenons, mais vous avez toujours la possibilité de vous changer les idées à la piscine, au gymnase ou dans la salle de musculation, accessibles sans supplément.

Directement sur Broadway, à la limite du Chinatown et de North Beach, vous attend le **Sam Wong Hotel** *($; 615 Broadway Street, ☎ 781-6836)*. La moitié de sa clientèle se compose de Chinois y logeant en permanence, mais le reste des chambres accueille volontiers les visiteurs de passage. L'hébergement varie d'austère à original, les chambres se présentant comme des «boîtes d'allumettes» pourvues de murs en plâtre, de radiateurs à vapeur, de moquette et de meubles plutôt ringards. Cela dit, cet établissement vous offre une excellente occasion de côtoyer la population chinoise locale, et ses prix défient toute concurrence puisque les chambres régulières sont de catégorie «petit budget» et que vous pouvez même vous en tirer à meilleur compte encore avec une demi-salle de bain (la douche se trouvant alors dans le couloir). Le hall d'entrée vaut d'ailleurs à lui seul le déplacement, avec ses photos anciennes et ses gravures chinoises.

Immédiatement au-delà du portail d'accès au Chinatown de l'avenue Grant, vous apercevrez le **Grant Plaza Hotel** *($-$$; bp, tv; 465 Grant Avenue, ☎ 434-3883 ou 1-800-472-6899, ≈ 434-3886)*. La direction et le personnel se font ici assez hospitaliers, et l'entrée obligatoirement contrôlée par une sonnette en fait un endroit sûr pour les voyageuses solitaires. Le hall est petit, quoique décoré avec goût, et un choix de chambres rafraîchies à moquette moelleuse s'offre à vous. L'emplacement de l'hôtel, sur l'avenue Grant, a l'avantage de vous permettre de loger en plein cœur du quartier, mais le désavantage de vous exposer aux bruits environnants.

 NOB HILL

Au **Renaissance Stanford Court Hotel** *($$$$; ℜ, ⊘, 905 California Street, ☎ 989-3500 ou 1-800-227-4736, ≈ 391-6513)*, dont la fierté est la porte cochère éclairée à travers un dôme de verre plombé, on insiste d'abord et avant tout sur le style et le service. Ses 402 chambres conjuguent antiquités et pièces modernes, ce qui crée un effet pour le moins singulier. Vous y trouverez un restaurant, une salle de conditionnement physique, plusieurs boutiques et salons, de même qu'un personnel exemplaire. Des nombreux hôtels réputés qui font la gloire de Nob Hill, celui-ci remporte sans doute la palme d'or.

D'autre part, **The Huntington** *($$$$; ℛ; 1075 California Street,
☎ 474-5400 ou 1-800-227-4683, ☞ 474-6227)* est sûrement
le moins connu de tous, et il semble très bien s'en accommo-
der. Bâti dans les années vingt pour servir de complexe
d'habitation, l'édifice qui l'abrite fut le premier immeuble élevé
de brique et d'acier à l'ouest du Mississippi. Une atmosphère
d'élégance feutrée rayonne partout à travers l'hôtel de 140
chambres, toutes décorées de façon particulière. Son restaurant, le Big Four, ainsi nommé en l'honneur des quatre grands
magnats du chemin de fer qu'étaient Stanford, Hopkins,
Crocker et Huntington, s'impose en outre comme un véritable
petit musée où sont exposés divers souvenirs de San Francisco
et de l'Ouest américain en général; sachez cependant qu'on y
sert aussi des repas exceptionnels dans une confortable
ambiance de club privé.

 NORTH BEACH

Ainsi qu'une visite nocturne à North Beach aura tôt fait de vous
l'apprendre, ce quartier n'est pas fait pour dormir. Les spectacles d'«amour» et les bars de rencontre de Broadway Street
attirent en effet des foules plutôt grossières et tapageuses
jusqu'aux petites heures du matin.

Mais, si d'aventure le bruit et les éclairages fluorescents
exercent un effet soporifique sur vous ou si, en proie à un élan
insidieux, vous éprouvez soudainement le besoin irrésistible de
tenter l'expérience d'une nuit de sommeil dans l'atmosphère de
l'ancienne Barbary Coast, jetez un coup d'œil du côté de
l'**Europa Hotel** *($; bc; 310 Columbus Avenue, ☎ 391-5779)*.
Ses prix ne vous ruineront sûrement pas et vous procureront
une chambre propre, garnie de moquette.

Mieux encore, éloignez-vous un peu de Broadway en vous
installant à l'**Hotel Bohème** *($$$; 444 Columbus Avenue,
☎ 433-9111, ☞ 362-6292)*, et plongez dans le passé historique
de North Beach. Car cet établissement aux allures de pension
européenne a été décoré de manière à vous faire revivre
l'époque de la génération *beat* à travers, entre autres, une
collection de photos en noir et blanc. Le poète Allen Ginsberg
a lui-même logé ici! Dans les chambres : des armoires antiques,
des salles de bain carrelées et des lits en fer noir. Demandez de
préférence une de celles qui se trouvent à l'arrière du bâtiment,

car elles sont plus tranquilles que celles donnant sur la trépidante avenue Columbus.

AUTOUR DU FISHERMAN'S WHARF

Le Fisherman's Wharf possède décidément plus d'hôtels que de pêcheurs. La majeure partie des établissements pratique cependant des prix trop élevés par rapport aux services offerts. Nous n'en décrirons donc que quelques-uns, car vous pouvez vous en tirer à bien meilleur compte, et aussi mieux apprécier San Francisco, en logeant au centre-ville ou dans un hôtel de quartier.

Mentionnons tout d'abord **The Wharf Inn** *($$$; tv; 2601 Mason Street, ☎ 673-7411 ou 1-800-548-9918, ≈ 776-2181)*, un motel de quatre étages aux portes violettes découpées de beige qui ne révèle aucun caractère distinctif particulier. Ses 51 chambres de dimensions moyennes présentent pour leur part un décor moderne, enveloppé de similibois, mais dépourvu de toute originalité. Garnies de moquette, elles sont dotées des installations habituelles telles que téléviseur et salle de bain carrelée avec cabine de douche. L'endroit se veut propre et éclairé, et n'offre rien de plus qu'un établissement comparable du centre-ville louant ses chambres à un coût moindre. Dans ce secteur d'hôtels coûteux, c'est The Wharf Inn qui propose les meilleurs prix.

Le **Sheraton at Fisherman's Wharf** *($$$$; ≈; 2500 Mason Street, ☎ 362-5500 ou 1-800-325-3535, ≈ 956-5275)* est un vaste hôtel de 525 chambres spacieuses et décorées avec goût selon la tradition de la chaîne réputée à laquelle il appartient. Parmi ses autres atouts, retenons son entrée pavée, ses portiers en livrée, sa piscine et ses attrayantes boutiques de cadeaux. Service aux chambres et service de couvertures.

La scène hôtelière du Fisherman's Wharf s'est vue enrichie lorsque, en 1990, deux nouveaux établissements ont ouvert leurs portes à une rue l'un de l'autre. L'un deux, le **Hyatt at Fisherman's Wharf** *($$$$; ☺, ≈; 555 North Point Street, ☎ 563-1234 ou 1-800-233-1234, ≈ 749-6122)* s'impose comme une retraite de luxe à façade de brique ancienne et à l'intérieur éclairé par des verrières. Outre la piscine, ses installations comprennent un centre de détente et un centre de conditionnement physique.

L'autre nouveau venu est le **Tuscan Inn** *($$$$; 425 North Point Street,* ☎ *561-1100 ou 1-800-648-4626,* ⇌ *561-1199)*, un hôtel de style italianisant aux allures de boutique. Plus petit que le Hyatt, il se révèle plus intime et plus richement décoré que lui.

 UNION STREET

Parmi les chic boutiques et les élégantes maisons victoriennes, vous trouverez ici certains des plus majestueux *Bed and Breakfasts* de San Francisco.

D'entre les nombreux motels qui se succèdent le long de la rue Lombard, seul le **Marina Motel** *($-$$; 2576 Lombard Street,* ☎ *921-9406,* ⇌ *921-0364)* semble avoir un certain charme, les autres se confinant à la norme des établissements de série. Le Marina se trouve à proximité d'une artère bruyante, mais la plupart de ses chambres tournent le dos à la rue. Il fait penser à une construction d'adobe blanchie, et ses 45 chambres, proprettes et bien mises, sont aménagées autour d'une cour centrale.

«Nous tentons de renouer avec la tradition première du *Bed and Breakfast* telle qu'elle s'est implantée en Grande-Bretagne : une chambre modeste louée à un prix raisonnable.» Cette devise, les propriétaires de l'**Edward II Inn** *($$ pdj; 3155 Scott Street,* ☎ *922-3000 ou 1-800-473-2846,* ⇌ *931-5784)* l'ont pleinement réalisée. Il ont acquis l'ancien Hotel Edward, bâti pour accueillir les visiteurs de la Panama-Pacific International Exposition de 1915, et l'ont transformé en une auberge de 30 chambres qu'ils ont baptisée du nom d'«Edward II». Ce faisant, ils ont donné à leurs hôtes la possibilité de jouir du faste d'un *Bed and Breakfast* au prix d'une simple pension de famille. La chambre qu'on nous a fait visiter affichait un décor anglais, rehaussé d'un lit recouvert d'un édredon ainsi que d'une commode surmontée d'un miroir biseauté; une salle de bain carrelée et garnie de boiseries complétait le tout. Tout en vous recommandant chaleureusement cette adresse, nous vous conseillons de demander une chambre à l'arrière, loin des bruits de la rue Lombard.

Au nombre des favoris, **The Bed and Breakfast Inn** *($$-$$$ pdj; bc/bp; 4 Carlton Court, ☎ 921-9784)* vous attend au fond d'un paisible cul-de-sac. Il occupe deux victoriennes couvertes de lierre et percées de souriantes fenêtres en rotonde. L'entrée se fait par une allée émaillée de fleurs en pots, dans un décor très caractéristique et plein de charme. Chacune des 11 pièces offertes en location bénéficie d'un aménagement distinct, depuis les simples chambres de pension avec salle de bain partagée *($$)* jusqu'aux chambres plus luxueuses *($$$)*. Il y a aussi une chaleureuse bibliothèque où vous êtes invité à vous détendre et à échanger avec les autres hôtes de la maison, de même qu'une salle à manger à l'anglaise et un jardin où l'on sert le petit déjeuner à la française. Du fait de son atmosphère enchanteresse et de son service remarquable, cette auberge a acquis une extrême popularité, si bien qu'il est recommandé de réserver plusieurs mois à l'avance.

L'**Union Street** *($$$$ pdj; 2229 Union Street, ☎ 346-0424, ≈ 922-8046)*, une hostellerie de six chambres mettant aussi l'accent sur un service personnalisé, constitue un autre excellent choix. Le petit déjeuner complet y est souvent servi au jardin, véritable oasis urbaine ponctuée d'arbres fruitiers et de plantes en fleurs. Les chambres s'avèrent intimes, merveilleusement bien décorées et meublées avec doigté. La «Golden Gate» est tout enrobée de bleu nuit et de moka crème. Des fauteuils en osier y sont disposés autour d'un tapis oriental, et le lit, à baldaquin, sépare d'un édredon. La «remise à calèches», un cottage confortablement niché au fond du jardin, possède quant à elle, au même titre qu'une autre des chambres, une cuve à remous privée.

Antiquités, cheminées de marbre et riches tissus confèrent aux 14 chambres de la **Sherman House** *($$$$; 2160 Green Street, ☎ 563-3600 ou 1-800-424-5777, ≈ 563-1882)* un cachet d'opulence à la mode du XIXe siècle. Ces airs lui conviennent d'ailleurs tout à fait, puisque cette charmante victorienne et sa remise à calèches ont été construites en 1876 par un fervent amateur d'opéra qui s'était offert une salle de récital de trois étages afin d'accueillir les artistes de passage. Chacune des chambres possède un atout particulier, tantôt un jardin tantôt une terrasse panoramique. Ce luxueux hôtel sert ses clients jour et nuit depuis sa propre salle à manger.

PACIFIC HEIGHTS

Pour faire la belle vie, rendez-vous à l'**El Drisco Hotel** *($$-$$$ pdj; ℛ, ☺; 2901 Pacific Avenue, ☎ 346-2880 ou 1-800-634-7277, ≠ 567-5537)*, un établissement de 30 chambres qui a survécu au tremblement de terre et à l'incendie de 1906, et qui a depuis servi quatre générations de voyageurs. Situé dans le plus chic quartier de la ville, il a entièrement été remis à neuf. Aussi bien ses petites chambres régulières que ses suites plus spacieuses présentent un alliage de meubles anciens et modernes, sans oublier leur baignoire à remous. Malgré les transformations qu'il a subies, il conserve par ailleurs un certain charme d'autrefois, entre autres dans la salle à manger du rez-de-chaussée et dans le hall d'entrée paré de boiseries sombres. Petit déjeuner à la française.

Si un bref séjour dans un musée vous attire, songez au **The Mansion Hotel** *($$$$; 2220 Sacramento Street, ☎ 929-9444 ou 1-800-826-9398, ≠ 567-9391)*. Établi dans une maison victorienne de style «Queen Anne», ce monument à la vie de château déborde à craquer de meubles anciens, sans parler de ses statues de Bufano et de ses ravissantes murales. Le rez-de-chaussée, que le public est invité à visiter, possède un vestibule grandiose dominé par un lustre de cristal. Le petit salon se pare de détails inspirés du cochon, la salle de billard renferme le décor de maison de poupée original de *Tiny Alice*, une pièce écrite par Edward Albee, et le salon de musique accueille des spectacles de magiciens. Bref, un musée pas tout à fait comme les autres. D'ailleurs, qui a jamais entendu parler d'un musée *Bed and Breakfast*? Peut-être est-ce précisément cette originalité qui attire en ces lieux des hôtes de la trempe du comédien Robin Williams, à moins que ce ne soient les chambres elles-mêmes, toutes consacrées à la mémoire d'un personnage historique et dotées d'une murale illustrant sa vie. Une nuit dans ce château de rêve en vaut sans doute le coût.

 LE JAPANTOWN

Le Japantown possède deux excellents hôtels qui vous offrent «l'occasion de jouir de la sérénité de l'Orient dans le confort de l'Occident».

Le **Miyako Inn** *($$-$$$; ℜ; 1800 Sutter Street, ☎ 921-4000 ou 1-800-528-1234, ≈ 563-1278)*, l'un des lieux d'hébergement les plus abordables du secteur, renferme 125 chambres, dont certaines équipées de bains de vapeur privés. Le hall d'entrée se veut simple mais confortable grâce à ses canapés mauves et à ses fauteuils richement rembourrés. Il y a aussi un restaurant sur place.

Son frère jumeau, en outre le plus important des hôtels de style asiatique de la métropole, est le **Miyako** *($$$$; 1625 Post Street, ☎ 922-3200 ou 1-800-333-3333, ≈ 921-0417)*. Sur le plan architectural, on ne peut dire qu'il s'agisse d'une merveille, quoique l'intérieur soit une tout autre affaire. Franchissez les portes de verre coulissantes, et vous voilà en effet en Orient. Aussi le bar, par exemple, affiche-t-il un décor de l'autre bout du monde, tandis que les chambres se parent de gravures japonaises et de chatoyants paravents *shoji*, derrière lesquels s'ouvrent des balcons donnant sur un jardin. N'oubliez surtout pas de demander l'une des chambres équipées d'une baignoire japonaise encastrée, certaines étant même entièrement meublées à la mode japonaise, avec tatamis, futons et saunas intégrés. Bref, le Miyako compte parmi les hôtels les plus exotiques de la ville.

 HAIGHT-ASHBURY

La **Carl Street Unicorn House** *($ pdj; bc; 156 Carl Street, ☎ 753-5194)*, un charmant cottage victorien rempli de poupées ethniques, d'antiquités et d'œuvres d'art populaire, attire principalement des lesbiennes, mais n'en accueille pas moins chaleureusement les gays et les hétérosexuels. Vous trouverez ici deux chambres se partageant une même salle de bain à l'étage inférieur de la maison. Généreux petit déjeuner à la française et terrasse d'ensoleillement.

Vous trouverez l'un des *Bed and Breakfasts* les plus abordables de San Francisco sur la rue Haight même, théâtre du fameux «Summer of Love». **The Red Victorian Inn** *($$-$$$ pdj; 1665 Haight Street, ☎ 864-1978, ≈ 863-3293)* évoque d'ailleurs cette époque, et sa propriétaire, Sami Sunchild, favorise une ambiance et un décor distincts dans chacune de ses 19 chambres. À titre d'exemple, la «Peacock Room» et la «Rainbow Room» se veulent fidèles au style des années soixante, et toutes les chambres sont joliment garnies de chaises et de table en bois, de lustres et de rideaux en dentelle. Les salles communes présentent, quant à elles, les réalisations artistiques de la maîtresse de maison, de même que des photos historiques du Golden Gate Park et de San Francisco. Le petit déjeuner à la française vous est servi dans la «Global Village Room», qui sert également de salle de séjour aux hôtes de l'établissement.

Ses 12 chambres à proximité du Golden Gate Park font du **Victorian Inn on The Park** *($$$-$$$$; 301 Lyon Street, ☎ 931-1830 ou 1-800-435-1967, ≈ 931-1830)* une retraite de choix. Les salles communes de l'auberge comprennent une magnifique bibliothèque et une somptueuse salle de séjour pourvue, entre autres, d'un canapé que vous ne voudrez plus quitter. Chaque matin, vous prendrez le petit déjeuner dans la salle à manger lambrissée, couronnée d'un plafond à moulures duquel pend un lustre. Les chambres renferment pour leur part des lits à baldaquin en laiton, des foyers et des secrétaires en noyer.

 LES QUARTIERS GAYS

Un peu partout autour des rues Polk et Castro, vous trouverez de nombreux établissements s'adressant surtout aux voyageurs gays, tandis que d'autres accueillent une clientèle variée, mais aussi plusieurs représentants de la communauté gay.

Le **Dolores Park Inn** *($$$ pdj; 3641 17ᵗʰ Street, ☎/≈ 621-0482)*, qui ne s'adresse pas qu'aux gays et lesbiennes, trône dans un jardin protégé par une clôture en fer forgé en plein cœur de Castro. Ce *Bed and Breakfast* de quatre chambres datant de 1874 regorge d'antiquités, et l'une de ses chambres renferme même un lit victorien à colonnes. Vous y trouverez aussi une salle à manger traditionnelle et un petit salon double, l'une comme l'autre pourvus d'une cheminée. Petit déjeuner complet le matin; café, thé et vin l'après-midi.

L'**Hotel Casa Loma** *($; bc/bp; 610 Fillmore Street, ☎ 552-7100, ≈ 552-4626)* se targuait à une certaine époque d'être «l'hôtel de choix de San Francisco à l'intention des seuls gays et lesbiennes», mais il accueille aujourd'hui une clientèle mixte. En plus de répondre aux besoins des hôtes d'un soir, il fait aussi office de résidence hôtelière, pratiquant des tarifs hebdomadaires. Sa terrasse d'ensoleillement attire aussi bien les habitants de la ville que les gens de l'extérieur. Ses 48 chambres arborent, quant à elles, un décor attrayant relevé de papiers peints et de pièces murales.

À mi-chemin entre la rue Castro et le quartier Haight-Ashbury, c'est le **Metro Hotel** *($-$$; bp, tvc; 319 Divisadero Street, ☎ 861-5364, ≈ 863-1970)*, qui s'adresse à une clientèle mixte. Vous y trouverez 23 chambres, un petit hall, un café adjacent au rez-de-chaussée et un jardin à l'anglaise. Les chambres sont garnies de moquette, meublées de chêne et rehaussées de pièces murales. Cet établissement, qui occupe un bâtiment de stuc blanc, se révèle propre et confortable. Son emplacement n'est pas idéal, mais il se trouve tout de même suffisamment près des principaux quartiers pour que vous vous y installiez. Douche seulement.

Le **Leland Hotel** *($-$$; bp, bar; 1315 Polk Street, ☎ 441-5141 ou 1-800-258-4458, ≈ 441-1449)*, un établissement raffiné de style européen, compte 108 chambres, la plupart avec salle de bain privée et fenêtres en rotonde ensoleillées, et 16 studios. La majeure partie de la clientèle se compose de gays, mais les femmes sont aussi les bienvenues. Installé au beau milieu des bars et des restaurants de la rue Polk, le bar de l'hôtel est un rendez-vous populaire auprès des gays.

Sis à plusieurs rues de Castro Street, **The Willows Bed and Breakfast Inn** *($$ pdj; bc; 710 14ᵗʰ Street, ☎ 431-4770, ≈ 431-5295)* propose 11 magnifiques chambres que convoitent aussi bien les gays que les hétéros. Les chambres se parent d'anciens meubles en bois et de lithographies françaises. La fierté de cette chaleureuse hostellerie réside toutefois dans ses meubles en saule, spécialement conçus pour elle. Ce sont des attentions comme celle-là, sans parler du service de couvertures avec coupe de sherry, qui en font un endroit unique.

L'**Inn San Francisco** *($$-$$$$; ⊘, bc/bp, ⊛; 943 South Van Ness Avenue, ☎ 641-0188 ou 1-800-359-0913, ≈ 641-1701)* vit à l'heure du XIXᵉ siècle. Ce splendide et grandiose manoir victorien de quatre étages est entièrement meublé de pièces d'époque. Vous pourrez y admirer des miroirs à dorures et des portes de verre biseauté dans les petits salons, des appliques murales et des lavabos en marbre dans de nombreuses chambres, de même qu'une foule d'antiquités réparties à travers la maison. La terrasse d'ensoleillement aménagée sur le toit offre une très belle vue sur la ville, et le jardin à l'anglaise qui s'étend à l'arrière s'agrémente d'un belvédère et d'une cuve à remous. Clientèle mixte. Salle de bain partagée (*$$*), privée (*$$$*) ou avec baignoire à remous (*$$$$*).

L'**Alamo Square Inn** *($$-$$$$ pdj; 719 Scott Street,* ☎ *922-2055 ou 1-800-345-9888,* ⊷ *931-1304)* vous propose non pas une, mais deux maisons victoriennes, une «Queen Anne» et une néo-Tudor, toutes deux construites 10 ans avant le tremblement de terre de 1906. Cette hostellerie de type *Bed and Breakfast*, qui accueille aussi bien les gays que les hétérosexuels, ne se trouve qu'à 10 min de marche de la rue Castro. Elle met à votre disposition neuf chambres au décor caractérisé, un appartement complet en soi, de même que trois suites, dont une pourvue d'une cuve à remous encastrée et d'une terrasse privée.

L'un des hôtels qui se sont implantés en plein cœur de l'action est l'**Inn on Castro** *($$$ pdj, bp; 321 Castro Street,* ☎ *861-0321)*, un *Bed and Breakfast* de huit chambres occupant une vieille maison victorienne. Raffinée jusque dans les moindres détails, cette auberge révèle toutes sortes d'attentions délicates, telles ces fleurs fraîches qui agrémentent les différentes pièces. Chaque chambre bénéficie d'un décor individuel, et l'atmosphère générale de la maison se veut confortable et intime. Vu la popularité de cet établissement, nous vous recommandons de réserver à l'avance.

Si vous êtes à la recherche de la victorienne primordiale, peinte à la mode d'autrefois, vous ne voudrez pas manquer le **Chateau Tivoli** *($$$-$$$$; 1057 Steiner Street,* ☎ *776-5462 ou 1-800-228-1647,* ⊷ *776-0505)*, un époustouflant manoir de 1892 qui rayonne de splendeur derrière ses dorures, ses fenêtres à vitraux et ses fers ornementaux on ne peut plus élaborés. Il recèle même des antiquités ayant appartenu à Sally Stanford, une femme elle-même haute en couleur et l'une des grandes dames de San Francisco. Vous attendent ici cinq chambres régulières, trois suites et un appartement, dont la plupart possède une salle de bain en marbre, voire, dans certains cas, un lit à baldaquin, un foyer et une terrasse privée. Clientèle mixte.

LA GOLDEN GATE
NATIONAL RECREATION AREA

Dès qu'on entend les mots «auberge de jeunesse», on ne peut s'empêcher d'imaginer des chambres spartiates et un environnement plus ou moins miteux. Mais, dans le cas de **Hostelling International – San Francisco – Fort Mason** *($; Fort Mason, Building 240, à l'angle des rues Bay et Franklin, ☎ 771-7277 ou 1-800-444-6111, ⚏ 771-1468)*, force nous est d'admettre qu'il en va tout autrement. Campée à l'intérieur du fort Mason, une ancienne base militaire qui fait désormais partie d'un magnifique parc national, cette auberge de jeunesse domine la baie de San Francisco et en livre une vue saisissante. Qui plus est, elle se trouve à distance de marche du secteur de la Marina et du Fisherman's Wharf. Elle occupe à proprement parler une caserne datant de l'époque de la guerre de Sécession et renferme une salle de séjour, une cuisine et une laverie. Quant aux chambres, garnies de moquette et plutôt propres, elles revêtent l'aspect de dortoirs, chacun étant équipé de 3 à 16 lits superposés. Le seul inconvénient de ce lieu d'hébergement, sur lequel il n'y a rien d'autre à redire, tient du fait que vous devez quitter votre chambre entre 11 h et 13 h.

Le tout premier motel de San Francisco s'impose comme une merveille Art déco de 24 chambres. Construit en 1936, soit la même année que le pont Golden Gate, l'**Ocean Park Motel** *($$; C; 2690 46th Avenue, ☎ 566-7020, ⚏ 655-8959)* présente un heureux mélange de meubles modernes, de lambris de cèdre et de papiers peints à motifs floraux. En plus d'offrir des chambres attrayantes (dont certaines avec cuisinette) et de grandes suites familiales, il met à la disposition de ses hôtes un cuve à remous extérieure, un jardin et un petit terrain de jeu.

Si vous désirez loger à proximité de l'océan, loin du brouhaha du centre-ville de San Francisco, songez au **Seal Rock Inn** *($$-$$$; C, tv; 545 Point Lobos Avenue, ☎ 752-8000, ⚏ 752-6034)*. Perchée sur une falaise surplombant le Pacifique, cette auberge repose aux abords immédiats du Golden Gate National Recreation Area, à un jet de pierre de l'Ocean Beach et du Golden Gate Park. Ses 27 chambres tendues de moquette sont très spacieuses, chacune pouvant facilement loger quatre personnes. Le mobilier et le décor en général manquent d'originalité, mais se révèlent tout de même passablement confortables. Par ailleurs, certaines chambres disposent d'un foyer, un véritable don du ciel dans cette région si souvent envahie par le brouillard; elles se louent toutefois un peu plus cher que les autres, tout comme celles qui sont équipées d'une cuisinette et qui bénéficient d'une vue panoramique sur l'océan.

RESTAURANTS

L es restaurants de San Francisco, par leur grande variété ethnique et leur vaste gamme budgétaire, satisferont les grands appétits comme les plus petits. Présentés par ordre de prix, et ce, selon chacun des quartiers de San Francisco, ces établissements sauront emplir votre estomac, entre autres de fruits de mer exquis ainsi que de spécialités typiquement californiennes telles que les fameuses «côtes levées» (*ribs*) sauce barbecue. À la fin du présent chapitre, vous trouverez une liste des restaurants classés par type de cuisine.

Les tarifs mentionnés dans ce chapitre s'appliquent, sauf indication contraire, à un repas pour une personne, excluant le service et les boissons :

$: moins de 10 $
$$: 10-20 $
$$$: 20-25 $
$$$$: plus de 25 $

 LE CENTRE-VILLE

Que dire d'un restaurant intime constamment bondé? Eh bien, dans le cas de **Nhu's Vietnamese Cuisine** *($; fermé dim; 581 Eddy Street, ☎ 474-6487)*, on peut dire qu'il passe haut la main l'épreuve ultime des restaurants ethniques, puisqu'il attire les Vietnamiens eux-mêmes. Par ailleurs, son menu ne fait pas le bonheur que des Vietnamiens, mais aussi de tous ceux et celles qui se donnent la peine de s'y rendre : plats de riz cuit à la vapeur rehaussés de poulet épicé, brochettes de porc façon vietnamienne, bœuf au lemon-grass, soupe gorgée de boulettes de bœuf, légumes sautés, rouleaux impériaux, salade de poulet et crevettes.

Maiden Lane était autrefois plutôt délabrée, mais elle fait aujourd'hui partie d'un quartier de boutiques à la mode. Il est cependant un endroit qui s'attache au passé parmi toutes ces adresses chic, à savoir le **Nosheria** *($; matin, midi et soir, fermé dim; 69 Maiden Lane,* ☎ *398-3557)*, un petit *deli* sans prétention où vous pourrez déguster tout un assortiment de sandwichs, de salades et de pâtisseries à faire rêver. Dînez à la belle étoile sur une des tables qui longent la façade, ou installez-vous à l'intérieur de la salle aux murs de brique. Notez que, le midi, vous risquez de devoir faire la queue.

Qu'obtient-on lorsqu'on croise un restaurant américain et une tradition française? Un croissant au pastrami. Chez **Franciscan Croissants** *($; 301 Sutter Street,* ☎ *398-8276)*, vous trouverez plusieurs autres variations sur le même thème telles que croissants à la dinde fumée, au jambon et au fromage, ou au prosciutto. Le menu se veut moins extravagant au petit déjeuner, alors qu'il propose simplement des croissants aux pommes et aux petits fruits, quoiqu'il ne s'agisse pas là de parents pauvres, mais plutôt de gâteries colossales, fraîches et fumantes. Pourquoi pas?

Voyageurs et résidants attendent en ligne pour dévorer les crêpes suédoises, le pain perdu français au levain et les autres spécialités de **Sears Fine Foods** *($; 439 Powell Street,* ☎ *986-1160)*, un restaurant de petit déjeuner réputé depuis 1938. On y sert le repas du matin jusqu'à 15 h 30, heure à laquelle l'établissement ferme ses portes, mais entre-temps vous avez toujours la possibilité d'y prendre un déjeuner de pain de viande, de boulettes de viande à la suédoise et de sandwichs variés.

Le **David's Delicatessen** *($; 480 Geary Street)* est l'un des meilleurs restaurants de charcuterie fine en ville (voir p 144).

L'**Indonesia Restaurant** *($; 678 Post Street, ☎ 474-4026)* s'est taillé une clientèle loyale auprès des habitants de San Francisco ayant vécu ou voyagé en Indonésie, et pour cause, puisque les saveurs complexes et variées offertes par ce petit établissement en façade ne peuvent que charmer les papilles gustatives. Parmi les plats favoris, retenons le *gado-gado*, le *soto ayam*, le curry de bœuf, le *mie goreng*, le *rendang* et le *sate*, que le menu complète de nombreuses autres options.

Un établissement appartenant à une chaîne et s'affublant du titre ronflant de «Restaurant international de soupes, salades, sandwichs et quiches gastronomiques de San Francisco» est de ceux qu'on préfère généralement éviter. Mais il se trouve que le **Salmagundi** *($-$$; 442 Geary Street, ☎ 441-0894)* sert d'excellents potages. Il peut par exemple, selon les jours, proposer une «chaudrée» de palourdes bostonienne ou une soupe jardinière, sans parler des salades, des sandwichs, des fromages, des quiches et des desserts frais, arrosés de bière ou de vin. En plein quartier du spectacle, ce restaurant de charcuterie fine devient surtout populaire en fin de soirée.

Quiconque a lancé le slogan «Allons manger chez Joe» avait sûrement San Francisco à l'esprit, car cette ville recèle un nombre étourdissant de restaurants portant le nom de l'omniprésent Joseph. Cela dit, l'**Original Joe's** *($$; matin, midi et soir; 144 Taylor Street, ☎ 775-4877)* est un de ces bistros où les serveurs sont vêtus de smokings et où les prix ne cherchent pas à damer le pion à la qualité de la nourriture. Véritable institution de San Francisco depuis plus d'un demi-siècle, le premier d'entre les «Joe's» propose un menu de biftecks et de côtelettes enrichi de mets italiens et de plats de fruits de mer.

Le **Sushi Man** *($$; dîner seulement, fermé dim; 731 Bush Street, ☎ 981-1313)* se présente comme un minibar à sushi au style incomparable. Bien que son charme ne soit pas évident de l'extérieur, sa vitrine étant garnie de montages en plastique, vous serez tout aussi impressionné que nous en pénétrant à l'intérieur, puisque la salle est ponctuée de paravents en soie qui respirent la sérénité et émaillée de fleurs fraîches. Son propriétaire, Ryo Yoshioka, a en outre acquis une réputation enviable pour ses créations culinaires. Vous y trouverez, entre autres, du *sake* (sushi de saumon fumé), du *mirugai* (sushi de palourde) et du sashimi.

> Vous ne savez pas où dîner? Sachez que cette ville de 768 000 habitants compte plus de 3 000 restaurants!

Affamés ou non, les fans de Dashiell Hammett n'hésitent pas à foncer tout droit vers le **John's Grill** *($$-$$$; fermé dim midi; 63 Ellis Street, ☎ 986-3274)*, le restaurant dans lequel s'engouffre le détective Sam Spade au cours d'une scène enlevante du *Faucon maltais*. Ses murs lambrissés, tapissés de souvenirs et de vieilles photos, exsudent d'ailleurs encore une atmosphère d'une autre époque. Les serveurs sont bien mis, le barman épanche volontiers sa verve sur les politiciens locaux, et les clients prennent place sur des tabourets. Menu de grillades et de fruits de mer, mais aussi de nostalgiques assiettes de côtelettes, de pommes de terre au four et de tomates tranchées (qui composent le repas de Spade dans cet épisode).

Le chef cuisinier Barbara Tropp a réalisé l'union unique des cuisines chinoise et californienne à son **China Moon Café** *($$-$$$; dîner seulement; 639 Post Street, ☎ 775-4789)*, dont vous aurez du mal à trouver les plats ailleurs : rouleaux printaniers au piment fort et aux châtaignes d'eau, lit de nouilles grillées garni de poulet épicé...

Rares sont les restaurateurs qui peuvent se vanter de combler à la fois Los Angeles et San Francisco, mais c'est précisément cet exploit qu'a réussi Wolfgang Puck avec son **Postrio** *($$$$; 545 Post Street, ☎ 776-7825)*. Ses mariages remarquables, tel ce canard chinois sauce épicée à la mangue et ce saumon sauté glacé aux prunes et accompagné d'une purée de pommes de terre *wasabi*, y disputent la vedette à une éblouissante salle à manger. Réservez bien à l'avance.

San Francisco recèle plusieurs restaurants gastronomiques à l'européenne, dont la plupart se trouvent dans de grands hôtels et proposent aussi bien un décor exquis qu'une cuisine raffinée. Les autres parsèment la ville et occupent de petits espaces intimes. Toutes ces adresses exclusives appartiennent à la catégorie supérieure, et nous nous permettons ici de vous en suggérer deux, parmi les incontournables. Rappelez-vous toutefois que ces restaurants n'ouvrent généralement qu'à l'heure du dîner, exigent une tenue vestimentaire convenable et recommandent à leurs clients de réserver à l'avance.

Le **Campton Place Restaurant** *($$$$; 340 Stockton Street, dans l'enceinte du Campton Place Hotel,* ☎ *781-5555)* élabore des plats de haute cuisine à partir d'ingrédients typiquement américains d'une fraîcheur indiscutable, le tout dans un décor de rose fard où la lumière des bougies se reflète dans l'argenterie, le cristal et la porcelaine de Wedgwood. Le petit déjeuner vaut déjà à lui seul le déplacement, avec ses crêpes de blé entier aux pommes et aux noix. Au déjeuner et au dîner prennent la relève les fruits de mer, les biftecks et la queue de bœuf, entourés, entre autres, de compositions telles que la poitrine de canard grillée au navet et au *kumquat*, et arrosée d'une sauce aux feuilles de limette, ou encore le saumon à l'étuvée aux herbes vietnamiennes et aux germes de soya.

Une autre salle à manger, petite et romantique à souhait, figure parmi les meilleures tables de San Francisco. Il s'agit de **Masa's** *($$$$; dîner seulement, fermé dim-lun; 648 Bush Street,* ☎ *989-7154)*, dont le décor, huppé quoique discret, allie des boiseries sombres, des fauteuils recouverts de tissus aux teintes douces et des arrangements floraux. Il tient toutefois davantage sa réputation de sa cuisine que de son décor. Son menu français contemporain, qui varie au fil des jours, peut comprendre un filet mignon à la mousse de foie gras et aux truffes noires, un pigeonneau rôti accompagné d'un risotto au riz sauvage, ou des médaillons de cerf sautés aux pommes caramélisées dans une sauce au *zinfandel*, sans oublier le homard aux quenelles de crevettes. Il y a aussi des soufflés, des sorbets et des mousses au dessert. Cela dit, la simple lecture du menu ne saurait rendre justice à cet endroit fabuleux; vous vous devez d'en faire l'expérience par vous-même.

 AUTOUR DU CIVIC CENTER

Ce secteur recèle plusieurs restaurants remarquables.

Aucun endroit ne trahit mieux l'atmosphère des établissements excentriques qui ont fait la réputation de San Francisco que le **Mad Magda's Russian Tea Room & Cafe** *($; 579 Hayes Street,* ☎ *864-7654)*. Vous pourrez y siroter une tasse de thé russe fumé ou un bol de borsch maison tout en vous laissant dire la bonne aventure par la voyante de la maison (tarot, marc de thé ou lignes de la main). Quant aux sandwichs, ils empruntent le nom de Russes célèbres; le «Catherine the Great» est au thon et au fromage, le «Tolstoy» (tout en longueur), au jambon, à la dinde et aux multiples fromages, et le «Rasputin» (sur pain baguette), au prosciutto, au brie, aux tomates séchées et au vinaigre balsamique.

La **Vicolo Pizzeria** *($; 201 Ivy Street, ☎ 863-2382)* ne se laisse peut-être pas trouver facilement, mais elle vous réserve en récompense une pizza gastronomique différente de toutes celles que vous avez pu manger à ce jour. Son décor, caractérisé par la tôle ondulée qui recouvre ses murs, rappelle que l'immeuble accueillait autrefois un atelier de réparation de voitures. La pizza de Vicolo, d'abord et avant tout servie à la pointe, se distingue par sa croûte à la farine de maïs. Les variétés les plus courantes en sont une à la saucisse, une aux quatre fromages et deux végétariennes, les autres options changeant régulièrement.

À travers ses deux restaurants et son comptoir de charcuterie fine, la **California Culinary Academy** *($-$$$; fermé sam-dim; 625 Polk Street, ☎ 771-3500)* propose de tout, de sa délicieuse salade de pommes de terre en contenant de 250 ml au buffet européen classique. Les étudiants de cet institut culinaire exercent ici leurs talents sous l'œil attentif de leurs professeurs. Aménagée dans un hall néoclassique, la «Careme Room» sert pour sa part des déjeuners et des dîners de trois services, de même que des buffets. À l'étage inférieur, l'«Academy Grill» concocte des spécialités à la carte telles qu'aubergines au parmesan et longe de porc rôtie glacée au cidre. Exception faite des buffets *($$$)*, toutes les salles à manger proposent des repas à prix moyens. Quant à «The Culinary Shoppe», un comptoir de commandes à emporter, il est tout indiqué pour faire des provisions en vue d'un pique-nique.

Peu d'endroits, s'il en est, jouissent d'une plus grande popularité dans le ghetto gastronomique de la Hayes Valley que le **Caffe Delle Stelle** *($$; 395 Hayes Street, ☎ 252-1110)*. La vitrine de cette curieuse et jolie trattoria toscane arbore des pyramides de tomates en conserve, et des guirlandes de piment séché pendent à ses murs. Les échanges verbaux dominent l'atmosphère, mais ils ne sont jamais assez virulents pour vous empêcher d'apprécier un paisible tête-à-tête. La cuisine est celle de la campagne italienne, et les repas débutent par du pain frais et un bol de *pansanela*, une trempette composée d'huile d'olive, de pain, de jus de tomate et d'épices. Choix de pâtes, de poulet cuit au four, de filets de saumon rôtis et de plats du jour, comme ces raviolis *barbarossa* farcis d'arugula, de ricotta et de noix dans une sauce au basilic.

Le **Max's Opera Café** *($$; 601 Van Ness Avenue, ☎ 771-7301)* sert une variété de plats, des «côtes levées» fumées sauce barbecue aux spécialités californiennes, mais ses accroche-cœurs sont ses épais sandwichs au pastrami, au bœuf salé et à la poitrine de dinde, accompagnés d'une salade de chou relevée et d'une savoureuse salade de pommes de terre. Un coin bar animé présente à l'occasion des récitals improvisés par le personnel de la maison, dont certains membres sont des ténors et des sopranos en herbe.

Son décor de bistro rehaussé d'appliques murales en laiton, de murs pastel, de meubles en bois tordu et d'œuvres d'art asiatiques fait du **Thepin** *($$; fermé le midi les fins de semaine; 298 Gough Street, ☎ 863-9335)* un invitant restaurant thaïlandais. La nourriture, couvrant un éventail qui va du canard au cari rouge aux crevettes marinées et aux poitrines de poulet, assure en outre son succès. Parmi les spécialités de la maison, retenons les languettes de poulet, les crevettes aux épinards sauce aux arachides, le filet de saumon mariné au cari et la salade de papaye verte tranchée aux tomates et au piment rouge.

L'un des meilleurs restaurants du quartier est sans doute le **Hayes Street Grill** *($$$; fermé le midi les fins de semaine; 320 Hayes Street, ☎ 863-5545)*, un chic établissement situé à distance de marche de l'opéra et de la salle de concerts de l'orchestre symphonique. Spécialisé dans les grillades sur bois de prosopis, il propose des plats de poisson frais, des steaks rassis à sec et des poitrines de poulet. La nourriture y est excellente.

Le **Stars** *($$$; fermé le midi les fins de semaine; 150 Redwood Alley, ☎ 861-7827)* est devenu une vedette dès son ouverture grâce à la cuisine raffinée de Jeremiah Tower, un chef hautement réputé de la constellation culinaire californienne. Fruits de mer, salades tièdes et poulet à la française y font vraiment des étincelles.

SOUTH OF MARKET

Si vous désirez grignoter un *bagel*, une pizza, un sandwich ou une salade pendant que votre lessive virevolte en tout sens, faites un saut au **Brain Wash** *($; 1122 Folsom Street, ☎ 861-3663)*, qui amalgame un café et une laverie automatique. Original!

Le **Café Rustico** *($; 300 DeHaro Street, ☎ 252-0180)*, un établissement vaguement italianisant, propose d'excellents *paninis*, pizzas, *calzones*, sandwichs et salades. Soupes maison, quiches, lasagne végétarienne et savoureuses tartelettes sont aussi servies dans la salle à manger ou sur les tables disposées le long du trottoir. Situé tout près des magasins à rabais de South of Market, il s'agit de l'endroit tout indiqué pour se restaurer entre deux aubaines.

D'entre plusieurs restaurants à la mode, le **Cadillac Bar** *($$; 1 Holland Court, ☎ 543-8226)*, un petit établissement mexicain, s'impose sans doute comme le plus bruyant et le plus tapageur des endroits où vous avez jamais mis les pieds. L'immense construction de bois qui l'abrite se pare de sombreros et de miroirs couvrant des pans de mur entiers. La cuisine? Des grillades sur bois de prosopis, bien sûr, quoique le menu ne soit pas tout à fait celui qu'on retrouve habituellement au sud de la frontière américaine. À preuve : les crevettes sauce à l'*aguacate*, le vivaneau rouge sauté au piment fort, le steak de hampe mariné et le poulet farci de *jalapeños* et de bacon.

À l'**Eleven** *($$; fermé dim; 374 11th Street, ☎ 431-3337)*, il n'y a pas que la cuisine qui soit remarquable, car ce restaurant servant des plats de toutes les régions de l'Italie arbore également un décor raffiné : murs antiques peints de vignes sous un haut plafond, l'ensemble créant un effet d'espace à ciel ouvert.

Le matin, le **South Park Café** *($$; fermé dim; 108 South Park, ☎ 495-7275)* sert des croissants et du café aux gens qui vivent et travaillent dans le quartier. Le midi et le soir par contre, cet établissement qui ne possède qu'un long comptoir et quelques tables devient un haut lieu de la gastronomie grâce à ses salades originales et à ses plats de viande et de poisson du jour. Menu spécial de *tapas* en début de soirée.

Vous pouvez aussi opter pour le **Max's Diner** *($$; 311 3rd Street, ☎ 546-6297)*, un *diner* à l'ancienne servi à la moderne. Son menu demeure toutefois résolument tourné vers le passé (viande et pommes de terre), et une clintèle nostalgique s'anime autour de son comptoir.

Ouvert jusqu'aux petites heures du matin, le **Hamburger Mary's** *($$; 1582 Folsom Street, ☎ 626-5767)* attire aussi bien les gays que les hétéros. Lorsqu'on ne s'y envoie pas derrière la cravate les fameux daïquiris de son Cissy's Saloon, on y engloutit hamburgers, sandwichs et omelettes.

Ce n'est pas tous les jours que vous pouvez siroter un martini assis à un bar recourbé en similicuir rose sorti tout droit des années cinquante, pour ensuite vous voir servir un repas de nouvelle cuisine postmoderne à l'américaine. Mais c'est pourtant bien ce qui vous attend au **Julie's Supper Club** *($$-$$$; fermé dim; 1123 Folsom Street, ☎ 861-4084)*. Malgré la musique un peu forte, insistez pour obtenir une table dans l'avant-salle de manière à pouvoir observer à votre guise le va-et-vient de la foule qui fréquente les boîtes de nuit de SOMA. Tenez-vous-en aux salades inventives en entrée, après quoi vous aurez le choix entre le poulet, l'agneau ou le poisson, tous renversants.

Le **Restaurant Lulu** *(816 Folsom Street, ☎ 495-5775)*, un gigantesque et bruyant établissement qui attire une foule de gens le midi et le soir avec ses excellentes viandes et son poulet rôti sur brique, est un endroit à ne pas manquer non loin du complexe du Yerba Buena Gardens. Songez également aux plats de fruits de mer proposés tels que moules rôties à la poêle et crabe dormeur à l'ail. Le Lulu jouit d'une telle popularité qu'il s'est doté d'une deuxième salle sur les lieux mêmes, le **Lulu Café**, ouvert matin, midi et soir, et spécialisé dans les repas légers. Le soir venu, ce nouveau-né vous offre cependant la possibilité de dîner au même menu que son grand frère.

 LE FINANCIAL DISTRICT

Même si le concepteur du **Cafe Bastille** *($; 22 Belden Place, ☎ 986-5673)* s'efforce de vous faire croire le contraire, vous n'êtes pas ici dans une station de métro parisienne. Ce populaire bistro renferme en sous-sol une salle à manger dont le plancher est de marbre multicolore et dont les murs sont peints et traversés de poutres d'acier, sans négliger un immense panneau sur lequel sont inscrits les mots «Métro Bastille». Vous pouvez également prendre votre repas au rez-de-chaussée, près du bar, ou sous un parasol dans l'allée qui longe la devanture. Le menu du jour apparaît sur un tableau noir et comprend des crêpes, des sandwichs, des quiches et des plats comme la poitrine de poulet rôti.

Le **Sai's Restaurant** *($; 505 Washington Street, ☎ 362-3689)* ne compte peut-être que 25 tables, mais il accueille tout de même chaque midi les employés de bureau du Financial District, qui n'hésitent pas à faire la queue pour savourer les mets vietnamiens de cet établissement familial. Le décor est réduit à sa plus simple expression, à peine ponctué de quelques tableaux sur les murs, mais la nourriture attire une foule d'inconditionnels. Parmi les plats favoris, retenons le poulet au lemon-grass, les aubergines sauce à l'ail, le *chow mein* maison et les currys au coco.

Le **Sam's Grill** *($$; fermé sam-dim; 374 Bush Street, ☎ 421-0594)*, fondé en 1867, est un rendez-vous d'affaires incontournable de San Francisco. Son menu, quotidiennement réimprimé, propose du poisson frais, des crustacés des eaux voisines, des steaks et des côtelettes grillés sur charbon de bois, de même que divers plats de fruits de mer en cocotte. Les suggestions sont les mêmes au déjeuner et au dîner, et vous pouvez commander un martini en tout temps à compter de 11 h. Banquettes de *diner*, serveurs en smoking avec nœud papillon, bar accueillant et murs blancs ornés de scènes de chasse.

Le **London Wine Bar** *($$; fermé sam-dim; 415 Sansome Street, ☎ 788-4811)* fait figure de rareté. Établi en 1974, il prétend avoir été «le premier bar à vins d'Amérique». Par la force des choses, il présente une impressionnante carte de crus californiens et importés, dont plusieurs sont vendus au verre. Puisqu'il faut aussi manger parfois, il sert des déjeuners, de même que des hors-d'œuvre en soirée tels que saumon, pâtés, fromages et *quesadillas*. À n'en point douter un rendez-vous à la page.

La **Tadich Grill** *($$-$$$; fermé dim; 240 California Street, ☎ 391-2373)* se distingue par ses murs lambrissés, ses sols carrelés et ses appliques murales Art déco, mais aussi par son comptoir s'étirant sur toute la longueur de la salle, ses tables tendues de nappes blanches en tissu et ses banquettes de bois. L'histoire des lieux est si riche qu'elle remplit toute la première page du menu. Tout a commencé en 1849, à l'époque de la Ruée vers l'or, et la tradition se perpétue dans cet établissement devenu un restaurant d'affaires en plein cœur du quartier des affaires. On imprime chaque jour un nouveau menu, quoique le déjeuner et le dîner portent sur les mêmes choix. Poissons et fruits de mer sont à l'honneur (sole, saumon, vivaneau, espadon, crevettes et pétoncles), mais vous pouvez aussi commander un steak grillé sur charbon de bois, des côtelettes et du poulet. Fière de sa tradition et de sa cuisine, cette institution de San Francisco se révèle hors pair sur tous les plans.

Le *dim sum* est cette tradition chinoise qui consiste à choisir les éléments de son repas à même les plateaux et les paniers des chariots roulants sillonnant sans cesse la salle à manger. Chez **Yank Sing** *($$-$$$; déjeuner seulement; 427-Battery Street, ☎ 362-1640)*, vous découvrirez le *dim sum* à son plus fin, puisqu'il s'agit d'un restaurant où l'on a érigé le concept du salon de thé au rang de haut lieu culinaire. Ainsi, bien que les simples salons de thé ressemblent généralement à des cafétérias, le Yank Sing parvient à créer une atmosphère sereine grâce à ses nappes en tissu blanc, à ses fleurs fraîches et à ses fauteuils en osier. Simple mais suave, cet établissement sert des délices comme les pinces de crabe, les poivrons farcis de fruits de mer et les beignets aux crevettes en forme de lapin. Une importante innovation.

Les attributs qui décrivent le mieux le **MacArthur Park** *($$-$$$; fermé le midi les fins de semaine; 607 Front Street, ☎ 398-5700)* sont sans doute «chic», «moderne» et «populaire». Particulièrement appréciée des gens d'affaires amoureux des complets et tailleurs à fines rayures, cette salle à manger aux murs de brique apparente sert des mets tout spécialement préparés dans un fumoir en chêne et sur un gril au bois de prosopis : petites «côtes levées», homard du Maine vivant, côtelettes d'agneau, steaks rassis à sec, saucisses maison et poisson frais. Le décor se veut décontracté mais tout de même soigné, avec ses boiseries sombres, ses reproductions de Matisse, ses bancs de parc rembourrés, ses rampes d'éclairage, sa verrière, son bar en marbre, ses miroirs et ses casiers à vins.

San Francisco recèle tellement de restaurants indépendants que vous avez peu de raisons ne serait-ce que de songer à prendre la direction d'une salle à manger d'hôtel. Mais comme toujours, l'exception confirme la règle, et le **Silks** *($$$$; fermé sam-dim; 222 Sansome Street, ☎ 885-0999)*, un restaurant mandarin exclusif, en est une de taille. Enveloppé d'un doux amalgame de rouges et d'ors, et rehaussé de sculptures et de peintures contemporaines signées par de grands artistes, il affiche une élégance feutrée. Menu de cuisines californienne et asiatique, entre autres de bar rayé flambé, de pigeonneau rôti et de filet mignon, tous apprêtés en regard d'un savant mélange des deux cultures.

 AUTOUR DE L'EMBARCADERO

Le moderne **Fog City Diner** *($$; 1300 Battery Street, ☎ 982-2000)* est sans aucun doute le *diner* le plus huppé qu'il vous sera jamais donné de voir. Admirez d'abord les courbes Art déco, les néons et le carrelage en damier de sa façade, puis engouffrez-vous dans la salle aux murs garnis de panneaux de bois et de laiton de ce restaurant qui rappelle un wagon de luxe de l'*Orient Express*. Axé sur la cuisine californienne, son menu change au gré des saisons, quoique les propositions d'un jour donné soient valables pour le déjeuner comme pour le dîner. Lorsque nous y étions, il s'agissait entre autres, en entrée, de flan à l'ail agrémenté de champignons, de *quesadillas* aux poivrons et aux amandes, et de beignets de crabe, tandis que, parmi les plats principaux, figuraient un bifteck de hampe arrosé d'une sauce japonaise, des cailles rôties, des côtelettes de porc sauce au gingembre et aux pommes, un bœuf braisé et du foie de veau. Devant un tel étalage, que pourrions-nous ajouter sinon que vous avez tout intérêt à réserver suffisamment à l'avance.

L'un des restaurants à la mode de Hong Kong les plus raffinés et les plus authentiques de San Francisco ne se trouve pas dans le quartier chinois, mais plutôt dans un angle de l'Embarcadero Center. Le **Harbor Village** *($$; 4 Embarcadero Center, ☎781-8833)* sert de succulents mets cantonais tels que poulet rôti juteux et croustillant, poisson-chat à l'étuvée et potage d'aileron de requin dans un élégant décor d'antiquités chinoises et de meubles en bois de teck. À l'heure du déjeuner, l'éventail de plats dont se compose le *dim sum* compte parmi les meilleurs en ville.

Le **Harry Denton's Bar & Grill** *($$; 161 Steuart Street, ☎ 882-1333)* vous donnera l'impression d'entrer dans un de ces saloons qu'on trouvait à San Francisco au tournant du siècle. Des tentures rouge rubis enveloppent les fenêtres, tandis que le salon est rehaussé d'un petit piano à queue et d'un bar en acajou à la mode d'autrefois. Vous pouvez vous installer sur la mezzanine pour observer le travail des chefs à l'œuvre dans la cuisine modèle, ou dans la salle à manger principale, d'où s'offre à vous une vue spectaculaire sur la baie. On y élabore des favoris de toujours tels que poulet fermier rôti sur bois de chêne, canard de Pékin, bœuf braisé garni d'une purée de pommes de terre au babeurre, et *cioppino*. Au dessert, laissez-vous tenter par la crème brûlée et le gâteau «Almost Better Than Sex» (presque meilleur que le sexe). Du jeudi au samedi, la salle à manger principale se transforme en dancing à compter de 22 h 30.

Pour une expérience culinaire unique au bord de l'eau, foncez tout droit sur le **Pier 23 Cafe** *($$; Pier 23, ☎ 362-5125)*, une petite cabane nichée entre le Fisherman's Wharf et le centre-ville. L'endroit est certes original, mais tout de même très joli avec ses nappes en tissu blanc et ses serviettes de table assorties. Prenez votre repas à l'intérieur ou sur l'immense terrasse qui domine la baie. Ce restaurant se spécialise dans les produits de la mer et propose tous les jours six ou sept plats de poisson différents. L'entrée de calmars frits et le crabe au four, relevé d'ail, de persil et d'une trempette au beurre, comptent parmi les plats les plus appréciés.

 LE CHINATOWN

Les végétariens se tournent invariablement vers le **Lotus Garden** *($; fermé lun; 532 Grant Avenue, ☎ 397-0707)*, un adorable petit restaurant dont l'étage supérieur abrite un temple taoïste; tapissé de murales asiatiques et garni d'autels richement ornés, il offre un répit serein du trépidant Chinatown. Le restaurant lui-même se veut d'ailleurs tout aussi paisible, et, outre les mets chinois traditionnels (végétariens), il sert des plats exotiques tels que potage de maïs doux et de champignons des neiges ou feuilleté de gluten tranché et arrosé d'amer citron.

D'entre les restaurants petit budget de San Francisco, le **Sam Wo** *($; 813 Washington Street, ☎ 982-0596)* est un classique, et vous y vivrez une aventure peu commune. Son entrée en est aussi la cuisine, elle-même un simple couloir encombré de marmites, de tuyaux de poêle, de cuisiniers et d'effluves fumants. Le menu est étendu, et la nourriture, assez bonne pour le prix.

Si vous êtes en quête d'un repas de luxe dans le cœur du Chinatown, vous ne trouverez pas de meilleur endroit que l'**Empress of China** *($$$-$$$$; 838 Grant Avenue, ☎ 434-1345)*. Établi au sommet du China Trade Center, où plus rien ne se dresse entre vous et le ciel, ce restaurant s'impose comme un véritable temple culinaire. Ses salles à manger se parent d'antiquités sculptées, et son maître d'hôtel vous accueille en smoking. Le déjeuner débute par des entrées telles que beignets à la mode de Shanghai et cailles sur gril pour enchaîner avec un poulet aux litchis ou un bœuf de Mandchourie. Quant au dîner, il relève de la plus pure extravagance, offrant un assortiment impérial de plats de poulet, de canard, d'agneau, de crustacés, de porc et de bœuf. Portez également une attention spéciale aux spécialités uniques de la maison : agneau mille-fleurs apprêté au gingembre aigre-doux, homard *see jup* arrosé d'une sauce aux haricots noirs et *dragon phœnix*, un pot-pourri de crevettes, de poulet et d'oignons sautés au vin.

Il va sans dire que, dans le quartier chinois, l'expérience ultime consiste à prendre part à un *dim sum*. Plutôt que de choisir vos plats à partir d'un menu, vous les sélectionnez à même des chariots sur roues chargés de délices fumants. Un convoi ininterrompu de serveuses défile devant votre table et vous propose à qui mieux mieux des nouilles *won ton*, des bouchées de porc et des boulettes de viande chinoises. À vous de composer votre repas (petit déjeuner ou déjeuner, par tradition) selon vos fantaisies et l'éventail de portions individuelles qui vous sont proposées.

Nombre d'établissements proposant ce genre de repas se révèlent caverneux et pauvrement décorés, un peu comme de simples cafétérias. Mais chacun d'eux possède une caractère unique et puise son atmosphère et sa chaleur aux foules qui s'y engouffrent. Ne vous laissez pas tromper par les façades sillonnées de tubes fluorescents, car une aventure typiquement asiatique vous attend dans ces palaces. Surveillez toutefois les prix, car, bien que la majorité des plats ne coûtent que deux ou trois dollars, vous pouvez facilement perdre le compte au fil des merveilles que vous engloutissez les unes après les autres. À titre indicatif, les adresses que nous vous fournissons ci-après devraient vous permettre de vous offrir un repas à prix modéré, à moins que vous ne deveniez complètement dingue de la formule *dim sum*!

L'**Oriental Pearl** *($; 760-778 Clay Street, ☎ 433-1817)*, qui domine le Portsmouth Square du haut du premier étage d'un édifice comparable à beaucoup d'autres, vous convie à un *dim sum* raffiné, voire gastronomique, un cran au-dessus de ceux généralement proposés par les maisons de thé du Chinatown. On commande ici son *dim sum* à partir d'un menu, ce qui permet de se concentrer sur la nourriture et la conversation sans être constamment distrait par le contenu de chariots qui ne cessent de défiler. Des délices tels que beignets de crevettes et de pétoncles, rognons de porc et boulettes de poulet émergent tout chaud de la cuisine. Qui plus est, des nappes blanches en tissu, des chaises en acajou et une musique chinoise classique égayent cette paisible oasis, à mille lieues des bruits et de l'animation du Chinatown.

L'un des plus vastes menus *dim sum* de la ville vous est proposé par le **J&J Restaurant** *($-$$; déjeuner seulement; 615 Jackson Street, ☎ 981-7308)*, très prisé de la communauté asiatique. Et pour cause, puisqu'il y en a pour tous les goûts, des beignets aux ailerons de requin aux croustillants chaussons *taro*. Régalez-vous de rouleaux printaniers, de rognons de porc cuits sur le gril, d'amusants petits pains au poulet et d'un fabuleux assortiment de desserts. La salle à manger, qui accueille de nombreuses familles, présente un décor hétéroclite où se mêlent lustres et rampes d'éclairage, parsemé d'aquarelles chinoises.

Au **Royal Jade** *($-$$; 675 Jackson Street, ☎ 392-2929)*, vous pouvez monter à l'étage et prendre place autour de grandes tables recouvertes de nappes blanches en tissu. Le menu *dim sum* porte sur environ 40 préparations, parmi lesquelles des beignets aux pétoncles cuits à l'étuvée, des médaillons de porc barbecue, des petites côtes de porc, des poivrons farcis, des petits pains aux œufs ainsi que des crêpes de nouilles aux crevettes.

L'un des grands favoris se perd dans une allée située au nord de l'avenue Grant. Personnelle mais sans prétention, plus intime que caverneuse, la **Hang Ah Tea House** *($$; 1 Hang Ah Street, ☎ 982-5686)* fait figure de trouvaille exceptionnelle. La salle à manger arbore des sculptures chinoises sur bois et des tables en fibre de verre. On y sert des repas mandarins complets, de même qu'une variété de portions *dim sum*, et il justifie à lui seul une balade exploratoire à travers les ruelles du Chinatown.

 NORTH BEACH

Dîner au **Helmand** *($$; 430 Broadway Street, ☎ 362-0641)*, c'est un peu visiter la demeure d'une famille afghane bien nantie. Tapis afghans, magnifiques lustres et peintures confèrent une touche d'élégance aux lieux, et la nourriture est de tout premier ordre. Offrez-vous un festin de carré d'agneau grillé, de poulet rôti et de nombreux mets végétariens. Le *qushak*, un plat de raviolis afghans farcis au poireau et garnis de bœuf haché mariné dans du yogourt, risque de conquérir vos papilles gustatives au point d'en redemander. Une véritable trouvaille perdue parmi les bars de strip-tease malfamés de Broadway.

Chez **Little Joe's and Baby Joe's** *($$; 523 Broadway Street, ☎ 982-7639)*, la nourriture est fabuleuse, et préparée sous vos yeux par certains des plus grands artistes de la ville. Installés devant une rangée de poêles à frire surdimensionnées, ces jongleurs hors pair touchent rarement une spatule; d'un coup de poignet habile, ils préfèrent en effet faire valser allègrement le veau, les biftecks et les calmars pour ensuite les rattraper avant qu'ils ne retombent. Ce restaurant sert par ailleurs de délicieux poissons, du poulet rôti et des plats de saucisse, tous accompagnés de pâtes et de légumes frits. Particulièrement fréquenté, surtout les fins de semaine.

Au moins une fois au cours de votre visite de North Beach, vous devriez dîner dans un restaurant italien de type familial. Éparpillés à travers le quartier, ces établissements possèdent en effet une couleur locale que vous ne retrouverez pas dans les nouveaux restaurants chic des environs. Arrêtez par exemple votre choix sur le **Capp's Corner** *($$; fermé le midi les fins de semaine; 1600 Powell Street, ☎ 989-2589)*, une institution locale rehaussée de photographies de vedettes, de photographies de vedettes et... de photographies de vedettes. Au dîner, la table d'hôte comprend le potage, la salade, les pâtes d'accompagnement, le plat principal et le dessert, soit plus de nourriture que vous ne pouvez consommer en une journée (que dire d'un repas?). Le poulet *cacciatore*, l'osso buco, les fettucine aux crevettes et le gigot d'agneau méritent une mention particulière.

De la cuisine basque traditionnelle à San Francisco? C'est pourtant bien ce que vous trouverez au **Des Alpes Restaurant** *($$; fermé lun; 732 Broadway Street, ☎ 391-4249)*, un établissement pourvu d'un petit bar à l'entrée et de tables recouvertes de nappes cirées qui sert des dîners complets. Le menu se limite à quelques plats par soir, de sorte que vous voudrez peut-être téléphoner au préalable pour connaître les propositions du chef. Vous pourrez y déguster, entre autres, du poulet accompagné de riz, du rôti d'agneau et du filet mignon émincé, le repas comprenant aussi la soupe, la salade, le café et le dessert. Un bon endroit pour un repas de type familial.

La revue *New Yorker* a un jour qualifié le **Hunan Restaurant** *($$; 924 Sansome Street, ☎ 956-7727)* de «meilleur restaurant chinois du monde». L'affirmation est de taille, et difficile à justifier aux antipodes de Pékin, mais on peut dire sans risque de se tromper qu'il s'agit d'un des meilleurs que San Francisco ait à offrir. Mais entendons-nous bien : nous parlons de cuisine, et non d'ambiance, puisque l'atmosphère du Hunan se caractérise surtout par le bruit et la foule qui s'y presse. Vous y trouverez en outre un bar et une salle à manger contemporaine décorée de photos couleur. Quant à la nourriture, fumante, épicée et savoureuse à souhait, elle vous transportera d'emblée dans un autre univers. De votre table, vous pourrez observer les maîtres cuisiniers en train de faire danser leurs woks, de concocter leurs sauces piquantes et de garnir leurs plats de soja de sauce à la viande, de pétoncles à la mode du Hunan et d'une kyrielle d'autres délices. Une expérience culinaire qui vaut largement son pesant d'or.

Le fait qu'on puisse avoir envie de dîner à un endroit fréquenté par des écrivains recèle sans doute sa part de mystère, mais si le cœur vous en dit et que votre estomac ne lui oppose aucune objection, rendez-vous au **Washington Square Bar & Grill** *($$-$$$; 1707 Powell Street, ☎982-8123)*. Cette plaque tournante littéraire est souvent remplie de romanciers, de journalistes et de scribes en herbe qui viennent y bavarder ou simplement s'imprégner de l'atmosphère, comme savent si bien le faire tous les gratte-papier. Vous les verrez passer du bar à rampe de laiton à la salle à manger, dont le menu du midi et du soir change tous les jours. On met ici l'accent sur les pâtes, le veau et les fruits de mer. Tout compte fait, il s'agit d'un excellent restaurant, et d'un bar encore plus fabuleux.

Certaines des meilleures pizzas en ville vous attendent au **Tommaso's Neapolitan Restaurant** *($$$; dîner seulement; fermé lun; 1042 Kearny Street, ☎ 398-9696)*, dont les chefs s'affairent autour d'un four sans cesse alimenté de bois de chêne. Leurs créations ont d'ailleurs permis à ce minuscule établissement de figurer dans plusieurs revues d'envergure nationale. En y mettant les pieds, vous aurez tôt fait de comprendre que c'est la nourriture, et non le décor, qui retient ici l'attention. Vous aurez en effet l'impression de pénétrer dans une grotte parsemée de banquettes et tapissée de pièces murales; l'endroit est sombre, rempli de vapeur et parcouru de parfums invitants. Le cinéaste Francis Ford Coppola s'y rend à l'occasion, mais aussi tous les autres amateurs de pizzas et pâtes.

S'il est un endroit à San Francisco qui élève un repas au rang de la grande aventure, c'est bien le **Caffe Sport** *($$$; fermé lun-mar; 574 Green Street, ☎ 981-1251)*. Déjà l'endroit s'annonce un pâté de maisons avant que vous ne l'atteigniez, que ce soit par les effluves d'ail dont il assaille la rue Green ou par son immanquable façade d'un orangé criard. Puis, une fois rendu à l'intérieur, vous découvrirez un cauchemar baroque, puisque la salle révèle un salmigondis de bric-à-brac : photos défraîchies, candélabres ringards et «antiquités» des années voisines de 1972. Ajoutez à cela une chaleur et une humidité indescriptible, une foule inconcevable et des serveurs remarquablement rudes, et vous obtenez un endroit... incroyable. Que peut-on en dire d'autre, sinon que vous l'adorerez. Réputé pour ses pâtes, il ne donne pas non plus sa place en ce qui a trait aux fruits de mer servis à l'italienne. Les calmars sont proposés de différentes façons, et les cuisiniers font des merveilles avec le homard, le crabe, les pétoncles, les crevettes et les palourdes. Réservations recommandées.

À North Beach, qui dit «dessert» dit «glaces italiennes», et peu d'endroits en font de meilleures que **Gelato Classico** *(576 Union Street, ☎ 391-6667)*. Crémeuses et consistantes, les glaces italiennes sont préparées sans air, ce qui les rend plus denses et plus savoureuses que d'autres. Chez Gelato, on y incorpore en outre des fruits frais et divers autres ingrédients naturels qui en rehaussent le goût incomparable. En été, vous aurez droit à des fraises, à des bleuets (myrtilles), à des cerises de Bourgogne et à des framboises. Le reste de l'année, les fruits de saison sont remplacés par une variété de saveurs allant de la *coppa mista* à la banane en passant par le bon vieux chocolat et la vanille (directement extraite des gousses de vanille, il va sans dire). *Viva Italia!*

Quelques restaurants uniques

Laissez la voyante à demeure vous lire les lignes de la main au **Mad Magda's Russian Tea Room & Café** *($)* après y avoir englouti un bon bol de borsch maison. (Voir p 169.)

Imprégnez-vous de l'essence des Antilles au **Cha Cha Cha** *($$)*, dont la musique et la nourriture auront tôt fait de vous transporter dans les îles. (Voir p 191.)

Joignez-vous aux foules qui, au déjeuner comme au dîner, envahissent le **Restaurant Lulu** *($$-$$$)*, un petit établissement réputé pour sa rôtisserie de brique. (Voir p 173.)

Offrez-vous les délices sans pareils du **Silks** *($$$$)*, où l'Orient rencontre l'Occident dans un cadre d'une élégance feutrée. (Voir p 176.)

Le cœur de North Beach bat dans ses cafés. Lieux de rencontre des Italiens locaux, ces bistros de quartier prennent aussi des allures littéraires. Entrez dans l'un ou l'autre des petits établissements que vous croiserez ici sur votre chemin, et il y a fort à parier que vous entendrez un Italien d'un certain âge entonner un air d'opéra ou que vous verrez un écrivain en herbe avec un carnet de notes dans une main et un express dans l'autre.

C'est aussi dans ces cafés que vous trouverez les meilleurs petits déjeuners à la française de North Beach, quoique vous puissiez commander un croissant ou un cappuccino à toute heure du jour ou de la soirée. Détendez-vous, et admirez le paysage humain des alentours. Au premier rang de ces bistros où l'on vient prendre le pouls du quartier, le **Caffe Trieste** *(609 Vallejo Street, ☎ 392-6739)* s'impose comme un ancien rendez-vous de *beatniks*. Retenons également le **Caffe Puccini** *(411 Columbus Avenue, ☎ 989-7033)* et le **Bohemian Cigar Store** *(566 Columbus Avenue, ☎ 362-0536)*, qui donne directement sur le square Washington.

AUTOUR DU FISHERMAN'S WHARF

Dîner au Fisherman's Wharf n'est pas sans entraîner de frais, car les restaurants de ce quartier on ne peut plus touristique pratiquent des prix quelque peu excessifs. Mais en cherchant bien, il demeure possible d'obtenir un bon repas à un prix raisonnable et, qui plus est, dans un établissement bien vu. Cela dit, la formule la plus simple consiste naturellement à manger directement sur la rue, à l'un des **comptoirs de fruits de mer** disposés le long de la rue Jefferson. Ils font partie de la tradition des quais, et datent d'une époque reculée à laquelle les pêcheurs de la baie s'y restauraient volontiers. Aujourd'hui, ils donnent l'occasion aux visiteurs de goûter les prises du jour, qu'il s'agisse de crabe, de crevettes ou de calmars.

À la **Boudin Bakery** *($; 156 Jefferson Street, ☎ 928-1849)*, vous pourrez goûter le fameux pain au levain, si cher aux habitants de San Francisco. Ce pain français au goût relevé, un aliment de base dans cette partie du monde, bénéficie d'une popularité toute particulière dans les restaurants de fruits de mer. La boulangerie Boudin a eu tout le temps nécessaire pour adapter sa recette au goût local puisqu'elle s'est établie en 1849.

Situé entre le Fisherman's Wharf et North Beach, le **Café Francisco** *($; 2161 Powell Street, ☎ 397-2602)* profite du meilleur des deux mondes, car, tout en se trouvant à distance de marche de l'eau, il conserve une allure bohème. Ce bistro à la mode, tout indiqué pour un repas léger et peu coûteux, sert des salades et des sandwichs au déjeuner, tandis que, le matin, son bar express propose aussi bien des petits déjeuners à la française que des assiettes d'œufs au bacon. Il attire en outre beaucoup de gens des alentours par ses expositions temporaires d'œuvres d'artistes locaux.

L'**Eagle Café** *($; Pier 39, ☎ 433-3689)* est un vieux de la vieille. Il fait à tel point partie du décor de la ville qu'un projet susceptible d'entraîner sa démolition, il y a de cela plusieurs années, avait soulevé un tollé général. Ainsi, plutôt que de raser la vieille construction à charpente de bois, on l'a déplacée d'un bloc, avec tout ce qu'elle contenait, pour la déposer au-dessus du centre commercial du Pier 39. Résultat : ce bistro d'une grande simplicité, désormais entouré de rutilantes boutiques à vocation touristique, ressemble aujourd'hui à une autruche perdue dans les coulisses d'un concours de beauté. Ses murs se couvrent d'anciennes photos noir et blanc, de casquettes de base-ball des Eagles et d'une foule d'autres souvenirs. Pour tout dire, le bar est plus populaire que le restaurant; en effet, qui songerait à manger quand il peut boire un coup à la santé de cette bonne vieille San Francisco? Pour votre information, le bar est ouvert toute la journée et une bonne partie de la nuit, tandis que le restaurant ne sert que les repas du matin et du midi.

L'**Albona Ristorante Istriano** *($$; dîner seulement; fermé dim-lun; 545 Francisco Street, ☎ 441-1040)* est un simple établissement en façade qui se donne volontiers des airs de grandeur, l'un de ces petits restaurants à la fois modestes et à la page où l'on peut savourer des mets italiens et centre-européens. Son intérieur révèle un mélange de miroirs biseautés, de nappes blanches, de banquettes bordeaux et de fleurs fraîches. Aussi le menu, pour ne pas être en reste, propose-t-il de la choucroute braisée au prosciutto, des gnocchis frits à la poêle et divers plats exotiques tels que *peppo di pollo* (poulet rôti arrosé de sherry) et *brodetto alla Veniziana* (ragoût ou potage de poisson).

Nous croiriez-vous si nous vous disions qu'il existe un restaurant caché sur le touristique Fisherman's Wharf? Il s'agit du cordial **Scoma's** *($$-$$$; Pier 47, près du point où débute la rue Jones, ☎ 771-4383)*, et son mot de passe est «fruits de mer». Vous y dégusterez du *cioppino alla pescatore* (une sorte de bouillabaisse sicilienne), du *calamone alla anna* (de la pieuvre apprêtée «d'une tout autre façon»), de même que, tradition oblige, de la sole, du vivaneau, des crevettes et des pétoncles. Il y a même des queues de homard et du crabe dormeur.

Lorsqu'il s'agit de capturer les scènes, les sons et les goûts des quais de San Francisco, il n'y a pas mieux que le Scoma's. Mais dès qu'il est question de mets épicés de l'autre bout du monde, on songe immédiatement au **Gaylord India Restaurant** *($$-$$$; 900 North Point Street, ☎ 771-8822)*. De l'angle qu'il occupe sur le square Ghirardelli, cet établissement à la mode bénéficie d'une vue saisissante sur la baie de San Francisco. Il affiche en outre un menu varié qui comprend aussi bien du poulet tandouri et de l'agneau épicé que des plats entièrement végétariens tels qu'aubergines cuites au four, potages de lentilles crémeux et assiette de chou-fleur et de pommes de terres épicés. Grâce à ses œuvres d'art inusitées, à son statuaire asiatique et à ses nombreuses plantes, le Gaylord s'enveloppe d'une atmosphère chaleureuse qui se marie très bien à sa délicieuse cuisine.

Propre, frais et classique, voilà sans doute les qualificatifs qui décrivent le mieux le **McCormick & Kuleto's** *($$-$$$; 900 North Point Street, ☎ 929-1730)*, un restaurant de fruits de mer fort prisé du square Ghirardelli. Le bois naturel domine son décor, rehaussé de nappes blanches en tissu et de lampes en fausses carapaces de tortue suspendues au plafond; mais le point de mire n'en demeure pas moins la vue spectaculaire sur la baie qu'offrent les fenêtres panoramiques. Quant au menu, très étendu, il change chaque jour au gré des prises, et comporte des spécialités telles que beignets de langoustine, pâtes aux fruits de mer, *ahi* flambé, saumon fumé à l'aune et filet de bar grillé sur bois de prosopis. La carte des vins est aussi très impressionnante.

UNION STREET

Le **Joji's House of Teriyaki** *($; 1919 Union Street, ☎ 563-7808)* fait figure de percée dans l'onéreuse muraille de la rue Union, et sert de fabuleux mets japonais et américains à des prix imbattables. Outre les éponymes plats *teriyaki*, vous y trouverez des *sashimis* et une assiette végétarienne, sans parler des hamburgers, des sandwichs et des salades. Au petit déjeuner, l'astucieux propriétaire vous comblera avec son «œuf McJoji» sur muffin anglais, garni de jambon et de fromage fondu, à moins que vous ne préfériez l'une des nombreuses omelettes ou des œufs préparés d'une autre façon. Un bon choix à toute heure du jour.

Le petit restaurant américain par excellence du quartier est sans contredit le **Mel's Drive In** *($; 2165 Lombard Street,*

☎ 921-3039), un classique des années cinquante avec juke-box à boutons-poussoirs et affiches de voitures de cette époque. Nul besoin de vous dire qu'on mange ici des hamburgers, des hot dogs et du *chili con carne*. Si vous désirez quelque chose de plus nourrissant, laissez-vous tenter par le pain de viande ou la *ground round plate* (assiette de bœuf haché), et n'oubliez pas de commander une portion de *lumpy mashed potatoes* (purée de pomme de terre grumeleuse) ou de *wet fries* (frites arrosées de sauce brune) pour accompagner le tout.

Sur Chestnut Street, à quelques rues seulement du chic corridor de la rue Union, vous dénicherez le **Judy's Café** *($-$$; fermé le soir; 2268 Chestnut Street,* ☎ *922-4588)*. Ainsi qu'en fait foi la foule qui s'y rue chaque midi, il s'agit d'un excellent choix à l'heure du déjeuner. Petit et intime, il se pare de lampes en osier, de nappes en tissu et de plantes. Installé au balcon, vous pourrez profiter des sandwichs et des omelettes du jour. Judy vous propose aussi ses petits déjeuners et son brunch du dimanche.

Sous ses rampes de laiton et ses murs recouverts de miroirs, le **Prego** *($$; 2000 Union Street,* ☎ *563-3305)* est on ne peut plus moderne. Son intérieur milanesque renferme un four en brique servant à la préparation de nombreux mets italiens. Il y a aussi de l'agneau braisé, des côtelettes de veau et du poisson frais. Les pâtes sont faites sur place, et la pizza est agrémentée de tous les ingrédients imaginables, du prosciutto aux artichauts en passant par les courgettes et l'aubergine. Très chic et fortement recommandé.

Le **Doidge's** *($$; 2217 Union Street,* ☎ *921-2149)* s'impose comme le favori de tous à l'heure du petit déjeuner. D'aucuns prétendent que sa réputation est surfaite, mais ils semblent constituer une minorité négligeable. L'un de ses grands atouts tient de ce qu'il sert des petits déjeuners jusqu'au milieu de l'après-midi. Donc, si l'envie vous prend d'une omelette, de crêpes au babeurre, de pain perdu (pain doré) ou d'un œuf bénédictine, ne cherchez pas plus loin. Réservations recommandées.

L'histoire du **Plump Jack Balboa Café** *($$; 3199 Fillmore Street,* ☎ *921-3944)* s'avère presque aussi riche que son décor de laiton, de chêne et de verre teinté. En activité depuis 1914, il se spécialise dans la cuisine californienne, et son menu varie entre le déjeuner et le dîner avec, entre autres, du poisson frais, des côtelettes de porc et des fettucine au saumon fumé. En entrée, essayez les beignets de crabe et les crevettes frites. Un restaurant splendide.

Pour des mets asiatiques à bon prix, songez à la **Yukol Place Thai Cuisine** *($$; fermé le midi sam-lun; 2380 Lombard Street, ☎ 922-1599)*. À l'heure du déjeuner, il vous suggère des légumes sautés, un curry de poulet, des crevettes à l'ail ou des croquettes de poisson thaïlandaises. Le dîner élargit cette sélection en ajoutant des moules frites au piment, du poulet au gingembre et du porc sauté. Il s'agit d'un restaurant confortable.

Au royaume des restaurants japonais, l'**Aya** *($$; fermé lun; 2084 Chestnut Street, ☎ 929-1670)* fait volontiers diversion, avec sa salle à manger ultramoderne, son décor désign et son jardin à l'orientale. Cuisine variée de *sashimis*, de plats *teriyaki*, mais aussi de mets qui n'appartiennent pas à la tradition japonaise, comme cette rascasse noire marinée dans une sauce au *miso* (en saison).

De niveau comparable au précédent, mais servant pour sa part des mets italiens, le **Ristorante Parma** *($$; fermé dim; 3314 Steiner Street, ☎ 567-0500)* ne s'en trouve qu'à une rue. Ce minuscule établissement paré de glaces murales et de banquettes en similicuir propose chaque soir de populaires plats d'Europe méridionale, qu'il s'agisse d'aubergines *scallopine*, de veau farci, de *saltimbocca*, de crevettes à l'ail et au beurre de citron ou de *petrale* au four.

Le tout petit **Bonta** *($$; fermé lun; 2223 Union Street, ☎ 929-0407)* se présente comme une intime trattoria entourée d'une authentique aura italienne. Pâtes maison, poisson frais et viandes grillées composent l'essentiel du menu, mais certaines entrées (dont celles au riz) méritent un détour certain.

Au **Luisa's** *($$-$$$; 1851 Union Street, ☎ 563-4043)*, l'éclairage à la chandelle et les bouteilles de Chianti suspendues un peu partout créent une atmosphère romantique et invitante. Sa cuisine italienne met entre autres en vedette les linguine aux calmars et l'osso buco, mais elle présente également de nombreux plats de pâtes, tels les gnocchis et le pain maison.

L'un des meilleurs restaurants de fruits de mer de San Francisco, le **Scott's** *($$-$$$; 2400 Lombard Street, ☎ 563-8988)*, devrait incontestablement figurer parmi les adresses où vous vous devez de dîner au cours de votre séjour. Son bar lambrissé de chêne, ses nappes blanches et ses éclairages tamisés créent une atmosphère invitante. Quant à la nourriture, elle est tout simplement fabuleuse, qu'il s'agisse de crabe déjà apprêté, de *cioppino*, de saumon poché, de calmars frits ou du «ragoût du pêcheur». Au déjeuner, ce sont les traditionnelles soupes, étuvées et salades, auxquelles s'ajoutent des plats de poisson frais. On sert aussi de la viande, mais venir ici pour manger un steak, c'est un peu comme aller à la pêche sur un ranch.

Au goût du jour, français, intime et inventif, **La Folie** *($$$-$$$$; dîner seulement; fermé dim; 2316 Polk Street, ☎ 776-5577)* possède tous les ingrédients propres à un petit restaurant typique de San Francisco. Les riches sauces françaises d'antan y ont été remplacées par des salades et des purées de légumes, et le menu comprend des spécialités telles que rôti de cailles, pigeonneau farci de champignons sauvages et enveloppé de croustillantes languettes de pomme de terre, saumon grillé au raifort et cœurs de céleri en croûte au vin blanc garnis de mini-légumes.

 PACIFIC HEIGHTS

Bien que le quartier de Pacific Heights soit essentiellement résidentiel, vous trouverez des restaurants autour d'Upper Fillmore et sur la rue Sacramento, deux secteurs bourgeois truffés d'établissements gastronomiques. La meilleure façon de les découvrir consiste à parcourir les environs.

Upper Fillmore s'étend de Bush Street à Jackson Street, enserrée entre un quartier ouvrier et le chic quartier de Pacific Heights à proprement parler. Cependant, son atmosphère emprunte davantage à ce dernier qu'au premier, et les bons restaurants y sont légion. La majorité d'entre eux se distinguent par des auvents en toile, des enseignes et des vitrines peintes à la main, des rampes de laiton et des menus variables.

À l'**Oritalia** *($$; 1915 Fillmore Street, ☎ 346-1333)*, un minuscule restaurant en façade, l'Orient rencontre l'Occident. Fidèle à la culture asiatique, le décor reste feutré : nappes blanches, baguettes chinoises sur les tables, gros bouquets de fleurs en différents points de la salle à manger, sans oublier une cuisine modèle. La nourriture se veut toutefois beaucoup plus extravagante, puisqu'elle marie avec éclat les saveurs asiatiques et européennes. Les «petits plats» du chef comprennent du poulet fumé *mu shu* accompagné de crêpes Mandarin de blé entier, de même qu'un tartare de thon aux poires d'Asie et aux oignons agrémenté de beignets de riz gluant. Au chapitre des pâtes, il faut retenir les gnocchis aux crevettes, à la coriandre et à la crème gingembrée, garnis de caviar *tobiko*, tandis que les «grands plats» se tournent vers le saumon poché au miso et le steak grillé aux longues fèves chinoises.

L'un des plus intéressants est sans doute l'**Élite Café** *($$-$$$; 2049 Fillmore Street, ☎ 346-8668)*, un chic établissement pourvu de ventilateurs de plafond et de banquettes intimes en chêne. Ouvert le soir et le dimanche midi (brunch), l'Élite se spécialise dans la cuisine cajun. En entrée : soupe au gombo et huîtres du golfe. Quant aux plats principaux, ils changent régulièrement, mais peuvent comprendre du poisson noirci, du filet mignon au beurre cajun, des saucisses de poulet maison, du *jambalaya* ou du bar grillé au beurre de pacane.

 LE JAPANTOWN

Le Japan Center Building abrite plusieurs restaurants japonais, y compris un *shokuji dokoro* (ou bistro traditionnel), du nom de **Koji Osakaya** *($$; 1737 Post Street, ☎ 922-2728)*. Atmosphère maniérée et réservée. La tradition japonaise à son meilleur.

Las des comptoirs de sushis sans éclat et des communes assiettes d'oursin? Alors ne manquez pas l'**Isobune** *($$; 1737 Post Street, ☎ 563-1030)*. Les sushis y défilent devant vous dans de petites barques en bois le long d'un canal miniature. Vous n'avez qu'à prendre place au comptoir et à décharger la cargaison de votre choix au passage. La sélection est alléchante, et vous pouvez toujours compléter le tout par une soupe ou un sashimi.

Aussi bien recommandé par les gens du coin que par les fines bouches, le **Sanppo Restaurant** *($$; fermé lun; 1702 Post Street, ☎ 346-3486)* sert une excellente nourriture à bon prix. Outre d'exceptionnels sushis, il vous propose du steak au citron, du poulet à l'ail, du *chanko nabe* (plat de poisson, de poulet et de légumes), des tempuras et des plats *donburi*. Le décor ne paie pas de mine et rappelle celui d'un simple café, mais la cuisine est digne des grands établissements. Un trois étoiles dans le quartier.

 HAIGHT-ASHBURY

Mettre les pieds au **Kan Zaman** *($$; fermé le lundi midi; 1793 Haight Street, ☎ 751-9656)*, c'est comme entrer dans un conte des *Mille et Une Nuits*. Les éclairages sont tamisés, et les murs sont couverts de scènes du désert arborant d'apaisantes couleurs de terre. Laissez-vous choir sur les grands coussins confortables posés sur le sol autour des tables basses, et régalez-vous de couscous, de falafels, de feuilles de vigne et d'autres délices d'Orient. Après votre dîner, vous pourrez même, si vous le désirez, vous offrir un narguilé bourré de tabac à l'abricot, au miel ou aux pommes.

Le **Cha Cha Cha** *($$; 1801 Haight Street, ☎ 386-5758)*, où les petits sanctuaires illuminés accrochés aux murs de brique noire s'entrecoupent d'autels *santería*, mêle mystérieusement les saveurs latines et antillaises en proposant, par exemple, du poulet *jerk* jamaïquain sur un lit de riz blanc ou des crevettes cajuns arrosées d'une sauce crémeuse et épicée. Comble de bonheur, la plupart des inscriptions au menu portent sur des plateaux de type *tapas* qui vous permettront de goûter à plusieurs plats.

 LES QUARTIERS GAYS

Le **Hot 'N' Hunky** *($; 4039 18ᵗʰ Street, ☎ 621-6365)*, un comptoir de hamburgers d'une conception sans reproche, attire aussi bien les gays que les lesbiennes, qui n'hésitent pas à s'y rendre en foule de 11 h à minuit (jusqu'à 1 h le vendredi et le samedi). Décor classique de *diner* : sol carrelé de noir et de blanc, tables en stratifié, juke-box central et photos de Marilyn Monroe aux murs. On sert ici 17 variétés de hamburgers, mais aussi des hot-dogs et des sandwichs.

Pour un repas rapide ou un casse-croûte entre deux bars, arrêtez-vous au **Tom Peasant Pies** *($; 4117 18ᵗʰ Street, ☎ 621-3632)*, qui possède quelques tabourets disposés autour d'un comptoir quoiqu'on commande surtout pour emporter. Bon choix de tartes et pâtés, entre autres aux palourdes et aux tomates, à la ratatouille et au riz brun, aux poireaux et aux poivrons rouges, aux champignons et aux courgettes, au chocolat et aux amandes, aux pommes et à la cannelle...

Après une représentation de cinéma tardive au Castro Theater, songez à l'**Orphan Andy's** *($; 3991 17ᵗʰ Street, ☎ 864-9795)*, l'un des rares restaurants de San Francisco qui soit ouvert jour et nuit. Décoré à la mode des années cinquante, avec un comptoir et des banquettes en similicuir, il propose de bons hamburgers, sandwichs, omelettes et autres plats de bistro.

Le **Cafe Flore** *($; 2298 Market Street, ☎ 621-8579)*, qui jouit d'une popularité sans pareille auprès des habitants du quartier, possède une terrasse à demi fermée d'où l'on peut observer à loisir le va-et-vient de la rue Castro. À l'intérieur, le sol est carrelé, et l'atmosphère, décontractée. Vous commandez à la fenêtre à partir d'un menu rédigé sur une ardoise qui comprend des soupes, des pâtes, des sandwichs et des hamburgers. Vous y trouverez en outre un bar express.

Le **Red Dora's Bearded Lady Women's Café** *($; 485 14ᵗʰ Street, ☎ 626-2805)* est à la fois un lieu où l'on se retrouve volontiers pour partager un repas sans façon et un lieu de divertissement pour ces dames. Ouvert du matin au début de la soirée, il propose des petits déjeuners spéciaux, des salades et de bonnes soupes nourrissantes. Des musiciens et des humoristes s'y produisent souvent les fins de semaine.

Le **Just For You** *($; 1453 18ᵗʰ Street, ☎ 647-3033)*, qui ouvre ses portes le matin et le midi, attire une clientèle mixte, mais jouit d'une popularité toute particulière auprès des femmes. Ce *diner* du quartier de Potrero Hill vous sert au comptoir ou aux tables dans un décor de photographies et de tableaux signés par des artistes locaux. Cuisine à la fois américaine et cajun rehaussée de crêpes à la farine de maïs et de gruau de maïs le matin, de hamburgers et de sandwichs au crabe le midi.

Il y a sans doute, à San Francisco, mille restaurants du nom de «Hunan», et presque autant de «Cordon Bleu». Celui qui se targue d'être le premier du genre, le **Cordon Bleu Vietnamese Restaurant** *($; fermé lun; 1574 California Street, ☎ 673-5637)* est un modeste café servant un large éventail de plats du Sud-Est asiatique : rouleaux impériaux, brochettes, plats de bœuf et poulet rôti aux cinq épices.

The Grubstake *($-$$; déjeuner la fin de semaine seulement; 1525 Pine Street, ☎ 673-8268)* est un excellent bistro coloré, rehaussé de verrières et de murales exotiques. Le midi, son menu se compose de hamburgers, de sandwichs, de salades et d'omelettes. Le soir, on vous propose plutôt des côtelettes de porc, des biftecks et le poisson du jour. Pour les couche-tard, il reste ouvert jusqu'à 4 h du matin.

Dans le voisinage de la rue Castro, le **Caffe Luna Piena** *($$; fermé le lundi soir; 558 Castro Street, ☎ 621-2566)* est un bon endroit où prendre un repas sans façon. Installez-vous à l'intérieur ou sur la terrasse entourée d'arbres. Ouvert toute la journée, ce petit établissement propose au petit déjeuner des œufs pochés, des omelettes et des œufs bénédictine. Au déjeuner, régalez-vous de hamburgers, de sandwichs, de salades, de pâtes et de quiches.

L'**Anchor Oyster Bar** *($$; 579 Castro Street, ☎ 431-3990)*, un petit café en façade sert de délicieux crustacés : huîtres en écaille, palourdes à l'étuvée, moules, cocktails de fruits de mer et divers spéciaux du jour. Recommandé le midi et le soir.

Le **Swan Oyster Depot** *($$; fermé dim; 1517 Polk Street, ☎ 673-1101)* affiche le meilleur rapport qualité/prix de la rue Polk. Il s'agit d'un établissement de restauration rapide où l'on peut déguster des crevettes fraîches, du crabe, du homard et des huîtres, tous visibles de la rue sur leurs plateaux de présentation. Vous ne trouverez ici qu'un simple comptoir bordé de tabourets, mais l'endroit est toujours bondé. Le déjeuner se poursuit tard la matinée, mais on ne sert pas le dîner.

 LE MISSION DISTRICT

En Bretagne, **Ti-Couz** *($; 3108 16th Street, ☎ 252-7373)* signifie «la vieille maison», un nom que ce restaurant porte chaleureusement, avec ses sols de bois dur aux planches usées, ses murs peints de bleu et de blanc et ses vaisseliers à l'ancienne. Mais ce sont surtout ses crêpes qui attirent les foules. Faites de farine de sarrasin à la mode bretonne, elles sont cuites individuellement, une à la fois, garnies de fromage, de saucisses ou de saumon fumé, et arrosées de crème fraîche. Beurres aromatisés, crème glacée, chocolat blanc et fruits entrent pour leur part dans la composition des crêpes-desserts. Un pur délice.

À **La Cumbre** *($; 515 Valencia Street, ☎ 863-8205)*, vous aurez l'impression de vous retrouver au sud de la frontière. Si l'on en juge par l'achalandage, les rumeurs voulant que ce restaurant serve les meilleurs *burritos* en ville doivent être fondées. À des prix convenant à toutes les bourses, vous pourrez vous régaler de *burritos* au porc, à la langue de bœuf, au poulet ou au bifteck, mais aussi de *tacos* et d'autres spécialités mexicaines, sans oublier les assiettes végétariennes.

The Slanted Door *($; 584 Valencia Street, ☎ 861-8032)* a mérité des éloges sans fin de la part des résidants du Mission District. Tendu de vert et garni de tables également vertes entourées de chaises en bois, ce simple établissement en façade pourra vous sembler quelque peu spartiate, mais sa cuisine ne vous laissera sûrement pas indifférent. Spécialités de salade aux papayes vertes, de poulet et riz cuits dans un pot de grès et de crevettes caramélisées. Vous trouverez en outre ici une sélection de thés chinois de toute première qualité dont certains possèdent, dit-on, des propriétés médicinales.

Ses murs bleus et lilas, ses tableaux et son statuaire ajoutent au charme du **Bangkok** *($-$$; dîner seulement; 3214 16th Street, ☎ 431-5838)*, dont les spécialités thaïlandaises vous sont servies à la chandelle, qu'il s'agisse du canard sauce au citron et aux épices, de la salade de calmars, du curry jaune, des nouilles thaïlandaises, des brochettes d'agneau arrosées d'une sauce aux arachides ou du filet de vivaneau sauce au tamarin et aux épices. Au dessert, laissez-vous tenter par les bananes frites.

C'est Noël tous les jours à **La Rondella** *($-$$; fermé lun; 901 Valencia Street, ☎ 647-7474)*. En effet, à quel autre endroit trouverez-vous un décor de guirlandes dorées au beau milieu du mois de juillet, sans parler des flocons de neige multicolores en aluminium et d'une scène de la Nativité éclairée par, vous l'aurez deviné, des ampoules de Noël? Quant au menu, il est presque aussi étonnant, les marmites que vous voyez fumer sur le feu pouvant tout aussi bien renfermer de l'*albóndigas* (soupe aux boulettes de viande) ou du *birria de chivo* (viande de chèvre cuite sur le gril). Les moins aventureux pourront toujours se rabattre sur les *enchiladas*, les *rellenos* et divers autres plats plus familiers.

D'entrée de jeu, l'**Arabian Nights** *($$; 811 Valencia Street, ☎ 821-9747)* fait penser à un bazar du Moyen-Orient. Des tapis afghans décorent sa salle à manger aux éclairages tamisés, tandis que des écharpes cousues de fil d'or pendent du plafond. Musique égyptienne et danses du ventre tous les soirs, les danses étant effectuées par des hommes le samedi soir. Menu de brochettes, de carré d'agneau rôti, de poisson-chat farci et d'assiettes végétariennes chargées de *houmos*, de *baba ghanouj*, de fromage, d'olives et de feuilles de vigne.

Par son décor à la fois coloré et distingué, l'**Esperpento** *($$; 3295 22nd Avenue, ☎ 282-8867)* brille parmi les nombreux restaurants de *tapas* de la ville. Ventilateurs, assiettes en terre cuite, châles, affiches de corridas aux murs, tables peintes de fleurs et de soleils géants... Attardez-vous au-dessus d'une assiette de paella, de *tapas* au poisson frit, de crevettes à l'ail, de brochettes de porc ou de salade tout en sirotant un bon vin espagnol et en vous joignant aux discussions animées.

Dans le secteur de Potrero Hill, à environ 1,5 km du Mission District, vous dénicherez le **Garibaldi Café** *($$; fermé dim; 1600 17th Street, ☎ 552-3325)*, dont l'extérieur terne ne permet pas de soupçonner l'originalité de son décor et l'excellence de sa cuisine. Le menu varie d'une journée à l'autre et porte généralement sur le poisson, le poulet et quelques plats de viande. Notez le thon enveloppé de feuilles de vigne et le saumon sauce au brandy et aux framboises (osé, mais fabuleux).

Tout près, le joyeux et modeste **S. Asimakopoulos Café** *($$; 288 Connecticut Street, ☎ 552-8789)* s'impose comme un excellent exemple de restaurant de quartier à la hauteur de San Francisco. Menu résolument grec mais sans excès, avec, entre autres, de la *moussaka* et un poulet au citron doux. Excellent rapport qualité/prix.

À l'ouest du Mission District, dans le secteur de Noe Valley, vous trouverez un discret restaurant méditerranéen du nom de **Panos'** *($$; 4000 24ᵗʰ Street, ☎ 824-8000)*. Il s'agit d'un établissement de quartier aux sols de marbre noir, joliment décoré d'œuvres d'art et affichant un menu de fruits de mer : *ahi* grillé, fruits de mer égéens et pâtes, ou, pour les carnivores, médaillons d'agneau grillés et demi-poulet rôti aux herbes. Aussi ouvert le midi et à l'heure du brunch les fins de semaine.

LA GOLDEN GATE NATIONAL RECREATION AREA

Quel que soit le mal que vous vous donniez pour vous éloigner des sentiers battus, il est certains endroits qu'on ne peut tout simplement pas contourner, comme la Cliff House, une maison historique plantée en bordure de la mer qu'envahissent les cohortes de touristes. Comme les choix sont restreints du côté de l'océan, vous devrez vous rabattre sur l'un des trois restaurants suivants : le Louis' *($$)*, le Seafood & Beverage Co. *($$-$$$)* et l'Upstairs at the Cliff House *($$-$$$)*.

Pour un repas relativement peu coûteux, faites quelques pas vers le sommet de la colline jusqu'au **Louis'** *($$; 902 Point Lobos Avenue, ☎ 387-6330)*, un bistro à flanc de falaise tenu par une même famille depuis 1937. Au dîner, outre le potage et la salade, vous aurez le choix entre un steak new-yorkais, des crevettes, des pétoncles et une assiette de bœuf haché. Au petit déjeuner et au déjeuner, d'autres plats typiquement américains. Ajoutez à cela un panorama de carte postale des Sutro Baths et des Seal Rocks, et vous avez une sacrée bonne affaire!

The Beach House *($$; dîner seulement; 4621 Lincoln Way, ☎ 681-9333)* ne se trouve pas vraiment au bord de l'eau, mais, lorsque vous aurez mis les pieds à l'intérieur de ce charmant restaurant, la vue de la mer vous semblera somme toute superflue. Décor confortable de style campagnard rehaussé de bouquets de fleurs sauvages, d'assiettes décoratives et d'un buffet à l'ancienne. Pour manger ici, vous devrez inévitable-ment aimer les fruits de mer, car le menu, qui en comporte une douzaine de catégories, privilégie fortement les produits de l'océan : sole, vivaneau, espadon, calmar, crabe, palourdes...

Dans l'angle sud-ouest de San Francisco, au Harding Park, sur les rives du lac Merced, vous découvrirez une rutilante salle à manger, celle du **Boathouse Sports Bar and Restaurant** *($$; 1 Harding Park Road, ☎ 681-2727)*. Entouré de jolis panoramas, il présente, le midi et le soir, des steaks, des fruits de mer, des sandwichs et des salades. On prend le sport à cœur ici, puisque les murs des couloirs sont tapissés de photographies d'athlètes locaux et qu'un téléviseur trône dans chaque coin de la pièce pour vous permettre de suivre vos matchs favoris. De toute façon, si vous êtes ici, c'est que vous avez sûrement l'intention de jouer au golf, de prendre le large à bord d'une embarcation, de faire de la randonnée pédestre ou de la paravoile, de sorte que l'ambiance sportive devrait vous convenir tout à fait. Brunch le samedi et le dimanche.

À l'étage inférieur de la Cliff House, le **Seafood & Beverage Co.** *($$-$$$; 1090 Point Lobos Avenue, ☎ 386-3330)*, vous trouverez un restaurant soigné dominant les Seal Rocks (rochers aux otaries) et servant des déjeuners et dîners de bifteck, de volaille et de fruits de mer. Brunch le dimanche.

L'**Upstairs at the Cliff House** *($$-$$$;1090 Point Lobos Avenue, ☎ 386-3330)* offre la même vue, mais dans un décor de café. Le matin et le midi, le menu propose 30 omelettes différentes, de même que des soupes et des sandwichs. Le soir prennent la relève les plats de pâtes, plusieurs assiettes de fruits de mer et quelques préparations de poulet, de veau et de steak.

Les amateurs de fruits de mer font la queue très tôt devant le populaire **Pacific Café** *($$-$$$; 7000 Geary Boulevard, ☎ 387-7091)*, aux confins du Richmond District, mais, pour les aider à patienter, la maison leur offre un verre de vin, et ils ont tout le temps voulu pour échanger d'agréables propos avec leurs semblables. Puis vient le temps de se laisser glisser au fond d'une banquette en bois à haut dossier pour parcourir la liste des plats du jour, qui comprennent toujours un vaste assortiment de poissons frais grillés et, bien souvent, du thon *ahi* badigeonné de beurre *wasabi*, des beignets de crabe épicés et des moules vapeur aromatisées à l'ail.

Le restaurant végétarien le plus couru de San Francisco occupe étrangement un vieil entrepôt des quais. Avec sa tuyauterie apparente et la superstructure métallique qui supporte son toit, le **Greens at Fort Mason** *($$$-$$$$; fermé lun midi, ouvert dim pour le brunch seulement; Fort Mason, Building A, ☎ 771-6222)* prend des airs de hangar aérien haut de gamme. Mais ce restaurant remarquable, tenu par le Zen Center, est richement paré de tables en bois noueux, et ses fenêtres donnent sur le pont Golden Gate. Le menu du déjeuner comprend des brochettes grillées sur charbon de prosopis, des pains *pita* garnis de *houmos*, du tofu grillé, des potages et des plats du jour. Le soir, du lundi au vendredi, on mange à la carte, tandis que, le samedi, le menu est à prix fixe. Les plats proposés changent par ailleurs quotidiennement, un festin de plusieurs services pouvant comporter de la fougasse aux oignons rouges, des linguine aux épinards agrémentés d'artichauts, de champignons *shiitake*, de pignons de pin, de romarin et de parmesan, une salade tunisienne, un potage à l'aubergine, des tartelettes au gruyère, de la laitue, une infusion et un dessert. Réservations recommandées le midi comme le soir.

L'«ARRIÈRE-COUR» DE SAN FRANCISCO

Du côté du Sunset District, un minuscule restaurant en façade sert des mets mexicains parmi les plus savoureux et les plus authentiques au nord de Veracruz. Il s'agit de la **Casa Aguila** *($$; 1240 Noriega Street, ☎ 661-5593)*. Commencez, par exemple, par les mini-*tamales*, pour ensuite enchaîner avec une paella aux fruits de mer ou une longe de porc marinée aux jus d'agrumes et aux herbes fraîches, deux délices particulièrement notoires, quoiqu'on puisse en dire autant du poulet *mole* et des *rellenos* au piment fort, au porc, aux fruits séchés, aux légumes marinés et aux noix.

Le **Stoyanoff's** *($$-$$$; fermé lun; 1240 9th Avenue, ☎ 664-3664)*, un attrayant restaurant du Sunset District paré de bois blanchi et de tapis de Macédoine suspendus, a fait sa marque grâce à ses mets grecs préparés avec finesse. Le saumon enrobé de pâte *phyllo*, la moussaka et l'agneau braisé sont du nombre de ses spécialités, parmi une foule de plats d'accompagnement grecs (*mezéthes*) chauds et froids. On s'y rend aussi volontiers l'après-midi pour un cappuccino et une pâtisserie, à savourer sur la terrasse paysagée qui se trouve sur le toit de l'établissement.

Les restaurants de Clement Street

Dans n'importe quelle ville des États-Unis (ou du reste du monde, à toutes fins utiles), la règle veut que, pour s'assurer d'un bon repas, on mange là où les gens de la place choisissent eux-mêmes de se restaurer et de vivre. À San Francisco, cet endroit n'est autre que la rue Clement, parallèle au Golden Gate Park et au Presidio, et à mi-chemin entre les deux. Cette artère chaleureuse est au cœur d'un quartier multiculturel où Irlandais, Russes, Chinois, Japonais, Juifs et autres ont élu domicile depuis des époques variables.

Il en résulte forcément un merveilleux assortiment de restaurants ethniques, et vous n'avez qu'à arpenter la rue Clement entre la 1st Avenue et la 12th Avenue, ou entre la 19th Avenue et la 26th Avenue, pour croiser des établissements italiens, danois, thaïlandais et indonésiens. Il y a des bars irlandais, des pâtisseries françaises, des bistros, des boutiques d'aliments naturels, des comptoirs de légumes en plein air et une foule de restaurants asiatiques. La seule et unique difficulté consiste à arrêter son choix sur l'un ou l'autre. Nous avons bien quelques suggestions pour vous, mais, si, pour une raison ou une autre, elles ne vous conviennent pas, n'hésitez pas à explorer le quartier : vous trouverez alors sûrement une bonne douzaine d'endroits qui répondront parfaitement à vos aspirations.

Il existe un remarquable restaurant vietnamien immédiatement en retrait de la rue Clement, le **New Golden Turtle** *($-$$; fermé le lundi midi; 308 5th Avenue, ☎ 221-5285)*, qui pourrait d'ailleurs fort bien être le meilleur de la ville. Il s'agit d'un petit restaurant intime qui se spécialise dans le bœuf mariné grillé sur charbon de bois, mais qui propose aussi du porc barbecue et toutes sortes d'autres plats qu'on mange avec les doigts. Une abondance de plantes vertes et une rose sur chaque table rend la salle à manger très confortable et accueillante. Un endroit sur lequel il n'y a rien à redire.

Nous vous recommandons aussi fermement le **Mai's** *($; 316 Clement Street, ☎ 221-3046)*, qui possède une petite salle à manger au décor simple et décontracté. Serein et d'une belle prestance, le Mai's élabore une foule de plats plus alléchants les uns que les autres, parmi lesquels du poulet au coco, du bœuf barbecue au lemon-grass, des brochettes de porc à la vietnamienne et même un assortiment d'assiettes végétariennes.

Ces dernières années ont amené une nouvelle vague d'immigrants russes à s'installer dans le quartier. Un bon choix parmi les restaurants qu'ils fréquentent est le **Little Russia** *($; 5217 Geary Boulevard, ☎ 751-9661)*, un petit établissement en façade fort vivant qui propose divers plats du genre de ceux qu'on mange à la maison, comme des beignets fourrés de viande ou de légumes, du chou farci et un nourrissant ragoût de bœuf du nom de «zharkoe». Une spectaculaire entrée de blinis, de caviar rouge et de saumon fumé peut être partagée entre deux personnes ou plus. Un claviériste et un chanteur russe agrémentent chaque soir le dîner, et vous êtes invité à profiter de la piste de danse si le cœur vous en dit.

Des lustres dans un restaurant de hamburgers? Mais **Bill's Place** *($; 2315 Clement Street,* ☎ *221-5262)* n'est pas un comptoir de hamburgers comme les autres. Plusieurs habitants de San Francisco insistent même pour dire qu'il s'agit davantage d'un palais du hamburger, le meilleur en ville. Vous avez le Dwight Chapin Burger (pensez au scandale du Watergate) au fromage, aux fèves germées et au bacon, le Letterman Burger (pour David Letterman, bien sûr, l'animateur de l'heure sur les chaînes de télévision américaines), le Red Skelton Burger (garni à l'image d'un clown) et bien d'autres encore. Si vous préférez faire bande à part, vous pouvez toujours commander un sandwich ou un hot-dog, et, si vous ne voulez pas prendre place au comptoir ou aux tables, sachez qu'une terrasse vous attend à l'arrière. La restauration rapide à son meilleur.

Lorsque viendra le moment de choisir un restaurant chinois sur Clement Street, vous n'aurez, une fois de plus, que l'embarras du choix. L'un des meilleurs est sans contredit le **Hong Kong Villa** *($$; 2332 Clement Street,* ☎ *752-8833)*, qui vous donne l'occasion de festoyer autour d'un canard de Pékin entier accompagné de petits pains vapeur, ou encore d'un homard du Maine, et ce, à des prix tout à fait abordables. Le crabe dormeur, apprêté d'une demi-douzaine de manières, se révèle particulièrement savoureux, avec du gingembre frais et des oignons. Tout aussi mémorables sont les nouilles à la mode de Singapour, les crevettes sautées dans leur laitance et les petites «côtes levées» arrosées d'une riche sauce barbecue.

Les saveurs envoûtantes de la région italienne d'Emilia-Romagna se sont transportées avec succès au **Laghi** *($$-$$$; dîner seulement; fermé lun; 1801 Clement Street,* ☎ *386-6266)*, un charmant restaurant familial pourvu d'intimes banquettes sous les fenêtres et décoré dans les tons d'or. Le menu quotidien variable propose un assortiment de pâtes maison, telles ces fettucine aux châtaignes, au canard rôti et aux champignons porcini. Parmi les plats de viande, on retrouve souvent un succulent agneau, du porc et des côtelettes de veau accompagnées de polenta.

RESTAURANTS PAR TYPE DE CUISINE

Afghans
Helmand 180

Américain
Campton Place Restaurant 169
Franciscan Croissants . . . 166
Julie's Supper Club 173
Max's Opera Café 171
Mel's Drive In 186
Plump Jack Balboa Café . 187

Asiatique
Oritalia 189
Yukol Place Thai Cuisine . 188

Basque
Des Alpes Restaurant . . . 181

Bistro
Cafe Bastille 173
Café Francisco 184
Original Joe's 167

Boulangerie
Boudin Bakery 184

Café
Bohemian Cigar Store . . . 184
Brain Wash 172
Caffe Trieste 184
Caffe Puccini 184
Lulu Café 173

Cajun
Élite Café 190

Cantonais
Hang Ah Tea House 180
J&J Restaurant 179
Oriental Pearl 179
Royal Jade 179

Chinois
China Moon Café 168
Harbor Village 176
Hong Kong Villa 201

Hunan Restaurant 181
Silks 176
Yang Sing 175

Crêpe
Ti-Couz 193

Deli
Nosheria 166

Diner
Fog City Diner 176
Hot 'N' Hunky 191
Just For You 192
Max's Diner 173

Espagnol
Esperpento 195

Français
La Folie 189
Masa's 169

Fruits de mer
Anchor Oyster Bar 193
McCormick & Kuleto's . . 186
Pacific Café 197
Pier 23 Cafe 177
Scoma's 185
Scott's 189
The Beach House 196

Grec
S. Asimakopoulos Café . . 195
Stoyanoff's 198

Indien
Gaylord India Restaurant . 186

Indonésien
Indonesia Restaurant . . . 167

Italien
Albona Ristorante Istriano 185
Bonta 188
Café Rustico 172

Italien
Caffe Delle Stelle 170
Caffe Sport 182
Capp's Corner 180
Eleven 172
Gelato Classico 182
Laghi 201
Luisa's 188
Prego 187
Ristorante Parma 188

Japonais
Aya 188
Isobune 190
Joji's House of Teriyaki . . 186
Koji Osakaya 190
Sanppo Restaurant 190
Sushi Man 167

Latin
Cha Cha Cha 191

Méditerranéen
Panos' 196

Mexicain
Cadillac Bar 172
Casa Aguila 198
La Cumbre 194

Moyen-Orient
Arabian Nights 195

Pizza
Tommaso's Neapolitan
    Restaurant 182
Vicolo Pizzeria 170

Restaurant de charcuterie fine
California Culinary Academy170
David's Delicatessen 166
Salmagundi 167

Russe
Little Russia 200
Mad Magda's Russian
Tea Room & Cafe 169

Thaïlandais
Bangkok 194
Thepin 171

Végétarien
Greens at Fort Mason . . . 198
Lotus Garden 177

Vietnamien
Cordon Bleu Vietnamese
Restaurant 193
New Golden Turtle 199
Nhu's Vietnamese Cuisine 165
Sai's Restaurant 174

SORTIES

Depuis l'époque tumultueuse de la Ruée vers l'or, San Francisco jouit d'une réputation de ville ouverte où l'on boit ferme et où l'on se la coule douce. On y trouve aujourd'hui plus de 2 000 établissements où l'on peut prendre un verre : des saloons, des restaurants, des cabarets, des bateaux-bars, des boîtes de nuit, des clubs privés et même un ou deux hôpitaux! Il y en a pour tous les goûts et toutes les occasions.

Pour vous familiariser avec la vie nocturne de cette métropole de l'Ouest, vous devriez consulter le «Datebook» (communément appelé «la section rose») de l'édition du dimanche du *San Francisco Examiner* et du *Chronicle*, où sont annoncés les différents événements et spectacles. Mais peu importe la façon dont vous comptez passer vos soirées, vous dénicherez des possibilités sans fin dans cette ville en bordure de la baie.

Nombre de stations de radio locales commanditent des lignes téléphoniques sur divers événements importants. Ainsi, la **Bayline** de KKSF *(☎ 357-1037)* vous renseigne sur le théâtre, les spectacles d'humoristes, les productions musicales et d'autres activités de la métropole. **The What Line** de Live 105 *(☎ 357-9428)* fournit des précisions sur les concerts, les boîtes d'humoristes et les rendez-vous de la danse. De plus l'**Enter-**

tainment Line de KFOG *(☎ 777-1045)* couvre une foule d'événements locaux.

LE CENTRE-VILLE

L'**Edinburgh Castle** *(950 Geary Street, ☎ 885-4074)*, l'incarnation san-franciscaine du pub écossais, se présente comme un antre caverneux où l'on peut même jouer aux fléchettes. Plafond aux poutres apparentes, meubles de bois massif et clientèle amicale. Un vrai petit coin d'Écosse, quoi!

Puis, en vous rendant au **S. Holmes, Esq.** *(480 Sutter Street, ☎ 398-8900)*, vous découvrirez un autre pub, celui-là plus huppé. Situé à l'étage supérieur du Holiday Inn – Union Square, il recrée merveilleusement l'univers du célèbre détective de Baker Street. Vous pourrez y admirer des narguilés, des objets d'époque et divers effets chers à Sherlock disposés un peu partout autour de ce bar envoûtant.

La nostalgie de la musique mécanique des saloons d'antan vous tenaille? Le **Lefty O'Doul's** *(333 Geary Street, ☎ 982-8900)* saura vous combler dans une salle chaleureuse et décontractée remplie de souvenirs de base-ball, l'endroit portant le nom d'un ancien joueur local.

Perché au sommet du Westin St. Francis Hotel, le **Club Oz** *(droits d'entrée; tenue vestimentaire appropriée; 335 Powell Street, ☎ 774-0116)* fait les délices de plus d'un amateur de danse disco. Son chic décor, rehaussé d'un bar en marbre, attire une clientèle bien nantie. Le disque-jockey diffuse entre autres du «pop international», et l'encadrement visuel est assuré par des projections vidéo et optico-numériques.

Le **Warfield Theatre** *(982 Market Street, ☎ 775-7722)*, qui appartient à la firme de feu Bill Graham, l'agent des vedettes du rock, présente des formations américaines de tout premier plan. La même firme produit aussi régulièrement divers spectacles dans la région de la baie.

Le **Plush Room** du York Hotel *(droits d'entrée; 940 Sutter Street, ☎ 885-6800)* dessert une clientèle huppée et présente des numéros de cabaret de haut niveau. Décor enchanteur.

Lorsque vient l'heure de la détente, les riches de la ville favorisent volontiers le **Redwood Room** du Clift Hotel *(à l'angle des rues Geary et Taylor, ☎ 775-4700)*. Décoré de lampes Art déco, de tables en marbre et de lambris de pin rouge rembrunis, l'endroit est tout simplement somptueux. Les hommes s'y sentiront plus à l'aise en complet-cravate, et les femmes, en robe.

L'activité théâtrale conventionnelle de San Francisco, dite «On Broadway», se déroule sur Geary Street, près du square Union, tandis que la scène avant-gardiste, dite «Off Broadway», élit plutôt domicile en divers points de la ville.

L'**American Conservatory Theater** (ACT) *(415 Geary Street, ☎ 749-2228)* présente le plus imposant spectacle de la ville, sans compter qu'il s'agit d'une des plus importantes compagnies théâtrales à demeure des États-Unis. Sa saison s'étend d'octobre à juin, et son répertoire se veut strictement traditionnel, passant de Shakespeare à la comédie française et aux œuvres dramatiques du XXᵉ siècle.

Le **Curran Theatre** *(445 Geary Street, ☎ 474-3800)* accueille les grandes comédies musicales de Broadway. Le **Golden Gate Theatre** *(1 Taylor Street, angle 6ᵗʰ Street et Market Street, ☎ 474-3800)* présente également de grands succès, de même que diverses troupes nationales. Bâti en 1922, ce haut lieu de la culture se montre à la hauteur de ses ambitions, avec ses sols de marbre et ses plafonds rococo. Parmi les autres établissements de théâtre de la ville, retenons le **Marine's Memorial Theatre** *(609 Sutter Street, ☎ 771-6900)*, le **Theatre on the Square** *(450 Post Street, Union Square, ☎ 433-9500)*, l'**Orpheum Theatre** *(1192 Market Street, près du Civic Center, ☎ 474-3800)* et le **Cable Car Theatre** *(430 Mason Street, ☎ 403-7340)*, qui se spécialise dans le théâtre expérimental.

 AUTOUR DU CIVIC CENTER

La richesse de San Francisco en ce qui a trait à l'opéra, aux concerts symphoniques et au ballet s'exprime autour du Civic Center. Étant donné que le coût des billets permettant d'assister à ces spectacles est élevé, songez à vous procurer les vôtres le jour même de la représentation qui vous intéresse auprès du **San Francisco Ticket Box Office** (TIX) *(sur Stockton*

Street, entre Post et Geary, ☎ *433-7827)*. Ouvert de 11 h le matin jusqu'à peu de temps avant le début des spectacles, ce comptoir propose en effet des billets à demi-prix pour les représentations du jour. Vous y trouverez également des billets plein tarif pour les représentations futures.

Il y a peu de choses que San Francisco prenne aussi au sérieux que son opéra. **The San Francisco Opera** *(☎ 864-3330)* en est un d'envergure internationale, et il invite les grands chanteurs et chanteuses d'opéra du monde entier à se produire sur sa scène. Par voie de conséquence, il s'avère très difficile d'obtenir des billets. La saison internationale débute à la mi-septembre et dure 13 semaines. L'opéra subit actuellement des travaux de rénovation, pendant lesquels les productions sont montées au Bill Graham Civic Auditorium et à l'Orpheum Theater.

Quant au **San Francisco Symphony** (l'orchestre symphonique de San Francisco) *(Davies Hall, angle Van Ness Avenue et Grove Street,* ☎ *431-5400)*, il jouit d'une stature presque aussi imposante que l'opéra sur la scène mondiale. Sa saison s'étend de septembre à juin, mais il présente divers concerts spéciaux tout au long de l'année. Le chef d'orchestre Michael Tilson Thomas tient la barre, et, parmi les solistes invités par le passé, nous pouvons mentionner les noms de Jessie Norman et Itzhak Perlman.

Le **San Francisco Ballet** *(☎ 703-9400)*, en existence depuis plus d'un demi-siècle, se veut la plus ancienne troupe de ballet permanente des États-Unis et, qui plus est, l'une des meilleures. La saison officielle de cette compagnie, qui produit *Casse-noisette* chaque année à l'occasion des fêtes de Noël, s'étend de février à juin, et comporte aussi bien des œuvres originales que des grands classiques. Pendant la fermeture de l'opéra, elle monte ses productions au Center for the Arts du Yerba Buena Gardens et au Palace of Fine Arts.

Le **Great American Music Hall** *(859 O'Farrell Street,* ☎ *885-0750)* se présente comme un bâtiment historique de 1907 qu'on a somptueusement reconverti en boîte de nuit où se produit une variété d'artistes. Au nombre des musiciens et chanteurs, retenons Hoyt Axton, Etta James et Queen Ida.

SOUTH OF MARKET

La plus chic boîte du quartier branché de South of Market est le **Club DV8** *(droits d'entrée; 55 Natoma Street, ☎ 957-1730)*, dont les multiples étages arborent un décor éclectique, aussi bien ponctué de colonnes gréco-romaines que de murales signées Keith Haring. La musique, *live* ou enregistrée, est au faîte des courants actuels, et la clientèle, surtout dans la vingtaine et la trentaine, semble particulièrement affectionner la mode européenne.

Pour une pièce de théâtre, un spectacle d'humour, une séance d'improvisation ou une soirée narrative, jetez un coup d'œil du côté de l'**Above Brainwash** *(1122 Folsom Street, ☎ 225-4866)*. Il s'y passe toujours quelque chose le jeudi, le vendredi et le samedi, quoique les autres soirs de la semaine ne soient pas en reste.

Une seule chose au monde vaut mieux qu'un bar dansant : trois bars dansants, et c'est ce que vous trouverez à l'angle de 3rd Street et de Harrison Street. **The X** *(☎ 979-8686)* propose du rock moderne le vendredi soir. Le samedi, le **City Nights** *(☎ 979-8686)* prend la relève au son des 40 plus grands succès de l'heure. Puis, le jeudi, **The Box** *(droits d'entrée; 715 Harrison Street, ☎ 972-8087)* consacre la soirée aux gays et lesbiennes.

Le **Martini's** *(droits d'entrée ven-sam; 1015 Folsom Street, ☎ 431-1200)* vibre au son de la musique de danse moderne les fins de semaine.

La **Twenty Tank Brewery** *(316 11th Street, ☎ 255-9455)*, hissée au rang de meilleure brasserie deux ans de suite selon un sondage effectué par un journal local, le *Bay Guardian*, s'emplit de tous ceux qui préfèrent un bon vieux pub à une boîte de nuit rutilante de South of Market. Cette brasserie, qui occupe les locaux d'une ancienne ferblanterie, s'enorgueillit de son décor industriel des années trente et de ses brasseurs on ne peut plus créatifs, ainsi qu'en font foi leurs Pollywanna Porter et Kinnikinick Old Scout Stout. Tout en savourant votre bière, vous pourrez en outre lancer quelques fléchettes, participer au jeu de palets, regarder un film (le lundi seulement) ou écouter du jazz.

Le **DNA Lounge** *(droits d'entrée; 375 11ᵗʰ Street, ☎ 626-1409)* jouit déjà d'une longévité supérieure à celle de la plupart des bars à la mode, peut-être grâce à sa musique forte et à sa clientèle variée, visiblement née pour danser, ce qu'elle fait d'ailleurs avec entrain tout autour d'un bar ovale planté au beau milieu du plancher de bois dénudé. Du bar moins animé qui se trouve à l'étage, vous pourrez tranquillement observer la scène.

C'est une clientèle légèrement plus âgée que celle des établissements habituels de SOMA qui fait vivre le **Slim's** *(droits d'entrée; 333 11ᵗʰ Street, ☎ 522-0333)*, sans doute parce que le propriétaire en est le musicien Boz Scaggs. Quoi qu'il en soit, c'est ici que vous aurez le plus de chances de trouver une jam-session exécutée par des musiciens de haut calibre en tournée. Vous y entendrez aussi bien des artistes locaux que des légendes comme Buddy Guy ou des talents issus de la région de la baie tels que Huey Lewis.

Le **Paradise Lounge** *(1501 Folsom Street, ☎ 861-6906)*, qui présente chaque année plus de 800 formations musicales différentes, s'impose incontestablement comme une des boîtes de nuit les plus fréquentées de la Côte Ouest. Ses trois scènes accueillent au total jusqu'à cinq spectacles par soir. L'Above Paradise Room, d'allure plutôt bohème, privilégie surtout les récitals acoustiques. Au Downstairs Lounge, qui fait penser à un établissement de Reno aux environs de 1974, on bouge davantage au son du hard-rock et du rhythm-and-blues. Enfin, la scène principale, celle de la Blue Room, se livre aux grands spectacles. Vous trouverez également sur les lieux une salle de billard du début du siècle lambrissée de noyer.

Le **Club TownSend** *(droits d'entrée; 177 Townsend Street, ☎ 974-6020)*, qui s'est installé en 1989 dans une véritable caverne, n'en a pas moins que des places debout à offrir les fins de semaine. Son incontournable portier fait d'abord entrer les couples lorsque vient le temps de faire son choix parmi la foule qui fait la queue. Tout est ici question d'attitude, et ceux qui ne savent pas danser aux airs du rap auront peut-être du mal à s'intégrer.

The Great Entertainer *(975 Bryant Street, ☎ 861-8833)*, qui compte 39 tables de billard américain, figure parmi les plus grands établissements du genre sur la Côte Ouest. Établi dans un ancien entrepôt, ce vaste lieu de divertissement renferme par ailleurs des tables de *snooker*, des jeux de palets, des tables de ping-pong, des cibles de jeu de fléchettes et des jeux vidéo.

South Beach Billards *(270 Brannan Street, ☎ 495-5939)*, qui occupe les locaux rénovés d'une ancienne usine de réglisse, compte pour sa part 35 tables de billard américain, de même qu'une table de *snooker*. Cet établissement de South of Market possède en outre une bonne sonorité.

Les bars du bord de l'eau se révèlent généralement attrayants et coûteux, mais tel n'est pas le cas du **Mission Rock Resort** *(817 China Basin, ☎ 621-5538)*. Il se trouve bel et bien en bordure de la baie de San Francisco, mais tout de même dans le quartier South of Market, où l'accent porte davantage sur les chantiers navals et les usines que sur les paysages pittoresques. La clientèle de ce bar se veut énergique, la terrasse d'ensoleillement chaude et invitante, et les boissons sont accessibles même aux budgets les plus limités. Voilà à quoi ressemblaient les bars à l'époque où San Francisco était une ville de pêcheurs.

 ## LE FINANCIAL DISTRICT

L'un des bars favoris du monde des affaires est le **Carnelian Room** *(tenue vestimentaire appropriée; 555 California Street, ☎ 433-7500)*, perché au sommet de la Bank of America. Situé au 52ᵉ étage de l'édifice, ce luxueux bar-salon offre sans doute la plus belle vue de tous, puisqu'elle balaie l'horizon de la petite baie de San Francisco aux confins de l'océan.

La scène comique déride la métropole depuis l'époque de Lenny Bruce et Mort Sahl, et aujourd'hui la ville possède sans doute plus d'humoristes que de chauffeurs de taxi. **The Punch Line** *(444 Battery Street, ☎ 397-7573)* accueille des comédiens des quatre coins des États-Unis.

 ## AUTOUR DE L'EMBARCADERO

The Holding Company *(fermé sam-dim; 2 Embarcadero Center, ☎ 986-0797)* regorge de jeunes professionnels en herbe.

Vous trouverez un bar tournant sur le toit du Hyatt Regency Hotel, **The Equinox** *(5 Embarcadero Center, ☎ 788-1234)*. Un ascenseur à cage vitrée vous propulse vers cet éden céleste où vous n'avez qu'à vous installer près d'une fenêtre pour voir tourner le monde.

Le **Pier 23** *(droits d'entrée; Embarcadero et Pier 23, ☎ 362-5125)* est un de ces établissements routiers plutôt originaux qui repose au bord de la baie de San Francisco. Les effluves sonores qui émanent de ce saloon sont ceux du jazz, du reggae, de la salsa et du blues, produits sur scène. Hautement recommandé aux amants des rythmes essentiels de l'existence. Concerts tous les soirs à compter de 16 h, sauf le lundi.

On a du mal à s'arracher aux cohortes de touristes qui envahissent les quais de San Francisco. Votre meilleure chance d'y parvenir consiste sans doute à vous rendre au **Pier Inn** *(angle Bay Street et Embarcadero, ☎ 788-1411)*, un bar coiffé d'un dôme à proximité du Pier 33. Des paquebots de croisière partent encore d'un quai voisin, ce qui ne fait qu'ajouter au pittoresque de ce bar de quartier.

 LE CHINATOWN

Le meilleur bar du quartier chinois, le **Li Po** *(916 Grant Avenue, ☎ 982-0072)* vous accueille parmi l'encens, les lanternes, les statues orientales et… un juke-box incongru faisant entendre de grands succès on ne peut plus occidentaux. Les potions à boire qu'on y sert sont fortes et exotiques, et l'endroit s'enveloppe d'une aura d'intimité.

 NOB HILL

Un pianiste tout à fait calme vous berce chaque soir de ses mélodies au chic **Mason's** *(tenue vestimentaire appropriée; Fairmount Hotel, 950 Mason Street, ☎ 772-5233)*. Au programme, du Porter et du Gershwin, une clientèle élégante et des boissons coûteuses.

Si l'on soumettait les touristes de San Francisco à un test d'associations en leur demandant la première chose qui leur vient à l'esprit lorsqu'on leur parle d'un «bar panoramique», sans doute répondraient-ils tous **The Top of the Mark** *(droits d'entrée; tenue vestimentaire appropriée; à l'angle des rues California et Mason, ☎ 392-3434)*. Et pour cause, puisque, de son nid haut perché au sommet du Mark Hopkins Hotel de Nob Hill, ce vénérable établissement domine entièrement la baie et l'horizon. Formations de jazz du mercredi au samedi.

 NORTH BEACH

Ce bon vieux quartier de *beatniks* est tout indiqué pour ralentir le pas et se la couler douce. Il est d'ailleurs tissé de boîtes de nuit et de bars locaux, sans parler des quelques établissements «seins nus» et «fesses nues» qui subsistent le long de Broadway.

Le **Vesuvio Café** *(255 Columbus Avenue, ☎ 362-3370)* n'a guère changé depuis l'époque où il était hanté par les poètes *beat*, sous la présidence d'Eisenhower. Les Kerouac, Ginsberg, Corso et compagnie y passaient leurs nuits avant de passer, le jour venu, au City Light Books voisin. Toujours un haut lieu de North Beach, riche en histoire.

De l'autre côté de la rue, le **Spec's Museum Café** *(12 Saroyan Place, ☎ 421-4112)* est un autre rendez-vous bohème. Vous aurez du mal à trouver un bout de mur dénudé dans ce temple de la littérature, puisqu'on a tapissé l'endroit de mille et un souvenirs, des simples autocollants pour pare-chocs à un «os de pénis de baleine»! Un endroit sans pareil pour sombrer dans la métaphysique.

Pour retrouver le côté plus terre à terre de la ville, descendez la colline jusqu'à la **San Francisco Brewing Company** *(155 Columbus Avenue, ☎ 434-3344)*. Érigée au cours de l'année qui a suivi le grand tremblement de terre de 1906, cette brasserie est d'une pure beauté, lambrissée d'acajou, rehaussée de lampes en verre et surplombée de pankas. La légende veut que Jack Dempsey ait travaillé ici comme portier. Il s'agit en outre du premier pub de San Francisco à avoir brassé sa bière sur place.

Le **Bimbo's 365 Club** *(droits d'entrée; fins de semaine; 1025 Columbus Avenue, ☎ 474-0365)* présente un mélange éclectique de spectacles musicaux, des concerts de jazz et de rock aux chanteurs populaires français. Par ailleurs, tout en vous laissant bercer par les mélodies, vous pourrez admirer les ébats d'une sirène vivante évoluant dans un aquarium géant.

Il existe dans ce quartier deux cafés-théâtres dignes de mention. Le **Finocchio's** *(droits d'entrée; jeu-sam; 506 Broadway Street, ☎ 982-9388)* présente une succession ininterrompue de travestis plus hilarants les uns que les autres. Les costumes sont hauts en couleur, et les textes, fort acerbes. Cela dit, le plus gros du spectacle se déroule dans la salle même, puisque l'endroit fait figure de halte sur les circuits de cars touristiques, dont les innombrables occupants s'imaginent volontiers que les prestations qu'on leur sert ici illustrent fidèlement le style de vie notoire de cette ville de l'Ouest.

Le **Club Fugazi** *(droits d'entrée; spectacles mer-dim; 678 Green Street, ☎ 421-4222)* propose pour sa part une revue tout aussi extravagante, *Beach Blanket Babylon*, présentée depuis nombre d'années. Les compositions musicales et les chorégraphies sont bonnes, mais les costumes se révèlent carrément fabuleux. Les coiffures, par exemple, de véritables pièces montées, réduisent les atours de Carmen Miranda au rang de simples chapeaux de printemps.

AUTOUR DU FISHERMAN'S WHARF

L'**Eagle Café** *(Pier 39, ☎ 433-3689)*, planté en marge du Fisherman's Wharf, ressemble à un étrange volatile qui se serait posé dans le mauvais nid. Tout autour se voient le chic et l'éclat de «touriste-ville», tandis que l'Eagle reste vieux et délabré, rempli d'habitués des quais. D'anciennes photos et casquettes de base-ball ornent les murs, et l'air qu'on y respire est chargé de souvenirs qui datent d'au moins 50 ans.

Vous ne connaissez personne en ville et vous voulez tout de même faire la fête? Foncez tout droit au **Lou's Pier 47** *(droits d'entrée; 300 Jefferson Street, ☎ 771-0377)*, reprenez des forces, et dansez tout l'après-midi et toute la soirée si le cœur vous en dit. Au menu : des sandwichs, des hamburgers, des pâtes et du poisson ou des fruits de mer, frits, grillés ou sautés. Les 18 formations musicales qui se produisent chaque semaine à la boîte de nuit vitrée de l'étage supérieur donnent aussi bien

dans le rhythm-and-blues que dans le Motown, le rock léger et
le country-western. La musique débute à 16 h tous les jours de
la semaine, et à 12 h les fins de semaine.

Le **Buena Vista Café** *(2765 Hyde Street, ☎ 474-5044)*, situé
tout près du Fisherman's Wharf, attire et les habitants de la
ville et les touristes. Vous y trouverez un bon vieux bar et une
atmosphère cordiale. L'établissement se targue en outre d'avoir
été le premier en Amérique à servir le café irlandais.

UNION STREET

Ce quartier recèle des bars et des boîtes de nuit devant lesquels
jeunes et célibataires font la queue sur une bonne distance. Le
Pierce Street Annex *(droits d'entrée jeu-sam; 3138 Fillmore
Street, ☎ 567-1400)*, animé et faiblement éclairé, s'impose
comme le centre incontesté de la drague. Il y a bien une piste
de danse à l'arrière, mais l'action se déroule surtout autour des
nombreux bars de l'établissement. Les fins de semaine, on doit
jouer du coude pour se faire servir un verre, tandis qu'en
semaine vous risquez, à peu de chose près, de vous retrouver
seul.

Puisque vous êtes dans le quartier, profitez-en pour jeter un
coup d'œil du côté du **Balboa Café** *(3199 Fillmore Street,
☎ 921-3944)*, un autre bar de rencontre pour jeunes et arrivis-
tes.

Le **Mick's Lounge** *(2513 Van Ness Avenue, ☎ 928-0404)*, à la
fois bar et boîte de nuit, est un rendez-vous chaleureux et
amical de San Francisco. Martinis et olives circulent allègrement
devant une murale de la ville couvrant tout un pan de mur, et
des formations musicales invitent la foule à danser six soirs sur
sept au son du rock-and-roll, du blues et de la musique funk.

Si vous êtes à la recherche d'un bar de verdure typique de San
Francisco, songez au **The Royal Oak** *(2201 Polk Street,
☎ 928-2303)*. Garni de confortables canapés victoriens, il ne
saurait mieux convenir à un verre de fin de soirée en toute
intimité. Assurez-vous par ailleurs d'ouvrir les tiroirs des tables
d'extrémité, car ils renferment des serviettes sur lesquelles on
a griffonné des poèmes.

Pour vous éloigner un tant soit peu des foules, faites un saut chez **Perry's** *(1944 Union Street, ☎ 922-9022)*, où vous devriez trouver sans trop de mal une place au bar les fins de semaine. L'endroit est cordial et fait revivre la San Francisco d'il y a 20 ans.

LE JAPANTOWN

Le **Jack's Bar** *(droits d'entrée; 1601 Fillmore Street, ☎ 567-3227)* n'a rien de japonais, mais il présente d'excellents groupes de blues et de jazz du jeudi au samedi. De grands noms se sont produits ici, y compris James Cotton, Johnny Lee Hooker et Greg Allman.

HAIGHT-ASHBURY

Le **Nightbreak** *(droits d'entrée à l'occasion; 1821 Haight Street, ☎ 221-9008)* se veut petit, tout à fait local et riche en son et en couleur. Que la musique provienne de la scène ou des platines du disque-jockey, l'atmosphère est toujours très animée.

Le Lower Haight (la partie basse du quartier) possède de nombreux bars et boîtes de nuit, et, les fins de semaine, on les dirait pourvus de portes tournantes tant les gens passent rapidement de l'un à l'autre. Le **Mad Dog in the Fog** *(530 Haight Street, ☎ 626-7279)* ressemble à un pub britannique et attire une foule assez nombreuse grâce à ses cibles de fléchettes et à sa vaste sélection de bières (20 en fût et 30 en bouteille). Musique *live* le samedi soir.

Un tantinet plus prétentieux que le Mad Dog, le **Noc Noc** *(557 Haight Street, ☎ 861-5811)* se distingue par les vieux téléviseurs qui trônent dans ses vitrines en façade. L'endroit est suffisamment paisible pour que vous puissiez entretenir une conversation tout en dégustant votre boisson favorite.

Si vous aimez jouer au billard ou vous abandonner aux plaisirs de la danse, rendez-vous au **Nickie's Haight Street BBQ** *(droits d'entrée; 460 Haight Street, ☎ 621-6508)*. Ouvert sept jours sur sept, il met en vedette un disque-jockey ou un groupe musical différent chaque soir, diffusant aussi bien du *hip-hop* que des rythmes africains et latins ou du jazz.

LES QUARTIERS GAYS

L'ouverture d'esprit proverbiale de San Francisco s'exprime entre autres par la présence en son sein de près de 200 bars gays, qu'il s'agisse de boîtes de rock-and-roll, de pianos-bars ou de cabarets raffinés. Certains sont strictement gays, d'autres accueillent une clientèle mixte et d'autres encore sont devenus si populaires que les hétérosexuels y sont désormais pratiquement plus nombreux que les homosexuels.

Dans les environs de la rue Castro, vous trouverez une douzaine d'établissements dont plusieurs ouvrent leurs portes de bon matin pour ne les refermer qu'à une heure très avancée de la nuit. L'un des plus jolis est la **Twin Peaks Tavern** *(401 Castro Street, ☎ 864-9470)*, qui se distingue par ses ventilateurs de plafond et son bar en miroir.

De l'autre côté de la rue, quelques portes plus loin, le **Castro Station** *(456-B Castro Street, ☎ 626-7220)* fait jouer du disco à tue-tête.

Tout près de là, une grosse rampe en laiton longe la fenêtre du **Phoenix** *(droits d'entrée les fins de semaine; 482 Castro Street, ☎ 552-6827)*.

Le **Rawhide 2** *(280 7ᵗʰ Street, ☎ 621-1197)*, une boîte country-western du quartier South of Market où l'on danse à cœur joie, propose des leçons de danse gratuites les soirs de semaine.

Non loin de là, découvrez **The Stud** *(droits d'entrée presque tous les soirs; 399 9ᵗʰ Street, ☎ 863-6623)*, le bar gay chéri de tous, c'est-à-dire les hippies vieillissants, les punks aux cheveux multicolores, les hétéros piqués par la curiosité et même... quelques gays, tous coude à coude sur la piste.

Les choses se corsent quelque peu au **San Francisco Eagle** *(398 12ᵗʰ Street, ☎ 626-0880)*, un bar réservé aux purs et durs du cuir.

Les bars de lesbiennes ne se trouvent pas seulement autour de la rue Valencia, mais aussi dans d'autres coins de la ville. Ainsi, **The Café San Marcos** *(2367 Market Street, ☎ 861-3846)*, qui dessert surtout une clientèle féminine, est entouré de miroirs et de néons, et possède des tables de billard, des flippers et deux grands bars. Musique diffusée tous les soirs par les soins d'un disque-jockey.

The Wild Side West *(424 Cortland Street, ☎ 647-3099)*, un bar de Bernal Heights, est ouvert à tous, quoiqu'il soit surtout fréquenté par la gent féminine. Ses murs et plafonds rouges se parent de photos et de peintures, mais aussi de masques, de chaussures et de vêtements anciens. Vous pourrez y exercer vos talents à des jeux vidéo, écouter la musique émanant du juke-box ou les mélodies d'un groupe de musiciens, et même danser au rythme des bongos.

Le **Josie's Cabaret and Juice Joint** *(3583 16ᵗʰ Street, ☎ 861-7933)*, un cabaret qui présente des humoristes, des pièces de théâtre et des récitals, verse aussi bien dans la tragédie que dans la comédie. Les murs de cet ancien entrepôt entièrement rénové accueillent chaque mois une nouvelle exposition d'art.

Les femmes qui songent à se relaxer après une journée de travail peuvent se rendre à l'**Osento Bath House** *(13 h à 1 h; 955 Valencia Street, ☎ 282-6333)*, un paisible et confortable bain public à la japonaise. Le bassin carrelé occupe une pièce ensoleillée, et vous trouverez en outre sur les lieux des installations de massage et un sauna, de même qu'une terrasse de détente.

Le **Club Universe** *(droits d'entrée; 177 Townsend Street, ☎ 974-6020)* s'impose comme le bar dansant gay le plus branché lorsque vient le samedi soir. Les disques-jockeys y concoctent un mélange de musiques techno, *house* et disco sur lesquelles on danse allègrement.

Le **Theatre Rhinoceros** *(2926 16ᵗʰ Street, ☎ 861-5079)*, une troupe réputée qui se produit dans deux salles, le Rhino's Mainstage et le Rhino's Studio, présente des pièces portant sur des thèmes chers aux gays et aux lesbiennes.

La version san-franciscaine du courant dramatique «Off-Off Broadway», c'est-à-dire plutôt marginal, s'exprime entre autres au **The Marsh Theater** *(1062 Valencia Street, ☎ 641-0235)*, un petit établissement sans prétention qualifié de «créateur de nouveaux talents» qui présente fréquemment des pièces et des monologues (mais aussi d'autres spectacles) sur des sujets bien féminins. Le lundi soir est réservé aux productions inédites.

Dans le secteur de Polk Street, le **Polk Gulch Saloon** *(1100 Polk Street, ☎ 771-2022)* ouvre tôt et ferme tard. Le plus beau de tous les bars du quartier est cependant le **Kimo's** *(1351 Polk Street, ☎ 885-4535)*, généreusement garni de miroirs et de plantes, et imprégné d'une atmosphère on ne peut plus confortable. Un autre rendez-vous attrayant est le **Giraffe** *(1131 Polk Street, ☎ 474-1702)*, tout en chêne et en laiton.

Le **N'Touch** *(droits d'entrée les fins de semaine; 1548 Polk Street, ☎ 441-8413)* possède une piste de danse (disco) entourée de plusieurs écrans vidéo. La foule y est toujours enjouée. Ses feux clignotants et sa sonorisation généreuse en font un bon endroit pour danser et faire ribote.

Si vous êtes plutôt à la recherche d'un spectacle sur scène, faites un saut au **The Q. T.** *(1312 Polk Street, ☎ 885-1114)*. Ouvert sept soirs sur sept, il présente des formations musicales du mercredi au samedi, aussi bien des groupes locaux que des noms plus connus de l'extérieur.

LE MISSION DISTRICT

Le **Cesar's Latin Palace** *(droits d'entrée jeu-dim; 3140 Mission Street, ☎ 648-6611)*, perdu au cœur du Mission District, accueille des formations dont la musique épouse les rythmes de la salsa. La salle en est aussi vaste qu'un entrepôt, et il y a suffisamment de tables et de pistes de danse pour y loger confortablement une petite armée latino-américaine. *Hot*!

Plusieurs grandes troupes de théâtre expérimental parmi celles que compte la ville ont élu domicile dans le Mission District et ses environs. Parmi ces groupes, retenons le **Theatre Artaud** *(450 Florida Street, ☎ 621-7797)*.

Bon nombre de compagnies de danse remarquables se sont également établies ici. Vouées aux répertoires moderne et expérimental, elles comprennent la **Margaret Jenkins Dance Company** *(3973-A 25ᵗʰ Street, ☎ 863-1173)*, l'**Oberlin Dance Company** *(3153 17ᵗʰ Street, ☎ 863-6606)* et la **Della Davidson Dance Company** *(440 16ᵗʰ Street, ☎ 695-2979)*.

LA GOLDEN GATE NATIONAL RECREATION AREA

Au point où San Francisco rencontre l'océan Pacifique surgit le **Phineas T. Barnacle** *(1090 Point Lobos Avenue, ☎ 386-3330)*. Établi à l'intérieur de la Cliff House, il s'emplit lourdement de touristes et n'hésite pas à exiger le prix fort, mais la vue qu'il offre est incomparable puisque les Seal Rocks montent la garde au large.

Le **Magic Theatre** *(Fort Mason, Building D, ☎ 441-8822)* a présenté en avant-première plusieurs pièces de l'auteur dramatique Sam Shepard, lauréat du prix Pulitzer et dramaturge à demeure sur les lieux pendant plusieurs années.

L'«ARRIÈRE-COUR» DE SAN FRANCISCO

Le **Trad'r Sam** *(6150 Geary Boulevard, ☎ 221-0773)* se compare au Trader Vic's, quoiqu'il soit beaucoup moins cher et qu'on y ait beaucoup plus de plaisir. Vous y prendrez place sur des banquettes baptisées «Guam», «Samoa» ou encore du nom de diverses îles hawaïennes. Sirotez tranquillement des mixtures exotiques telles que Tahitian Deep Purples, Mai Taïs et Banana Cows, et plongez-vous dans l'atmosphère de la Polynésie des années quarante. Une véritable institution.

Sans doute l'établissement qui s'approche le plus d'un authentique pub de Dublin à San Francisco est-il **The Plough and the Stars** *(droits d'entrée ven-sam; 116 Clement Street, ☎ 751-1122)*, recouvert de panneaux de bois rembrunis et tapissé de caricatures à saveur politique. Une scène aménagée à l'arrière accueille de joyeuses formations folkloriques irlandaises presque tous les soirs.

Le **Last Day Saloon** *(406 Clement Street, ☎ 387-6343)* est un bar de quartier où l'on peut entendre du blues, du rock et du Motown, et ce, *live*. Attrayant, décontracté et cordial.

Un membre important de la famille des petits théâtres de la ville est l'**Asian American Theatre Company** *(403 Arguello Boulevard, ☎ 751-2600)*, représentatif de la communauté asiatique florissante de San Francisco.

LES SPORTS PROFESSIONNELS DANS LA RÉGION DE LA BAIE

Au base-ball, les Giants de San Francisco, qui disputent leurs parties locales au 3Com/Candlestick Park *(à l'angle des rues Jamestown et Harney; ☎ 415-468-3700)*, ont connu leur heure de gloire en 1989 lorsqu'ils ont atteint la finale de la Série Mondiale pour la première fois en plusieurs années. Malheureusement pour eux, ils devaient s'incliner devant leurs adversaires de la «Bay Area», les Athletics d'Oakland, qui remportaient ainsi leur premier championnat depuis leurs belles années (1972-1974), alors qu'ils étaient surnommés le «green and gold machine». Les parties locales des Athletics se jouent quant à elles à l'Oakland Alameda County Coliseum *(☎ 510-638-4900)*, dont l'entrée principale se trouve sur 66th Avenue.

Toujours au même 3Com/Candlestick Park, les Forty Niners de San Francisco, l'une des plus grandes puissances du football américain, défendent leurs nombreuses conquêtes du Super Bowl, consécration suprême de ce sport. Leurs voisins de la région de la Baie, les Raiders d'Oakland, sont récemment revenus à Oakland, eux qui, depuis plusieurs années, évoluaient à Los Angeles sous le nom de Rams. Tout comme les Athletics, les Raiders affrontent leurs adversaires à l'Oakland Alameda County Coliseum.

Au basket-ball, les Warriors du Golden State défendent leurs couleurs face à leurs rivaux de tous les coins des États-Unis (et même du Canada), toujours à l'Oakland Alameda County Coliseum. Les Sharks de San Jose, la nouvelle coqueluche de la Ligue nationale de hockey, dévorent leurs proies au San Jose Arena *(525 West Santa Clara, angle Autumn Street; ☎ 408-287-7070)*, communément appelé le «Shark Pond» (l'étang aux requins), par leurs supporters locaux.

Pour les activités sportives ayant lieu à San Francisco ou à Oakland, vous pouvez vous procurer des billets par l'entremise du centre BASS *(☎ 510-762-2277)*. À San Jose, composez le ☎ 408-998-2277.

Il est relativement facile d'obtenir des billets pour les matchs de base-ball et de hockey. Par contre, en ce qui concerne les matchs de football et de basket-ball, vous devez vous y prendre à l'avance, car les billets s'envolent comme des petits pains chauds.

MAGASINAGE

F leuristes, entrepôts de liquidation, ouvrages féministes, chapelets monastiques, boutiques chic, littérature érotique, cerf-volants, antiquités, bottes de cuir, galeries d'art contemporain, lingerie. Intrigué? Voilà quelques-unes des nombreuses gâteries que vous pourrez trouver aux quatre coins de San Francisco.

 LE CENTRE-VILLE

L'Union Square s'impose comme le centre incontesté du magasinage à San Francisco. Pour commencer, cet espace de verdure ponctué de pelouses et de haies (délimité par les rues Post, Geary, Stockton et Powell) est entouré de grands magasins à rayons : **Macy's** *(170 O'Farrell Street, ☎ 397-3333)*, **Saks Fifth Avenue** *(384 Post Street, ☎ 986-4300)* et **Neiman Marcus** *(150 Stockton Street, ☎ 362-3900)*, qui a vu le jour au Texas, sans oublier le prestigieux magasin de vêtements pour hommes **Bullock & Jones** *(340 Post Street, ☎ 392-4243)*. Jadis le fief exclusif des boutiques européennes spécialisées, l'Union Square devient de plus en plus prisé des magasins de chaussures sport, des comptoirs de commercialisation des produits des grandes firmes de divertissement et des magasins de vêtements d'intérêt général.

Mais nous n'avons encore parlé que du square. Au-delà pullulent également les commerces, et, sur Stockton entre autres (une des rues qui se dessinent en bordure du square), vous trouverez nombre de boutiques réputées.

Puis, en longeant la rue Post (une autre rue limitrophe du square), vous arriverez au **Gump's** *(135 Post Street,* ☎ *982-1616)*, qui renferme de jolis articles de décoration importés. De plus, lorsque vous en aurez assez des antiquités, de la porcelaine et des objets d'art orientaux, vous pourrez toujours visiter la salle du jade ou celle du cristal, à moins que vous ne préfériez prendre la direction du comptoir d'épicerie fine.

Pour une expérience vicariante sur le thème des gens riches et célèbres, parcourez les allées du **Giorgio Armani** de l'Union Square *(278 Post Street,* ☎ *434-2500)*, l'une des sept filiales américaines exclusives de cette chaîne de renom à tenir les articles de la collection Black Label du grand couturier. Tenues habillées et vêtements de sport sont élégamment présentés sous l'œil attentif du personnel de vente, qui ne révèle le prix d'un atour qu'avec discrétion.

Les rues des environs accueillent elles aussi une foule de magasins, qu'il s'agisse de joailleries, de boutiques de vête-ments signés, de magasins d'ameublement, de boutiques de tailleurs ou autre. Prenez donc la peine de fouiner partout, car on trouve ici de tout, de l'inattendu au franchement bizarre.

Côté inattendu, force nous est de mentionner **Victoria's Secret** *(335 Powell Street,* ☎ *433-9671)*, un secret rarement divulgué puisqu'on se le chuchote plutôt à l'oreille entre intimes. Cela se comprend lorsqu'on sait que Victoria vend des dessous en dentelle et des teddys aussi minces que du papier à des prix tout simplement scandaleux. Mais la variété... la qualité... la douceur... bref, de la lingerie comme vous n'oseriez jamais en porter.

La **Galleria** *(50 Post Street,* ☎ *956-2846)* est une promenade coiffée d'un dôme en verre le long de laquelle s'alignent nombre de boutiques à la mode. Ce rendez-vous d'une clientèle d'affaires huppée révèle aussi bien des articles signés par de grands couturiers que d'élégants cadeaux.

La **Braunstein/Qualy Gallery** *(250 Sutter Street, ☎ 392-5532)* se veut un endroit remarquable où vous pourrez admirer les œuvres d'artistes locaux. Ainsi qu'en fait foi le catalogue de la maison, sa propriétaire Ruth Braunstein «incarne l'énergie fougueuse, irrépressible et irrévérencieuse de l'univers des arts san-franciscain». Cette galerie contemporaine expose en outre des œuvres provenant de diverses parties du monde.

Le **Tillman Place Bookshop** *(8 Tillman Place, ☎ 392-4668)* est une minuscule librairie perdue au fond d'une ruelle. À l'intérieur, toutefois, vous découvrirez une précieuse collection d'ouvrages imagés, de classiques en format de poche et de guides de voyage, tous présentés dans un décor victorien.

The Candy Jar *(210 Grant Avenue, ☎ 391-5508)* prend des allures de paradis pour les inconditionnels du chocolat. Cette boutique de friandises raffinées regorge de rutilantes boîtes dorées garnies d'irrésistibles chocolats Godiva et, pour ceux qui ne se refusent rien, de truffes maison.

Si vous aimez les jouets, vous ne trouverez pas mieux que **FAO Schwarz** *(48 Stockton Street, ☎ 394-8700)*. Cette succursale du célèbre magasin de la 5e Avenue à New York vous livre trois étages pleins à craquer de cerfs-volants spectaculaires, d'ensembles de bricolage à faire rêver et d'animaux en peluche plus grands que nature. Vous y trouverez de tout, des villes en Lego aux robes de poupée signées et aux plus récents jeux d'ordinateur. Un véritable pays des merveilles pour enfants de tout âge.

À la recherche de cartes géographiques et de guides de voyage? Songez à **Thomas Brothers Maps** *(550 Jackson Street, ☎ 981-7520)*, qui produit plusieurs des cartes qu'il vend. L'établissement est d'ailleurs réputé pour la qualité exceptionnelle de ses plans de ville.

Mais ne négligez pas pour autant le **Rand McNally Map & Travel Store** *(595 Market Street, ☎ 777-3131)*, qui recèle à peu près tout ce qu'un voyageur peut désirer, des guides de voyage aux cartes, aux globes terrestres, aux cours de langue sur cassettes et aux jeux de géographie pour enfants.

B. Dalton's Bookseller *(200 Kearny Street, ☎ 956-2850)*, succursale locale d'une chaîne nationale, vend des livres sur deux étages. À quelques pas du square Union, vous apercevrez **Borders Books & Music** *(400 Post Street, ☎ 399-0522)*, dont les quatre étages regorgent de livres, de disques compacts, de cassettes... et de fauteuils dans lesquels vous pouvez vous installer pour mieux consulter les ouvrages qui vous intéressent; faites également une halte au Café Espresso pour un express, un soda italien ou un casse-croûte. Si ce sont plutôt les livres et revues d'occasion qui piquent votre cusiosité, rendez-vous au **McDonald's Bookshop** *(48 Turk Street, ☎ 673-2235)*. Ce dédale poussiéreux d'allées encombrées du quartier Tenderloin pourrait fort bien vous garder occupé pendant des heures. Il se targue en effet de posséder plus d'un million d'ouvrages, de même qu'un vaste assortiment de revues remontant jusqu'aux années vingt, y compris une collection complète de *Life*, dont la publication a débuté en 1936. Et que dire des centaines de photos anciennes et de la collection de livres et de photographies sur James Dean?

Harold's Hometown News *(524 Geary Street, ☎ 441-2665)* se spécialise dans les journaux, quotidiens et autres, de toutes les villes du monde (ou presque). Les voyageurs souffrant du mal du pays ou simplement en quête des dernières nouvelles de leur mère patrie y verront une véritable bénédiction.

À l'intérieur du Monadnock Building, l'un des plus beaux édifices de bureaux historiques du centre-ville de San Francisco, **American Indian Contemporary Arts** *(fermé dim-lun; 685 Market Street, n° 250, ☎ 495-7600)* est l'endroit tout indiqué pour dénicher des œuvres amérindiennes traditionnelles et contemporaines. Parures en fleurs de courge, masques artistiques et mocassins y côtoient des peintures à l'acrylique et des pièces faisant appel à diverses techniques, sans parler des bouquins, des affiches et des enregistrements vidéo sur les Amérindiens. Le jardin de sculptures du Monadnock se prête en outre merveilleusement bien à un déjeuner hors de l'ordinaire.

Le **San Francisco Shopping Centre** *(angle 5th Street et Market Street, ☎ 243-8500)*, un centre commercial aménagé sur neuf étages, s'enorgueillit de six ascenseurs qui grimpent en spirale autour d'un atrium ovale en granit et en marbre jusqu'à une verrière rétractable. Le complexe renferme 90 boutiques haut de gamme qui vendent de tout, des vêtements de sport pour hommes et femmes aux bijoux et aux cadeaux exclusifs. Par ailleurs, un magasin à rayons de haute mode de cinq étages, le **Nordstrom**, occupe la partie supérieure du complexe.

 AUTOUR DU CIVIC CENTER

La Hayes Valley, délimitée par les rues Hayes, Franklin, Grove et Gough, s'étend immédiatement à l'ouest du Civic Center. On y note particulièrement la présence de la **Vorpal Gallery** *(393 Grove Street, ☎ 397-9200)*, l'une des meilleures galeries d'art de la ville. Elle expose des œuvres de Jesse Allen, de Ken Matsumoto et d'autres artistes contemporains. Vous y trouverez même des tableaux et des gravures de maîtres du XXe - siècle aussi prestigieux que Pablo Picasso et M. C. Escher.

De l'autre côté de la rue, la **San Francisco Women Artists Gallery** *(370 Hayes Street, ☎ 552-7392)* fait valoir des œuvres signées par des femmes de la région de la baie. La variété des pièces présentées, qu'il s'agisse d'art ou d'artisanat, se révèle impressionnante, et leur qualité est d'un niveau appréciable. Notez par ailleurs qu'il existe plusieurs autres galeries dans le voisinage immédiat de celles-ci, ce qui fait de la rue Hayes une enclave artistique en soi.

F. Dorian *(388 Hayes Street, ☎ 861-3191)* se spécialise dans l'artisanat du monde entier et possède des pièces aussi bien ethniques que contemporaines. L'entreprise propose aussi des meubles anciens des Philippines, des lampe à huile de l'Inde, des coffrets à journal intime de l'Indonésie et des bijoux exotiques.

À quelques rues de là se dresse l'**Opera Plaza** *(à l'angle des avenues Van Ness et Golden Gate)*, un centre commercial aménagé autour d'un atrium central agrémenté d'une fontaine où vous trouverez des boutiques, des restaurants et un cinéma. Un endroit agréable où faire une pause et profiter de l'air du temps. Il renferme entre autres une excellente librairie qui fera le bonheur des amants de la lecture, **A Clean Well-Lighted Place For Books** *(601 Van Ness Avenue, ☎ 441-6670)*.

SOUTH OF MARKET

Le grand quartier général des magasins d'aubaines de San Francisco se trouve à South of Market, dont les espaces commerciaux proposent de tout, des collants de danseurs aux robes de mariées. Le meilleur temps pour vous y rendre est le samedi matin de très bonne heure, soit avant que n'y arrivent les cars entiers de visiteurs venus exprès de l'extérieur de la ville. La nature même des boutiques à prix coupés fait que leurs heures d'ouverture, voire leur longévité même, sont souvent limitées; prenez donc toujours la peine de téléphoner au préalable pour vous assurer des heures d'ouverture. Vous trouverez un regroupement particulièrement important de ces établissements à l'intérieur du quadrilatère délimité par les rues Market, Townsend, 2nd et 9th.

Des vêtements de marque pour toute la famille et même quelques bijoux, tous démarqués de 40 % à 70 %, voilà ce qui vous attend au **Six Sixty Center** *(dim 12 h à 17 h; 660 3rd Street, ☎ 227-0464)*.

Pour des aubaines incomparables sur les cassettes et les disques compacts, foncez tout droit vers le **Tower Record Outlet** *(660 3rd Street, ☎ 957-9660)*.

La distinguée maison d'encan **Butterfield & Butterfield** *(220 San Bruno Avenue, ☎ 861-7500)* organise régulièrement des ventes aux enchères ouvertes au public.

North Face *(1325 Howard Street, ☎ 626-6444)*, le *nec plus ultra* des magasins d'articles de sport et de camping à rabais, vend des tentes, des vêtements d'extérieur, des sacs de couchage, des sac à dos et de l'équipement de toute sorte. Son immense entrepôt renouvelle constamment ses stocks.

Le **Flower Mart** *(angle 6th Street et Brannan Street)*, qui se trouve également à South of Market, regroupe des douzaines de fleuristes offrant leur marchandise à très bon prix.

En marchant ou en roulant au-delà du périmètre que nous avons établi, vous multiplierez vos possibilités de découvrir aussi bien des magasins d'écoulement de céramiques d'occasion que des entrepôts de liquidation temporaires proposant vanneries et meubles en osier à profusion.

Un peu plus loin encore surgit l'un des meilleurs magasins d'usines de la ville : l'**Esprit Outlet** *(449 Illinois Street, ☎ 957-2500)*. Il s'agit d'un gigantesque entrepôt où l'on pousse volontiers un chariot à emplir de pantalons, de robes, de blouses, de costumes et de chaussures.

AUTOUR DE L'EMBARCADERO

Dans ce secteur, on se rend d'emblée à l'**Embarcadero Center**, sur la rue Sacramento, pratiquement au pied de Market Street. Ce complexe occupe les trois étages inférieurs de cinq gratte-ciel juxtaposés, et sa haute structure voûtée de verre et de béton en fait presque un village en soi, peuplé de magasins et restaurants. Vous passerez d'un édifice à l'autre par des couloirs s'ouvrant sur une kyrielle de commerces, à tel point qu'on peut dire que l'Embarcadero Center est aux amateurs de magasinage ce que Disneyland est aux enfants. On y trouve en effet de tout : des librairies, des boulangeries-pâtisseries, des bijouteries, des boutiques de cadeaux, des kiosques à journaux, des magasins de photos, un autre de bagages et un autre encore entièrement voué à la nature... Il y a même un «magasin général», sans compter les douzaines de restaurants, bars salons et bistros express. Un dédale sans fin.

LE CHINATOWN

Dans le Chinatown, l'unique côtoie volontiers le commun, et, si vous parvenez à passer outre aux boutiques de souvenirs, dont beaucoup se spécialisent dans les «produits chinois» fabriqués aux États-Unis, vous ne manquerez pas de découvrir de véritables perles, à savoir des œuvres d'art et d'artisanat chinois, de même que des antiquités asiatiques.

L'avenue Grant fait office de centre commercial dans ce quartier, mais les résidants lui préfèrent Stockton Street. Nous vous conseillons, quant à nous, de parcourir les deux artères et les rues transversales que vous croiserez sur votre route, car vous trouverez ici certaines des meilleures aubaines de la ville.

Après cette introduction sans éclat, poursuivez sur cette artère commerciale passante, bruyante et sillonnée d'enseignes au néon qu'est l'avenue Grant, où les stimulations sensorielles excessives et la consommation à outrance font partie de la vie de tous les jours. Mais ne vous laissez pas dérouter par ce masque coloré à souhait : sous ce voile criard gît la vraie nature du quartier.

L'âme profonde de Grant se trouve quelque part entre les souvenirs de Hong Kong et les tapisseries anciennes, et, bien qu'on y vende une quantité phénoménale de pacotille, nombre de boutiques spécialisées sont à même de vous laisser entrevoir la richesse de l'art et de l'artisanat chinois. Pénétrez, par exemple, dans un magasin de soieries pour en admirer les kimonos, ou faites une halte dans un salon de thé pour goûter l'une ou l'autre des centaines de variétés de thé qu'on y propose.

Votre premier arrêt sur l'avenue Grant est incontournable, et nous avons nommé le **Canton Bazaar** *(616 Grant Avenue, ☎ 362-5750)*. Ce grand magasin comblera en effet les plus curieux. Des statues de bois et des Bouddhas rieurs de 2 m en encadrent l'entrée, et attirent aussi bien les incrédules que les gobe-tout. À l'intérieur, les étalages se chargent de pièces d'une qualité exceptionnelle, des céramiques aux bijoux en or et en jade. L'étage inférieur regorge de vêtements, tandis que l'étage supérieur, une addition récente, est consacré aux meubles. Parmi les antiquités, vous y trouverez des peintures bouddhistes, des pièces murales en soie écrue et des statues finement sculptées.

Toujours sur Grant, plusieurs boutiques spécialisées méritent de retenir votre attention. Le **Chinatown Kite Shop** *(717 Grant Avenue, ☎ 391-8217)* s'emplit de cerfs-volants cubiques et en forme de dragons.

Le **Wok Shop** *(718 Grant Avenue, ☎ 982-2299)* vend pour sa part tous les types de woks imaginables (en acier ordinaire, en fonte, en Teflon, électriques...), de même que tous les accessoires nécessaires pour cuisiner d'enivrants plats sautés, de succulents poulets rôtis et de savoureux *shiu mai*. Par ailleurs, n'oubliez pas de jeter un coup d'œil aux serviettes et au magnifique assortiment de tabliers.

Tout près, au **Far East Flea Market** *(729 Grant Avenue,*
☎ 989-8588), vous trouverez aussi bien des vêtements que des
cages d'oiseau, sans oublier les éventails et les coffrets
décoratifs venant directement de Chine.

À l'intérieur du New China Trade Center, **Chong Imports**
(838 Grant Avenue, ☎ 982-1434) semble proposer tous les
articles qu'on trouve ailleurs sur l'avenue Grant, des cerfs-
volants colorés aux fleurs en papier, aux découpages en
dentelle et aux théières chinoises. Les prix y sont en outre aussi
alléchants que la marchandise.

Lorsque viendra le temps de songer aux livres et aux revues,
rendez-vous sans faute au **New China Bookstore** *(642 Pacific*
Avenue, ☎ 956-0752). Fondée en 1970 par M. Jimmy Lee,
cette librairie recèle une fascinante collection de livres pour
adultes et pour enfants. Les livres pour enfants sont illustrés de
singes et de dragons, et révèlent une sagesse bien vivante.
M. Lee se met en quatre pour répondre à vos questions et vous
faire des suggestions de cadeaux. Son commerce, une version
orientale du magasin général que nous connaissons, regorge de
bibelots, de boîtes à thé, de jouets et de découpages; il fait en
outre office de centre biculturel et bilingue (anglais et chinois).
Un endroit tout simplement magique.

 NORTH BEACH

Magasiner à North Beach donne lieu à une grande escapade. En
parcourant les vitrines, faites comme les Siciliens en gardant
l'œil ouvert pour quelque trésor d'Italie, telles ces céramiques
peintes à la main et ces pièces murales colorées qui égaient
encore nombre de demeures du vieux pays.

Les amateurs de mode trouveront ici de chic boutiques ainsi
que des commerces de nouveautés avant-gardistes. Pour
débuter, pourquoi ne pas choisir un établissement alliant à la
fois le traditionnel et le moderne? Le **City Light Bookstore**
(261 Columbus Avenue, ☎ 362-8193), un antre auréolé aux
formes bizarres, recèle une mine de revues d'art et de politique,
de même que des ouvrages portant sur tous les sujets, du
nirvana au «*le présent est roi*». Jadis un lieu de rencontre pour
des écrivains de la génération *beat* tels qu'Allen Ginsberg, Jack
Kerouac et Neal Cassady, il demeure un rendez-vous essentiel

pour les artistes locaux. Le choix de livres est unique, et comporte nombre de titre de poésie et de prose qu'on ne trouve nulle part ailleurs. Qui plus est, le City Lights vous permet de vous installer dans un fauteuil et de vous immerger dans la lecture de quelque classique ou simplement de prendre part à une conversation entre amis.

Il n'y a pas grand-chose à dire de **Quantity Postcard** *(1441 Grant Avenue,* ☎ *986-8866)*, sinon qu'il porte bien son nom. Le choix de cartes postales y est en effet renversant. Il y en a pour tous les goûts : des cuivrées, de conventionnelles cartes touristiques des 50 États de l'Union, des cartes en trois dimensions, des cartes de vedettes de cinéma, et même des cartes qui émettent un son lorsque vous les pressez du doigt.

Biordi Art Imports *(412 Columbus Avenue,* ☎ *392-8096)* fournit la réponse italienne à la vie des hautes sphères. Spécialisé dans les céramiques italiennes, cet établissement foisonne d'importations, qu'il s'agisse de pichets florentins peints à la main, d'art populaire de Simone de Palerme ou d'appareils destinés à fabriquer vos propres pâtes. Si vous souhaitez plutôt décorer votre maison, Biordi vous propose des porte-parapluies peints à la main, des miroirs muraux encadrés de fruits en céramique et divers autres objets on ne peut plus kitsch. En vous baladant dans les allées, vous aurez l'impression de visiter une foire d'artisanat italienne.

Traversez la rue pour vous rendre au **Postermat** *(401 Columbus Avenue,* ☎ *421-5536)*, où vous dénicherez des affiches de cinéma, des gravures et des cartes originales. Le magasin de Ben Friedman est devenu une véritable institution de San Francisco, et l'endroit est on ne peut mieux choisi pour faire l'acquisition d'une pièce murale ou d'une bricole quelconque. L'exceptionnel assortiment d'affiches provenant des anciennes salles de bal Fillmore et Avalon revêt un intérêt particulier, ces créations des années soixante incorporant des éléments psychédéliques et des collages de grande qualité qui en font des pièces de collection.

Enfin, une visite des commerces de North Beach ne serait pas complète sans un détour du côté de l'**A. Cavalli & Company** *(1441 Stockton Street,* ☎ *421-4219)*. En activité depuis 1880, cette entreprise familiale comble les besoins les plus divers dans le quartier en proposant une variété de livres de recettes italiennes, de disques et de cassettes, honorant aussi bien Pavarotti que la nouvelle vague musicale italienne. Comme si cela ne suffisait pas, il y a aussi des affiches de voyage italiennes, des gravures des opéras de Puccini, des films italiens sur cassette vidéo et des revues importées directement de Rome.

 AUTOUR DU FISHERMAN'S WHARF

Le Fisherman's Wharf est un paradis du magasinage... à condition de savoir ce que vous faites. Sinon, il peut très bien se transformer en royaume de la bêtise. Ce secteur fortement touristique abrite un véritable labyrinthe de boutiques, de centres commerciaux, de galeries marchandes et de salles d'exposition, dont la plupart se spécialisent dans la camelote onéreuse.

Tout invitantes que puissent être ses promenades en bois et ses constructions à clins, le **Pier 39** *(angle Embarcadero et Beach Street, ☎ 981-7437)* n'est pas vraiment l'endroit rêvé pour dénicher une aubaine ou une antiquité de choix. Vous êtes ici au royaume des touristes, et les boutiques de cadeaux renferment plutôt de mignonnes cartes postales ou des licornes en céramique. Il y a aussi des restaurants, divers autres commerces et une salle de jeux électroniques. Cela dit, les enfants apprécient souvent l'atmosphère carnavalesque qui règne sur les lieux.

Nous ne saurions assez décrier les attrape-touristes, et pourtant des millions de gens prennent d'assaut le Pier 39 chaque année, parcourant à qui mieux mieux ses deux étages et sa centaine de commerces dans un décor factice de début du siècle. Parmi le lot, il existe toutefois une exception : **The National Park Store** *(Pier 39, ☎ 433-7221)*, la seule librairie que nous connaissions à offrir une vue sur une colonie d'otaries se prélassant au soleil. Vous y trouverez un choix complet de guides sur la randonnée pédestre, la vie sauvage et les destinations de voyage, mais aussi des jouets éducatifs, des objets d'art et d'artisanat amérindiens et divers autres articles.

Si vous vous intéressez aux objets fabriqués dans la région, surveillez bien les **kiosques de vendeurs ambulants.** Installés sur Beach Street, entre Hyde et Larkin, et sur différentes rues transversales du quartier, ils proposent en effet des articles faits main à des prix à la portée de tous. Bijoux, ceintures, statuettes, photos encadrées de San Francisco, chemises nouées-liées-teintes, cerfs-volants... et tout ce qu'on peut imaginer fabriquer par ici.

Avant d'acheter quoi que ce soit en ville, les résidants se rendent au **Cost Plus World Market** *(2552 Taylor Street, ☎ 928-6200)* pour voir si l'objet de leur convoitise s'y trouve. Dans l'affirmative, ils savent qu'ils le paieront moins cher; sinon, probablement qu'ils n'en ont pas vraiment besoin. On peut en effet se procurer ici des bijoux, des céramiques, des pièces murales et une foule d'autres articles, entre autres des frottis provenant de temples thaïlandais, des ambres d'Égypte, des tissus indiens cousus de miroirs, des affiches panoramiques de San Francisco, des cuivres, des meubles, des vêtements, des mets fins, des vins... Bref, à peu près tout ce qui existe sous le soleil, et à des prix qui vous réchaufferont le cœur.

Un autre endroit volontiers fréquenté par les habitants de la ville est l'ancienne conserverie de brique qui se trouve sur les rues Jefferson et Leavenworth. Grâce à des architectes novateurs, **The Cannery** *(☎ 771-3112)* a pu être transformée en centre commercial de trois étages et parsemée de commerces dignes d'intérêt, dont certains qui proposent des objets faits main. La place centrale, qu'honorent des oliviers et diverses plantes, révèle des tables à pique-nique, plusieurs cafés et un comptoir de restauration rapide.

Les amateurs de chocolat qui ne le savent pas seront heureux d'apprendre que le siège original des chocolats Ghirardelli, le **Ghirardelli Square** *(900 North Point Street, ☎ 775-5500)*, a lui aussi été reconverti en centre commercial. Cette usine du début du siècle présente un autre exemple d'architecture industrielle mise au service de besoins plus modernes. Autour des anciennes machines servant à fabriquer le chocolat, vous découvrirez une myriade de commerces, des magasins d'usines des grands couturiers aux boutiques, aux magasins d'importation et aux comptoirs d'articles les plus divers.

Entre autres, retenons **Folk Art International** *(Ghirardelli Square, 900 North Point Street, ☎ 928-3340)*, qui propose des chemises guatémaltèques tissées suivant les méthodes ancestrales, des sculptures populaires, des paniers, des poteries, des masques sculptés à même des noix de coco et d'autres objets d'artisanat fabriqués en Amérique latine. L'Europe et l'Asie sont aussi représentées : bijoux antiques des Indes et ambre fin de la Baltique travaillé en Pologne et au Danemark.

Vous détenez donc désormais le secret du magasinage au Fisherman's Wharf : cherchez les vendeurs ambulants, foncez tout droit vers Cost Plus, The Cannery et l'ancienne usine de chocolat, et oubliez tout le reste.

 UNION STREET

Il ne fait aucun doute que la rue Union regorge d'occasions de crever votre budget. Riche en boutiques de mode de grands couturiers et d'importations rares, cette rue victorienne recèle de la marchandise de toute première qualité à des prix inégalés en ville. Mais, comme le dit si bien le dicton, «il n'en coûte rien de regarder».

Kozo *(1969-A Union Street, ☎ 351-2114)* vend des papiers japonais faits main d'une exquise finesse, des plumes somptueuses, des livres aux pages vierges et des albums photo également faits main, autant d'exemples d'une des nombreuses formes que revêt l'art japonais.

Des oursons et des poupées vous attendent de la cave au grenier au **Bears & Dolls of Charlton Court** *(1957 Union Street, ☎ 775-3740)*, une minuscule boutique située tout juste en retrait d'Union Street. Il y a des oursons de marins, des oursons de cirque, des oursons patriotiques et des centaines d'autres oursons, dont la taille varie entre 4 cm et 1 m. Vous y trouverez en outre des modèles anciens du début du siècle et un vaste assortiment de poupées modernes.

L'un de ces endroits où vous pouvez vous rincer l'œil, au point de développer une fixation, est **Enchanted Crystal** *(1895 Union Street, ☎ 885-1335)*, qui renferme un trésor de pièces en verre réalisées par environ 70 artisans et que ses pièces en quartz de niveau mondial ont rendu célèbre. Ses vitrines, extravagantes, follement imaginatives et éblouissantes, sont à faire rêver. D'ailleurs, outre sa clientèle régulière, ce magasin dessert des métaphysiciens en herbe et d'autres fervents des mystérieux pouvoirs des cristaux.

Bay Moon *(1832 Union Street,* ☎ *775-7414)* se spécialise pour sa part dans les bijoux en argent finement ouvragés par des artistes californiens.

Les collectionneurs viennent de tous les coins du pays pour acheter les œuvres d'art des Amérindiens de l'Alaska exposées à **Images of the North** *(1782 Union Street,* ☎ *673-1273)*. Cette galerie représente en effet plus de 100 artistes inuit et propose des sculptures dignes des plus grands musées, à l'effigie de personnages, d'animaux sauvages et de créatures mythiques, tous sculptés dans la stéatite, la serpentine ou la corne de bœuf musqué, de même que des bijoux en ivoire de morse. Même si vous n'avez pas les moyens de vous offrir un de ces objets, n'hésitez surtout pas à y pénétrer car c'est un régal pour les yeux.

Si vous êtes à la recherche d'objets rares et d'articles de décoration exclusifs, songez à **Silkroute** *(3119 Fillmore Street,* ☎ *563-4936)*. Même si vous n'avez nullement l'intention d'acheter quoi que ce soit, vous vous devez de jeter un coup d'œil à la marchandise. Vous y trouverez, entre autres, des tapis d'Inde et des masques rituels d'Afrique, quoique la boutique se spécialise surtout dans l'artisanat afghan. Parmi les objets de collection, mentionnons les foulards, les coussins, les bijoux, les vêtements et accessoires d'habillement, et même des théières de 500 ans!

PACIFIC HEIGHTS

Upper Fillmore et Sacramento Street constituent deux secteurs propices au magasinage à proximité de Pacific Heights. Par «Upper» Fillmore (la haute rue Fillmore), il faut aussi bien entendre «élevée» que «huppée». Ce boulevard légèrement pentu s'étire de Sutter Street à Jackson Street (sept rues au total) et se trouve bordé de boutiques de couturiers, de galeries d'art, de comptoirs d'épiceries fines, de magasins d'accessoires de salle de bain et de divers autres commerces. Très chic!

Vous êtes naturellement en quête d'un perroquet, d'une perruche ou d'un grand cacatoès. Sinon, qu'à cela ne tienne, rendez-vous tout de même au **Spectrum Exotic Birds** *(2011 Fillmore Street,* ☎ *922-7113)*, où l'on vend une foule d'oiseaux de toutes les couleurs.

Tout est trop cher, dites-vous? Pas du côté de **Seconds To Go** *(2252 Fillmore Street, ☎ 563-7806)*, qui tient un assortiment de vêtements d'occasion pour hommes et femmes.

Notons aussi la présence d'une librairie sur votre parcours, **Browser Books** *(2195 Fillmore Street, ☎ 567-8027)*.

L'une des rues qui croisent ce tronçon de Fillmore est Sacramento Street. Empruntez-la sur quelques centaines de mètres vers l'ouest, et vous découvrirez une autre artère commerciale à croissance rapide. Les magasins n'y sont pas aussi rapprochés les uns des autres que sur d'autres artères, mais vous trouverez néanmoins un certain nombre de boutiques chic entre Broderick et Spruce.

Il s'agit en fait d'un véritable secteur commercial de quartier, ponctué de galeries d'art, de boutiques variées, d'antiquaires et de magasins répondant aux besoins immédiats de la population locale. Profitez-en donc pour visiter le quartier, qui possède un certain nombre de maisons victoriennes à couper le souffle.

Entre les rues Lyon et Spruce, des n°s 3200 à 3600, vous apercevrez une série de boutiques et magasins à la mode. **Arts of the Americas** *(sur rendez-vous seulement; ☎ 346-0180)*, aussi chic que coûteux, propose des œuvres du Sud-Ouest américain, des bijoux et carpettes amérindiens, de même que des pièces d'orfèvrerie et des antiquités mexicaines.

 LE JAPANTOWN

Dans ce quartier asiatique, on magasine surtout au Japan Center, un centre commercial moderne. Ainsi que vous pourrez le constater, la plupart des adresses qui suivent se trouvent d'ailleurs à l'intérieur de ce complexe.

Shige Nishiguchi Antiques *(1730 Geary Boulevard, ☎ 346-5567)* se spécialise dans les kimonos anciens, de somptueux vêtements de soie à la fois lourds et raffinés. On y expose en outre des poupées vêtues de kimonos miniatures.

Asakichi *(1730 Geary Boulevard, n° 108, ☎ 921-2147)* propose des meubles anciens et des œuvres d'art et d'artisanat asiatiques. Accordez une attention toute spéciale à ces lourds et anciens coffres en bois qu'on désigne sous le nom de *«tansu»*. Passablement encombrée, la boutique n'en est pas moins fascinante et saura sans doute vous tenter avec ses porcelaines de table, ses coupes à saké et ses tissus d'une autre époque.

Le **Kinokuniya Bookstore** *(1581 Webster Street, ☎ 567-7625)* prend des airs d'entrepôt plein à craquer d'ouvrages sur la langue et la culture japonaises. Parmi ceux-ci, vous découvrirez des livres d'histoire, des récits de voyage et des recueils de recettes, en anglais et en japonais. Le même bâtiment abrite **Kinokuniya Stationery and Gift** *(1581 Webster Street, ☎ 567-8901)*, où vous pourrez faire le plein de cartes postales, de calendriers et de papeterie, à saveur japonaise il va sans dire.

L'un des magasins les plus fascinants du Japan Center est **Mashiko Folkcraft** *(1581 Webster Street, ☎ 346-0748)*, qui présente des œuvres d'art populaire japonais et qui fait en quelque sorte figure de musée. Vous pourriez y dénicher un ensemble à tabac du XVIII⁰ siècle ou un coussin de papier mâché peint à la main. Les prix s'accordent souvent avec l'âge des précieux objets, mais il y a tout de même des articles à prix abordables tels que vaisselle en céramique et porte-baguettes en porcelaine.

Pour des cadeaux à bons prix, quittez le Japan Center et prenez la direction de **Nichi Bei Bussan** *(1715 Buchanan Mall, ☎ 346-2117)*, qui propose une sélection d'articles asiatiques allant du kimono de tous les jours aux porte-monnaie en papier de riz. Cependant, il y a aussi quelques trésors, comme ces pièces murales en batik et ces chaussures japonaises.

HAIGHT-ASHBURY

Le quartier Haight-Ashbury, rehaussé de maisons victoriennes peintes de couleurs multiples, s'embourgeoise peu à peu. On transforme les vieux bâtiments, et de chic boutiques s'y installent de plus en plus. Il s'ensuit que la rue Haight, autrefois une avenue comme tant d'autres, flanquée de quincailleries et d'épiceries du coin, devient rapidement fréquentée et branchée.

Laissez-vous envelopper par l'aura éthérée de **Breath of Heaven** *(1715 Haight Street,* ☎ *221-1638)*, et ramenez-en quelque crème, lotion, huile de bain ou bougie.

Outre son nom original, **Off The Wall** *(1669 Haight Street,* ☎ *863-8170)* s'enorgueillit d'une attrayante collection d'affiches artistiques contemporaines et d'un vaste assortiment d'œuvres issues du courant du nouveau rock.

The Soft Touch *(1580 Haight Street,* ☎ *863-3279)*, tenu par un regroupement d'artistes de la région de la baie, présente des sculptures et des bijoux. Toutes les pièces y sont originales, le magasin étant d'ailleurs lui-même unique en son genre. Reluquez les vêtements et céramiques de création locale, ainsi que des œuvres d'art aux frontières de l'abstrait. Comme l'expliquent ses propriétaires, cette galerie est destinée à «inspirer et amuser le public et les artistes eux-mêmes».

Au **Planet Weaver's Treasure Store** *(1573 Haight Street,* ☎ *864-4415)*, vous trouverez de l'artisanat autochtone, des masques, des vêtements, des tambours, des livres, des cartes, des enregistrements musicaux, des produits de soins personnels et des centaines d'autres articles provenant des quatre coins du globe. L'accent y porte surtout sur l'art et l'artisanat des pays en voie de développement, ce qui en fait un endroit plein de surprises.

Habillez-vous au gré de vos fantaisies à la **Piedmont Boutique** *(1452 Haight Street,* ☎ *864-8075)*. Joignez-vous aux travestis et aux effeuilleuses qui fréquentent cet établissement pour ses robes de soirée taillées sur mesure, ses boas, ses colifichets et ses bracelets, et procurez-vous une tenue du tonnerre pour un bal costumé ou simplement pour mieux vous fondre dans la foule bigarrée de Haight-Ashbury. Un magasin comme on n'en trouve guère ailleurs.

Gargoyle Beads *(1310 Haight Street,* ☎ *552-4274)* vend des milliers de perles colorées de toutes sortes. Prenez un bac à glaçons, et remplissez-le de graines, de cristaux, de céramiques ou de tout autre type de perle qui vous chante. Achetez ensuite une bobine de fil, et vous voilà fin prêt à confectionner colliers, pendants d'oreilles et rideaux suspendus.

Distraction *(1552 Haight Street, ☎ 252-8751 pour les deux magasins)* propose de magnifiques cartes de vœux, gays ou non, des articles pour fumeurs et des objets populaires de l'époque des hippies tels que clochettes, encens, bijoux et vêtements noués-liés-teints. Derrière se trouve **Euphoria**, spécialisé dans l'artisanat.

À une rue au nord de Haight Street, **San Francisco Stained Glass** *(345 Divisadero Street, ☎ 626-3592)* vend des vases, des lampes, des horloges et des miroirs en verre teinté.

 LES QUARTIERS GAYS

La section commerciale de la rue Castro s'étend de 19th Street à Market Street, puis se prolonge de plusieurs rues sur «Upper Market». On trouve aussi plusieurs magasins intéressants sur 18th Street. Quoique étonnamment compact, ce secteur regroupe des commerces très variés, et, avec Polk Street, il constitue les principaux rendez-vous des gays de San Francisco au moment de faire leurs achats.

Quant aux perles, turquoises et bijoux en argent, mais aussi aux autres formes de parures, vous les trouverez au **The Bead Store** *(417 Castro Street, ☎ 861-7332)*, un minuscule magasin archibondé d'attrayantes merveilles.

Magasiner chez **Under One Roof** *(2362-B Market Street, ☎ 252-9430)*, c'est en quelque sorte participer à une bonne œuvre. Ce magasin étant financièrement soutenu par diverses sociétés, la totalité de ses profits est versée à une soixantaine d'organismes de la Californie du Nord voués à la lutte contre le sida. On y vend un large éventail d'articles, des bougies, des savonnettes, des crèmes pour le corps, du café, des friandises, des t-shirts, des bijoux et des ouvrages d'inspiration gay ou lesbienne.

Peut-on imaginer nom plus anonyme que **Brand X Antiques** *(570 Castro Street, ☎ 626-8908)*? Vous y découvrirez une variété d'antiquités et d'objets d'art décoratifs faisant de merveilleux cadeaux ou souvenirs. Les bijoux de marque Estate, toujours fort prisés, font également partie de la collection. Mais encore? Des porte-cigarettes en argent, des figurines de verre, des Bouddhas chinois, des porcelaines rares et divers autres articles fabuleux complètent l'inventaire de cette boutique elle-même fascinante.

Headlines *(2301 Chestnut Street, 549 et 557 Castro Street, 838 Market Street, ☎ 956-4872)* s'impose comme la version gay du grand magasin à rayons traditionnel. Chaque succursale, immense à souhait, consacre ses rayons aux vêtements, aux épinglettes-chocs, aux articles ménagers, aux cartes de vœux, aux bijoux, aux oursons en peluche et aux bric-à-brac. Arpenter Castro Street et passer outre à Headlines, c'est comme visiter New York sans passer par Bloomingdales.

Vous trouverez des articles de cuir noir chez **Image Leather** *(2199 Market Street, ☎ 621-7551)*, dans la partie «haute» de la rue Market.

Good Vibrations *(1210 Valencia Street, ☎ 974-8980)*, un bazar de fétiches, d'ouvrages et d'enregistrements vidéo à caractère sexuel conçu à l'intention des femmes vers la fin des années soixante-dix, est devenu une institution de San Francisco au fil des ans. On y vend de la littérature érotique, des guides pratiques sur la sexualité, des objets sexuels rigoureusement féminins, des films stimulants ou éducatifs et un assortiment incomparable de vibrateurs et de masseurs électriques. L'un des points forts du magasin est son musée du vibrateur à travers les âges qui contient des pièces pour le moins inusitées, comme ce machin à ressort qui fait aussitôt penser à un rouleau à pâte.

La rue Polk est bordée de boutiques de haute couture, de magasins d'accessoires et de divers commerces de vêtements. La portion gay s'étend de Post Street à Washington Street, mais les invétérés du magasinage ne manqueront pas de poursuivre jusqu'à la rue Union, puisque plusieurs commerces intrigants se trouvent au-delà des limites du quartier.

Un magasin d'antiquités merveilleusement encombré du nom de **J. Goldsmith Antiques** *(1924 Polk Street, ☎ 771-4055)* renferme une fabuleuse collection de miniatures ainsi que de vieux jouets, bouteilles et bijoux. L'endroit tout indiqué pour passer un après-midi de flânerie.

Au **Tibet Shop** *(1807 Polk Street, ☎ 982-0326)*, laissez-vous envoûter par les bracelets *sili*, les lanternes peintes, les statuettes de Bouddha, les chapelets et les encens monastiques. Cette merveilleuse petite boutique propose en outre des vestes, des jupes, des robes, des chemises et des vestons fabriqués au Népal et en Afghanistan.

Rockstars *(1429 Polk Street, ☎ 928-7625)* vend toutes sortes de souvenirs liés à la musique rock et heavy metal, qu'il s'agisse d'affiches, de *patches*, d'autocollants, d'épinglettes, de bijoux ou de boutons.

 LE MISSION DISTRICT

Ce quartier latino-américain privilégie plutôt les magasins de chaussures, les épiceries et les commerces de nouveautés que les boutiques chic et les galeries d'art. On y décèle toutefois quelques établissements à l'ancienne et un complexe ultramoderne.

Pour des vêtements et accessoires hors de l'ordinaire, du genre pantalons moulants de policier patrouilleur, badge d'agent de la paix ou bottes militaires à la Cromwell, rendez-vous au **Caleb Smith Uniforms** *(2298 Mission Street, ☎ 861-7165)*.

Il y a aussi **Arik Surplus** *(2650 Mission Street, ☎ 285-4770)*, qui écoule des vêtements de surplus de l'armée américaine. Il propose par ailleurs des articles de grand air, des bottes de marche, de l'équipement de camping et des accessoires et vêtements de pluie.

Le Mission District est réputé pour ses magasins d'aubaines, mais bien peu se comparent au **Community Thrift Store** *(623 Valencia Street, ☎ 861-4910)*. Lorsque les gens font don à ce gigantesque bazar de leurs vieux meubles, livres, affiches, disques, vaisselle et vêtements, ils précisent à quel organisme de charité ils désirent voir aller le produit de la vente des articles dont ils se sont départis. Compte tenu de la politique de la maison, les objets qu'on y dépose sont souvent de meilleure qualité qu'ailleurs.

Ce quartier offre sans doute également l'assortiment le plus riche et le plus varié de librairies spécialisées et de livres d'occasion de toute la ville. Pour vous y retrouver, vous devrez sans faute vous procurer *The Book Lovers Guide to the Mission*, un plan gratuit disponible en divers points du quartier qui couvre non seulement les librairies mais aussi les restaurants, les galeries d'art, les établissements de services particuliers et les commerces uniques en leur genre.

Le **Book Building** *(2141 Mission Street)* renferme à lui seul plusieurs librairies dignes d'une visite. Pour des ouvrages sur l'histoire ouvrière et sociale des États-Unis, rendez-vous au **Bolerium Books** *(☎ 863-6353)*. **Meyer Boswell Books** *(☎ 255-6400)* se spécialise dans les textes de loi, anciens et actuels. Quant à **Tall Stories** *(☎ 255-1915)*, elle donne dans la littérature des XIXe et XXe siècles, proposant entre autres de nombreuses premières éditions.

La Noe Valley

La Noe Valley, un secteur voisin du Mission District, fournit l'occasion de magasiner loin des zones touristiques. Sur toute l'étendue de 24th Street, entre les rues Church et Castro, de petits commerces vous attendent de part et d'autre de la chaussée. Il y a des librairies, des galeries d'art, des boutiques d'artisanat, des comptoirs de fruits et légumes en plein air et nombre d'autres établissements appartenant à des gens du quartier. L'atmosphère chaleureuse qui y règne semble créer des rapports beaucoup plus amicaux que strictement commerciaux.

De toutes les librairies vendant des livres d'occasion dans le Mission District, aucune n'est plus agréable à parcourir que **The Abandoned Planet Bookstore** *(518 Valencia Street, ☎ 861-4695)*, où les livres bien rangés, les boiseries sombres et la moquette rouge créent une atmosphère paradisiaque (pour les amateurs de livres d'occasion, il va sans dire). Il y a même des fauteuils confortables pour ceux qui désirent faire un peu de lecture sur place, et un chat de service à flatter tout en tournant les pages.

Modern Times Books *(888 Valencia Street, ☎ 282-9246)* se spécialise dans les ouvrages traitant de culture contemporaine, de féminisme, de sexualité et de politique. Vous y trouverez aussi une sélection de livres pour enfants à caractère multiethnique.

Captain Jack's *(866 Valencia Street, ☎ 648-1065)* s'impose comme une source d'approvisionnement de choix lorsque vient le temps de se procurer des vêtements anciens, entre autres des costumes et des robes des années quarante et cinquante, des pantalons de matelot, des chemises de bowling, des vestes de cuir et des articles en velours.

Hocus Pocus *(900 Valencia Street, ☎ 824-2901)* n'a rien d'un magasin d'antiquités ordinaire. Une abondance de chaises, de lampes et de lustres y pend du plafond. Des caisses entières de poignées de porte et de bijoux en cristal encombrent le sol. Des pichets et des chandeliers en argent en emplissent des étagères complètes. De plus, d'innombrables gravures et peintures tapissent tout un pan de mur. Vous aurez peut-être besoin d'une baguette magique pour vous y retrouver, mais, quoi qu'il en soit, vous êtes assuré d'y découvrir des trésors cachés.

LEXIQUE FRANÇAIS - ANGLAIS

PRÉSENTATIONS

Salut!	*Hi!*
Comment ça va?	*How are you?*
Ça va bien	*I'm fine*
Bonjour (la journée)	*Hello*
Bonsoir	*Good evening/night*
Bonjour, au revoir,	*Goodbye,*
à la prochaine	*see you later*
Oui	*Yes*
Non	*No*
Peut-être	*Maybe*
S'il vous plaît	*Please*
Merci	*Thank you*
De rien, bienvenue	*You're welcome*
Excusez-moi	*Excuse me*
Je suis touriste	*I am a tourist*
Je suis américain(e)	*I am American*
Je suis canadien(ne)	*I am Canadian*
Je suis britannique	*I am British*
Je suis allemand(e)	*I am German*
Je suis italien(ne)	*I am Italian*
Je suis belge	*I am Belgian*
Je suis français(e)	*I am French*
Je suis suisse	*I am Swiss*
Je suis désolé(e), je ne parle pas anglais	*I am sorry, I don't speak English*
Parlez-vous français?	*Do you speak French?*
Plus lentement, s'il vous plaît	*Slower, please*
Quel est votre nom?	*What is your name?*
Je m'appelle...	*My name is...*
époux(se)	*spouse*
frère, sœur	*brother, sister*
ami(e)	*friend*
garçon	*son, boy*
fille	*daughter, girl*
père	*father*
mère	*mother*

célibataire	*single*
marié(e)	*married*
divorcé(e)	*divorced*
veuf(ve)	*widower/widow*

DIRECTION

Est-ce qu'il y a un bureau de tourisme près d'ici?	*Is there a tourist office near here?*
Il n'y a pas de..., nous n'avons pas de...	*There is no..., we have no...*
Où est le/la ...?	*Where is...?*

tout droit	*straight ahead*
à droite	*to the right*
à gauche	*to the left*
à côté de	*beside*
près de	*near*
ici	*here*
là, là-bas	*there, over there*
à l'intérieur	*into, inside*
à l'extérieur	*outside*
loin de	*far from*
entre	*between*
devant	*in front of*
derrière	*behind*

POUR S'Y RETROUVER SANS MAL

aéroport	*airport*
à l'heure	*on time*
en retard	*late*
annulé	*cancelled*
avion	*plane*
voiture	*car*
train	*train*
bateau	*boat*
bicyclette, vélo	*bicycle*
autobus	*bus*
gare	*train station*
arrêt d'autobus	*bus stop*
L'arrêt, s'il vous plaît	*The bus stop, please*

rue	*street*
avenue	*avenue*
route, chemin	*road*
autoroute	*highway*
rang	*rural route*
sentier	*path, trail*
coin	*corner*
quartier	*neighbourhood*
place	*square*
bureau de tourisme	*tourist office*
pont	*bridge*
immeuble	*building*
sécuritaire	*safe*
rapide	*fast*
bagages	*baggage*
horaire	*schedule*
aller simple	*one way ticket*
aller-retour	*return ticket*
arrivée	*arrival*
retour	*return*
départ	*departure*
nord	*north*
sud	*south*
est	*east*
ouest	*west*

LA VOITURE

à louer	*for rent*
arrêt	*stop*
autoroute	*highway*
attention	*danger, be careful*
défense de doubler	*no passing*
stationnement interdit	*no parking*
impasse	*no exit*
Arrêtez!	*Stop!*
stationnement	*parking*
piétons	*pedestrians*
essence	*gas*
ralentir	*slow down*
feu de circulation	*traffic light*
station-service	*service station*
limite de vitesse	*speed limit*

L'ARGENT

banque	*bank*
caisse populaire	*credit union*
change	*exchange*
argent	*money*
Je n'ai pas d'argent	*I don't have any money*
carte de crédit	*credit card*
chèques de voyage	*traveller's cheques*
L'addition, s'il vous plaît	*The bill please*
reçu	*receipt*

L'HÉBERGEMENT

auberge	*inn*
auberge de jeunesse	*youth hostel*
chambre d'hôte,	*bed and*
logement chez l'habitant	*breakfast*
eau chaude	*hot water*
climatisation	*air conditioning*
logement, hébergement	*accommodation*
ascenseur	*elevator*
toilettes, salle de bain	*bathroom*
lit	*bed*
déjeuner	*breakfast*
gérant, propriétaire	*manager, owner*
chambre	*bedroom*
piscine	*pool*
étage	*floor (first, second...)*
rez-de-chaussée	*main floor*
haute saison	*high season*
basse saison	*off season*
ventilateur	*fan*

LE MAGASINAGE

ouvert(e)	*open*
fermé(e)	*closed*
C'est combien?	*How much is this?*
Je voudrais...	*I would like...*
J'ai besoin de...	*I need...*
magasin	*store*
magasin à rayons	*department store*

marché	*market*
vendeur(se)	*salesperson*
client(e)	*customer*
acheter	*to buy*
vendre	*to sell*
t-shirt	*T-shirt*
jupe	*skirt*
chemise	*shirt*
jeans	*jeans*
pantalon	*pants*
blouson	*jacket*
blouse	*blouse*
souliers	*shoes*
sandales	*sandals*
chapeau	*hat*
lunettes	*eyeglasses*
sac	*handbag*
cadeaux	*gifts*
artisanat local	*local crafts*
crème solaire	*sunscreen*
cosmétiques et parfums	*cosmetics and perfumes*
appareil photo	*camera*
pellicule	*film*
disques, cassettes	*records, cassettes*
journaux	*newspapers*
revues, magazines	*magazines*
piles	*batteries*
montre	*watch*
bijouterie	*jewellery*
or	*gold*
argent	*silver*
pierres précieuses	*precious stones*
tissu	*fabric*
laine	*wool*
coton	*cotton*
cuir	*leather*

DIVERS

nouveau	*new*
vieux	*old*
cher, dispendieux	*expensive*
pas cher	*inexpensive*
joli	*pretty*
beau	*beautiful*
laid(e)	*ugly*
grand(e)	*big, tall*
petit(e)	*small, short*
court(e)	*short*
bas(se)	*low*
large	*wide*
étroit(e)	*narrow*
foncé	*dark*
clair	*light*
gros(se)	*fat*
mince	*slim, skinny*
peu	*a little*
beaucoup	*a lot*
quelque chose	*something*
rien	*nothing*
bon	*good*
mauvais	*bad*
plus	*more*
moins	*less*
ne pas toucher	*do not touch*
vite	*quickly*
lentement	*slowly*
grand	*big*
petit	*small*
chaud	*hot*
froid	*cold*
Je suis malade	*I am ill*
pharmacie	*pharmacy, drugstore*
J'ai faim	*I am hungry*
J'ai soif	*I am thirsty*
Qu'est-ce que c'est?	*What is this?*
Où?	*Where?*

LA TEMPÉRATURE

pluie	*rain*
nuages	*clouds*
soleil	*sun*
Il fait chaud	*It is hot out*
Il fait froid	*It is cold out*

TIME

Quand?	*When?*
Quelle heure est-il?	*What time is it?*
minute	*minute*
heure	*hour*
jour	*day*
semaine	*week*
mois	*month*
année	*year*
hier	*yesterday*
aujourd'hui	*today*
demain	*tomorrow*
matin	*morning*
après-midi	*afternoon*
soir	*evening*
nuit	*night*
maintenant	*now*
jamais	*never*
dimanche	*Sunday*
lundi	*Monday*
mardi	*Tuesday*
mercredi	*Wednesday*
jeudi	*Thursday*
vendredi	*Friday*
samedi	*Saturday*
janvier	*January*
février	*February*
mars	*March*
avril	*April*
mai	*May*
juin	*June*
juillet	*July*
août	*August*
septembre	*September*

octobre	*October*
novembre	*November*
décembre	*December*

TÉLÉCOMMUNICATION

bureau de poste	*post office*
par avion	*air mail*
timbres	*stamps*
enveloppe	*envelope*
bottin téléphonique	*telephone book*
appel outre-mer, interurbain	*long distance call*
appel à frais virés (PCV)	*collect call*
télécopieur, fax	*fax*
télégramme	*telegram*
tarif	*rate*
composer l'indicatif régional	*dial the area code*
attendre la tonalité	*wait for the tone*

LES ACTIVITÉS

baignade	*swimming*
plage	*beach*
plongée sous-marine	*scuba diving*
plongée-tuba	*snorkelling*
pêche	*fishing*
navigation de plaisance	*sailing, pleasure-boating*
planche à voile	*windsurfing*
faire du vélo	*bicycling*
vélo tout-terrain (VTT)	*mountain bike*
équitation	*horseback riding*
randonnée pédestre	*hiking*
se promener	*to walk around*
musée	*museum, gallery*
centre culturel	*cultural centre*
cinéma	*cinema*

TOURISME

fleuve, rivière	*river*
chutes	*waterfalls*
belvédère	*lookout point*
colline	*hill*
jardin	*garden*

réserve faunique	*wildlife reserve*
péninsule, presqu'île	*peninsula*
côte sud/nord	*south/north shore*
hôtel de ville	*town or city hall*
palais de justice	*court house*
église	*church*
maison	*house*
manoir	*manor*
pont	*bridge*
bassin	*basin*
barrage	*dam*
atelier	*workshop*
lieu historique	*historic site*
gare ferroviaire	*train station*
écuries	*stables*
couvent	*convent*
porte	*door, archway, gate*
douane	*customs house*
écluses	*locks*
marché	*market*
canal	*canal*
chenal	*channel*
voie maritime	*seaway*
cimetière	*cemetery*
moulin	*mill*
moulin à vent	*windmill*
école secondaire	*high school*
phare	*lighthouse*
grange	*barn*
chute(s)	*waterfall(s)*
batture	*sandbank*
faubourg	*neighbourhood, region*

LES NOMBRES

1	*one*
2	*two*
3	*three*
4	*four*
5	*five*
6	*six*
7	*seven*
8	*eight*
9	*nine*

10	*ten*
11	*eleven*
12	*twelve*
13	*thirteen*
14	*fourteen*
15	*fifteen*
16	*sixteen*
17	*seveteen*
18	*eighteen*
19	*nineteen*
20	*twenty*
21	*twenty-one*
22	*twenty-two*
23	*twenty-three*
24	*twenty-four*
25	*twenty-five*
26	*twenty-six*
27	*twenty-seven*
28	*twenty-eight*
29	*twenty-nine*
30	*thirty*
31	*thirty-one*
32	*thiry-two*
40	*fourty*
50	*fifty*
60	*sixty*
70	*seventy*
80	*eighty*
90	*ninety*
100	*one hundred*
200	*two hundred*
500	*five hundred*
1 000	*one thousand*
10 000	*ten thousand*
1 000 000	*one million*

INDEX

A.P. Giannini Plaza (Financial District) 70
Accès à la ville
    autocar 34
    avion 32
    train 34
    voiture 33
Activités de plein air 135
    baignade 138
    bicyclette 139
    cerf-volisme 136
    deltaplane et parapente 136
    golf 138
    jogging 137
    patin à roues alignées 136
    pêche sportive 135
    surf 138
    tennis 139
    voile et croisières d'exploration naturelle 135
Adelaide Inn (centre-ville) 142
Aéroport de San Francisco (SFO) 33
Aînés 56
Alamo Square Inn (quartiers gays) 162
Alcatraz (North Beach) 88
Allison Hotel (centre-ville) 143
Ambassades des États-Unis à l'étranger 34
American Association of Retired Persons (AARP) 56
American Youth Hostel–Union Square (centre-ville) 142
Ansel Adams Center (South of Market) 68
Aquatic Park (autour du Fisherman's Wharf) 95
Architecture 24
Arrêt Powell-California Street (Nob Hill) 85
Arrière-cour de San Francisco
    attraits touristiques 131
    restaurants 198
    sorties 218
Ashbury Heights (Haight-Ashbury) 108
Asian Art Museum (Golden Gate Park) 118
Assurances 45
    annulation 45
    maladie 46
    vie 46
    vol 45

Attraits touristiques 61
   arrière-cour de San Francisco 131
   autour de l'Embarcadero 73
   autour du Civic Center 64
   autour du Fisherman's Wharf 91
   autour du Presidio 104
   centre-ville 61
   Chinatown 76
   Financial District 70
   Golden Gate National Recreation Area 120
   Golden Gate Park 115
   Haight-Ashbury 107
   Japantown 106
   Mission District 111
   Nob Hill 82
   North Beach 85
   Pacific Heights 101
   Russian Hill 96
   South of Market 66
   Union Street 98
Baignade 138
Baker Beach (Golden Gate National Recreation Area) . . . 127
Banques 50
Bars 57
Bay Bridge (North Beach) 88
Beresford Arms (centre-ville) 145
Beresford Hotel (centre-ville) 144
Bicyclette 139
Boathouse Sports bar and Restaurant
      (Golden Gate National Recreation Area) 197
Bourn Mansion (Pacific Heights) 102
Broadway (North Beach) 85
Buena Vista Park (Haight-Ashbury) 108
Buffalo Paddock (Golden Gate Park) 119
Cable Car Museum (Chinatown) 82
Caffe Trieste (North Beach) 86
Calendrier des événements annuels 52
California Academy of Sciences (Golden Gate Park) . . . 118
Campton Place Hotel (centre-ville) 149
Cannery (autour du Fisherman's Wharf) 96
Capp Street Project (South of Market) 69
Carl Street Unicorn House (Haight-Ashbury) 159
Cartoon Art Museum (South of Market) 68
Cartwright Hotel (centre-ville) 145

Casebolt House (Union Street) 100
Center for the Arts at Yerba Buena Gardens
          (South of Market) 67
Centre-ville
     attraits touristiques 61
     hébergement 141
     magasinage 221
     restaurants 165
     sorties 204
Cerf-volisme 136
Chain of Lakes (Golden Gate Park)
     attraits touristiques 119
Chambord Apartments (Nob Hill) 84
Change 50
Chateau Tivoli (quartiers gays) 162
China Beach (Golden Gate National Recreation Area) . . . 128
China Books (Mission District) 112
Chinatown
     attraits touristiques 76
     hébergement 152
     magasinage 227
     restaurants 177
     sorties 210
Chinatown YMCA (Chinatown) 152
Chinese Culture Center (Chinatown) 80
Chinese Historical Society of America (Chinatown) 79
City Hall (autour du Civic Center) 64
City Lights Bookstore (North Beach) 85
Civic Center
     attraits touristiques 64
     hébergement 150
     magasinage 225
     restaurants 169
     sorties 205
Civic Center (autour du Civic Center) 64
Cliff House (Golden Gate National Recreation Area) 130
Climat 47
Coit Tower (North Beach) 88
Colonie d'otaries (autour du Fisherman's Wharf) 92
Commercial Way (Chinatown) 79
Commodore International Hotel (centre-ville) 143
Conservatory (Golden Gate Park) 116
Consulat royal de la Suède (Pacific Heights) 102
Consulats des États-Unis à l'étranger 34

Consulats étrangers à San Francisco 36
Corona Heights (Haight-Ashbury) 110
Croisières d'exploration naturelle 135
Dead House (Haight-Ashbury) 110
Décalage horaire 57
Deltaplane 136
Déplacements dans la ville et dans les environs 39
    à pied 44
    funiculaires 43
    location de voiture 39
    taxi 43
    transports en commun 40
    voiture 39
Discothèques 57
Divers 57
Dolores Park (Mission District) 114
Dolores Park Inn (quartiers gays) 160
Dolores Street (Mission District) 114
Douane 32
Drogues 58
Dutch Windmill (Golden Gate Park) 120
Edgewood Avenue (Haight-Ashbury) 111
Edward II Inn (Union Street) 156
Église catholique St. Peter & Paul (North Beach) 91
El Drisco Hotel (Pacific Heights) 158
El Polin Spring (autour du Presidio) 105
Électricité 58
Embarcadero
    attraits touristiques 73
    hébergement 151
    magasinage 227
    restaurants 176
    sorties 209
Embarcadero Center (autour de l'Embarcadero) 73
Enfants 55
Europa Hotel (North Beach) 154
Exploratorium
        (Golden Gate National Recreation Area) . 127,128
Fairmont Hotel (Nob Hill) 82
Ferry Building (autour de l'Embarcadero) 74
Filbert Steps (North Beach) 90

Financial District
   attraits touristiques 70
   restaurants 173
   sorties 209
Fish Alley (autour du Fisherman's Wharf) 94
Fisherman's Wharf
   attraits touristiques 91
   hébergement 155
   magasinage 231
   restaurants 184
   sorties 212
Florence Street (Russian Hill) 97
Flying Wheels Travel 57
Formalités d'entrée 31
Fort Funston (Golden Gate National Recreation Area) . . 131
Fort Mason Center
    (Golden Gate National Recreation Area) 122
Fort Point National Historic Site
    (Golden Gate National Recreation Area) 126
Funiculaires (centre-ville) 62
Galería de la Raza (Mission District) 112
Géographie 9
George Sterling Park (Russian Hill) 96
Ghirardelli Square (autour du Fisherman's Wharf) . . 96
Glen Canyon Park (arrière-cour de San Francisco) 133
Golden Gate Bridge
    (Golden Gate National Recreation Area) 127
Golden Gate Bridge (North Beach) 88
Golden Gate Church (Pacific Heights) 101, 102
Golden Gate Fortune Cookie Factory (Chinatown) 81
Golden Gate National Recreation Area
   attraits touristiques 120
   hébergement 163
   restaurants 196
   sorties 218
Golden Gate Park
   attraits touristiques 115
Golden Gate Park Stables (Golden Gate Park) 119
Golden Gate Promenade
    (Golden Gate National Recreation Area) 121
Golf 138
Grace Cathedral (Nob Hill) 83
Grand Century Enterprise (Chinatown) 81
Grant Avenue (Chinatown) 78

Grant Hotel (centre-ville) 143
Grant Plaza Hotel (Chinatown) 153
Greenlee Terrace (Pacific Heights) 102
Greenwich Steps (North Beach) 90
Haas-Lilienthal House (Pacific Heights) 101
Haight Street (Haight-Ashbury) 108
Haight-Ashbury
    attraits touristiques 107
    hébergement 159
    magasinage 236
    restaurants 191
    sorties 214
Hamlin School (Pacific Heights) 102
Harbor Court Hotel (autour de l'Embarcadero) 151
Heart of the City Farmers' Market
        (autour du Civic Center) 64
Hébergement 54, 141
    autour de l'Embarcadero 151
    autour du Civic Center 150
    autour du Fisherman's Wharf 155
    centre-ville 141
    Chinatown 152
    Golden Gate National Recreation Area 163
    Haight-Ashbury 159
    Japantown 158
    Nob Hill 153
    North Beach 154
    Pacific Heights 158
    quartiers gays 160
    Union Street 156
Histoire 12
Historic Ships (autour du Fisherman's Wharf) 94
Horaires 50
Hostelling International – San Francisco – Fort Mason
        (Golden Gate National Recreation Area) 163
Hotel Bedford (centre-ville) 146
Hotel Bohème (North Beach) 154
Hotel Carlton (centre-ville) 145
Hotel Casa Loma (quartiers gays) 160
Hotel David (centre-ville) 144
Hôtel de ville (autour du Civic Center) 64
Hotel Griffon (autour de l'Embarcadero) 151
Hotel Nikko (centre-ville) 149
Hotel Renoir (autour du Civic Center) 150

Hotel Triton (centre-ville) 148
Hotel Union Square (centre-ville) 147
Huntington Hotel (Nob Hill) 83
Huntington Park (Nob Hill) 83
Hyatt at Fisherman's Wharf
      (autour du Fisherman's Wharf) 155
Hyatt Regency (autour de l'Embarcadero) 73
Île Angel (North Beach) 88
Île Yerba Buena (North Beach) 88
Ina Coolbrith Park (Russian Hill) 98
Inn at the Opera (autour du Civic Center) 151
Inn on Castro (quartiers gays) 162
Inn San Francisco (quartiers gays) 161
Jackson Square (Financial District) 72
James Court (centre-ville) 142
James Phelan Beach
      (Golden Gate National Recreation Area) 128
Japan Center (Japantown) 106
Japanese Tea Garden (Golden Gate Park) 118
Japantown
    attraits touristiques 106
    hébergement 158
    magasinage 235
    restaurants 190
    sorties 214
Jogging 137
Jours fériés 51
Justin Herman Plaza (autour de l'Embarcadero) 74
Kabuki Hot Spring (Japantown) 107
King George Hotel (centre-ville) 147
Lac Merced (Golden Gate National Recreation Area) . . . 131
Lafayette Park (Pacific Heights) 102
Land's End (Golden Gate National Recreation Area) 129
Leland Hotel (quartiers gays) 161
Levi's Plaza (autour de l'Embarcadero) 76
Lindley Meadow (Golden Gate Park) 119
Location d'une voiture 39
Lombard Street (Russian Hill) 96
Louise M. Davies Symphony Hall (autour du Civic Center) 65
M.H. De Young Memorial Museum (Golden Gate Park) . . 118
Macondray Lane (Russian Hill) 97

Magasinage 221
    autour de l'Embarcadero 227
    autour du Civic Center 225
    autour du Fisherman's Wharf 231
    centre-ville 221
    Chinatown 227
    Haight-Ashbury 236
    Japantown 235
    Mission District 240
    North Beach 229
    Pacific Heights 234
    quartiers gays 238
    South of Market 226
    Union Street 233
Maiden Lane (centre-ville) 62
Mam Kue School (Chinatown) 79
Marina (Golden Gate National Recreation Area) 124
Marina Green (Golden Gate National Recreation Area) . . 124
Marina Motel (Union Street) 156
Mark Hopkins Inter-Continental Hotel (Nob Hill) 83
McLaren Lodge (Golden Gate Park) 116
Mesures 58
Metro Hotel (quartiers gays) 161
Mexican Museum
        (Golden Gate National Recreation Area) 124
Middle Lake (Golden Gate Park) 120
Mission District
    attraits touristiques 111
    magasinage 240
    restaurants 193
    sorties 217
Mission San Francisco de Asís (Mission District) 114
Mission Street (Mission District) 112
Miyako (Japantown) 159
Miyako Inn (Japantown) 159
Mobility International USA 57
Monnaie 49
Mont Davidson (arrière-cour de San Francisco) 133
Mont Tamalpais (North Beach) 88
Moscone Center (South of Market) 67
Mountain Lake Park (autour du Presidio) 105
Mow Lee Company (Chinatown) 79
Municipal Pier (Golden Gate National Recreation Area) . . 122
Murale (Chinatown) 80

Murale (Haight-Ashbury) 110
Murale d'enfants (Mission District) 112
Murales (Mission District) 112
Murphy House (Mission District) 113
Murphy Windmill (Golden Gate Park) 120
Museo Italo Americano
          (Golden Gate National Recreation Area) 124
Museum of the City of San Francisco
          (autour du Fisherman's Wharf) 95
Music Concourse (Golden Gate Park) 119
Napier Lane Boardwalk (North Beach) 90
National Cemetery (autour du Presidio) 105
National Maritime Museum (autour du Fisherman's Wharf) 95
Nihonmachi Mall (Japantown) 107
Nob Hill
     attraits touristiques 82
     hébergement 153
     sorties 210
Nob Hill Pensione (centre-ville) 142
North Beach
     attraits touristiques 85
     hébergement 154
     magasinage 229
     restaurants 180
     sorties 211
North Beach Museum (North Beach) 91
North Lake (Golden Gate Park) 120
Numéros utiles 38
Ocean Beach (Golden Gate National Recreation Area) . . 130
Ocean Park Motel
          (Golden Gate National Recreation Area) 163
Octagon House (Union Street) 98
Officers' Club (autour du Presidio) 105
Old St. Mary's Church (Chinatown) 79
Pacific Heights
     attraits touristiques 101
     hébergement 158
     magasinage 234
     restaurants 189
Pacific Heritage Museum (Financial District) 70
Pacific Union Club (Nob Hill) 82
Palace of Fine Arts
          (Golden Gate National Recreation Area) 125

Palace of the Legion of Honor
         (Golden Gate National Recreation Area) 128
Pan Pacific San Francisco (centre-ville) 149
Parapente 136
Parcs
    Buena Vista Park (Haight-Ashbury) 108
    Dolores Park (Mission District) 114
    George Sterling Park (Russian Hill) 96
    Glen Canyon Park (arrière-cour de San Francisco) . . . 133
    Huntington Park (Nob Hill) 83
    Ina Coolbrith Park (Russian Hill) 98
    Lafayette Park (Pacific Heights) 102
    Mountain Lake Park (autour du Presidio) 105
    South Park (South of Market) 68
Patin à roues alignées 136
Peace Pagoda (Japantown) 106
Pêche sportive 135
Personnes handicapées 57
Phoenix Hotel (autour du Civic Center) 150
Pier 39 (autour du Fisherman's Wharf) 92
Pier 45 (autour du Fisherman's Wharf) 94
Plage nudiste (Golden Gate National Recreation Area) . . 128
Plages
    Baker Beach (Golden Gate National Recreation Area) . 127
    China Beach (Golden Gate National Recreation Area) . 128
    James Phelan Beach
         (Golden Gate National Recreation Area) 128
    Ocean Beach
         (Golden Gate National Recreation Area) 130
    plage nudiste
         (Golden Gate National Recreation Area) 128
Poids 58
Population 20
Portrait 9
    architecture 24
    géographie 9
    population 20
    un peu d'histoire 12
Portsmouth Square (Chinatown) 80
Poste 48
Pourboires 55
Prayerbook Cross (Golden Gate Park) 119
Prescott Hotel (centre-ville) 149

Presidio
    attraits touristiques 104
Presidio Army Museum (autour du Presidio) 105
Presidio Wall (autour du Presidio) 105
Priest Street (Nob Hill) 84
Quais maritimes (autour de l'Embarcadero) 75
Quand visiter San Francisco? 48
Quane Street (Mission District) 113
Quartiers gays
    hébergement 160
    magasinage 238
    restaurants 191
    sorties 215
Rainbow Falls (Golden Gate Park) 119
Reed Street (Nob Hill) 84
Renaissance Stanford Court Hotel (Nob Hill) 153
Renseignements généraux 31
    accès à la ville 32
    aînés 56
    ambassades et consulats des États-Unis à l'étranger . . 34
    assurances 45
    calendrier des événements annuels 52
    climat 47
    consulats étrangers à San Francisco 36
    divers 57
    douane 32
    enfants 55
    formalités d'entrée 31
    hébergement 54
    horaires et jours fériés 50
    personnes handicapées 57
    poste et télécommunication 48
    quand visiter San Francisco 48
    renseignements touristiques 37
    restaurants 54
    santé 46
    services financiers 49
    vos déplacements dans la ville et dans les environs . . . 39
Renseignements touristiques 37

Restaurants 54, 165
    arrière-cour de San Francisco 198
    autour de l'Embarcadero 176
    autour du Civic Center 169
    autour du Fisherman's Wharf 184
    centre-ville 165
    Chinatown 177
    Financial District 173
    Golden Gate National Recreation Area 196
    Haight-Ashbury 191
    Japantown 190
    Mission District 193
    North Beach 180
    Pacific Heights 189
    pourboires 55
    quartiers gays 191
    South of Market 172
    Union Street 186
Rhododendron Dell (Golden Gate Park) 116
Rincon Center (autour de l'Embarcadero) 75
Ross Alley (Chinatown) 81
Ruelles du Chinatown (Chinatown) 81
Russian Hill
    attraits touristiques 96
Russian Hill Place (Russian Hill) 97
S.S. Jeremiah O'Brien
        (Golden Gate National Recreation Area) 124
Sam Wong Hotel (Chinatown) 153
San Francisco Central YMCA (autour du Civic Center) . . 150
San Francisco Craft and Folk Art Museum
        (Golden Gate National Recreation Area) 122
San Francisco Museum of Modern Arts (South of Market) 68
San Francisco Performing Arts Library and Museum
        (autour du Civic Center) 65
San Francisco Public Library (autour du Civic Center) . . . 64
San Francisco Zoo
        (Golden Gate National Recreation Area) 131
Santé 46
Savoy Hotel (centre-ville) 146
Seal Rock Inn (Golden Gate National Recreation Area) . . 163
Sécurité 47

Services financiers 49
   banques 50
   change 50
   monnaie 49
Sheehan Hotel (centre-ville) 144
Sheraton at Fisherman's Wharf
     (autour du Fisherman's Wharf) 155
Sherman House (Union Street) 157
Siège social de la Compagnie de la Baie d'Hudson
     (Financial District) 70
Society for the Advancement of Travel
     for the Handicapped 57
Sorties 203
   arrière-cour de San Francisco 218
   autour de l'Embarcadero 209
   autour du Civic Center 205
   autour du Fisherman's Wharf 212
   centre-ville 204
   Chinatown 210
   Financial District 209
   Golden Gate National Recreation Area 218
   Haight-Ashbury 214
   Japantown 214
   Mission District 217
   Nob Hill 210
   North Beach 211
   quartiers gays 215
   South of Market 207
   Union Street 213
Soto Zen Mission (Japantown) 107
South Lake (Golden Gate Park) 120
South of Market
   attraits touristiques 66
   magasinage 226
   restaurants 172
   sorties 207
South Park (South of Market) 68
Speedway Meadow (Golden Gate Park) 119
Spofford Lane (Chinatown) 81
Spreckels Lake (Golden Gate Park) 119
Spreckels Mansion (Pacific Heights) 102
St. Francis Candies (Mission District) 112
St. Mary's Church (Union Street) 100
St. Mary's Square (Chinatown) 79

Stanford Court Hotel (Nob Hill) 83
Stern Grove (arrière-cour de San Francisco) 133
Stockton Street (Chinatown) 80
Stow Lake (Golden Gate Park) 119
Strybing Arboretum (Golden Gate Park) 120
Surf 138
Sutro Baths (Golden Gate National Recreation Area) . . . 130
Taxes de vente 59
Taxi 43
Télécommunication 48
Telegraph Hill (North Beach) 86
Temple Hotel (centre-ville) 143
Tennis 139
The Bed and Breakfast Inn (Union Street) 157
The Cannery (autour du Fisherman's Wharf) 96
The Huntington (Nob Hill) 154
The Inn at Union Square (centre-ville) 147
The Majestic (centre-ville) 148
The Mansion Hotel (Pacific Heights) 158
The Orchard Hotel (centre-ville) 145
The Raphael Hotel (centre-ville) 146
The Red Victorian Inn (haight-Ashbury) 159
The Wharf Inn (autour du Fisherman's Wharf) 155
The Willows Bed and Breakfast Inn (quartiers gays) . . . 161
Tian Hou Temple (Chinatown) 81
Transamerica Building (Financial District) 72
Transports en commun 40
Treasury Island (North Beach) 88
Tuscan Inn (autour du Fisherman's Wharf) 156
Twin Peaks (arrière-cour de San Francisco) 132
Twin Wedding Houses (Union Street) 100
Underwater World (autour du Fisherman's Wharf) 93
Union Square (centre-ville) 61
Union Street
    attraits touristiques 98
    hébergement 156
    magasinage 233
    restaurants 186
    sorties 213
Union Street (Union Street) 157
United Nations Plaza (autour du Civic Center) 64
United States Customs Service 32
Upstairs at the Cliff House
        (Golden Gate National Recreation Area) 197

Vaillancourt Fountain (autour de l'Embarcadero) 74
Valencia Street (Mission District) 113
Vallejo Street (Russian Hill) 97
Vendanta House (Union Street) 100
Vermont Street (arrière-cour de San Francisco) 132
Vesuvio Café (North Beach) 86
Victorian Inn on The Park (Haight-Ashbury) 160
Visitor Information Center (autour du Presidio) 104
Voile 135
Vos déplacements dans la ville et dans les environs 39
War Memorial Opera House (autour du Civic Center) 65
Washington Square (North Beach) 90
Waverly Place (Chinatown) 81
Wells Fargo History Museum (Financial District) 70
White Swan Inn (centre-ville) 148
Whittier Mansion (Pacific Heights) 102
Women's Building (Mission District) 113
World Trade Center (autour de l'Embarcadero) 74
Yerba Buena Gardens (South of Market) 67
Youth Hostel Centrale (centre-ville) 142

Notes de voyage

_____
_____
_____
_____
_____
_____
_____
_____
_____
_____
_____
_____
_____
_____
_____
_____
_____
_____
_____
_____
_____
_____
_____
_____
_____

Notes de voyage

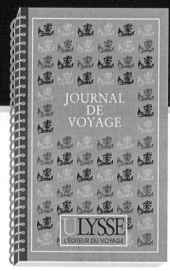

■ GUIDES DE VOYAGE ULYSSE

☐ Arizona et Grand Canyon	24,95 $
☐ Boston	17,95 $
☐ Côte d'Azur - Alpes-Maritimes - Var	24,95 $
☐ Californie	29,95 $
☐ Costa Rica	24,95 $
☐ Cuba	24,95 $
☐ Disney World	22,95 $
☐ Équateur	24,95 $
☐ Floride	29,95 $
☐ Gaspésie Bas-Saint-Laurent Îles-de-la-Madeleine	22,95 $
☐ Gîtes du Passant au Québec	11,95 $
☐ Guadeloupe	24,95 $
☐ Honduras	24,95 $
☐ Jamaïque	22,95 $
☐ Le Québec	29,95 $
☐ Louisiane	24,95 $
☐ Martinique	24,95 $
☐ Mexique Côte Pacifique	24,95 $
☐ Montréal en métro	14,95 $
☐ Montréal	19,95 $
☐ Nicaragua	24,95 $
☐ Nouvelle-Angleterre	29,95 $
☐ Ontario	24,95 $
☐ Ouest canadien	24,95 $
☐ Panamá	24,95 $
☐ Plages de Nouvelle-Angleterre et Boston	19,95 $
☐ Portugal	24,95 $
☐ Provence	24,95 $
☐ Provinces maritimes	24,95 $
☐ République Dominicaine	24,95 $
☐ Saguenay - Lac St-Jean - Charlevoix	22,95 $
☐ El Salvador	22,95 $

☐ San Francisco	17,95 $
☐ Toronto	18,95 $
☐ Vancouver	14,95 $
☐ Venezuela	24,95 $
☐ Ville de Québec et environs	22,95 $

■ ULYSSE PLEIN SUD

☐ Cape Cod - Nantucket	16,95 $
☐ Carthagène	9,95 $
☐ Isla Margarita	9,95 $
☐ Puerto Vallarta	14,95 $
☐ Les plages du Maine	12,95 $
☐ Puerto Plata-Sosua-Cabarete	9,95 $
☐ Varadero	9,95 $
☐ Saint-Barthélemy	9,95 $
☐ Saint-Martin	9,95 $

■ ESPACES VERTS ULYSSE

☐ Motoneige au Québec	19,95 $
☐ Nouvelle-Angleterre à vélo	19,95 $
☐ Randonnée pédestre dans le Nord-Est des États-Unis	19,95 $
☐ Randonnée pédestre Montréal et environs	19,95 $
☐ Randonnée pédestre au Québec	19,95 $
☐ Ski de fond au Québec	19,95 $

■ JOURNAUX DE VOYAGE ULYSSE

☐ Journal de voyage Ulysse	12,95 $
☐ Journal de voyage Ulysse 80 jours (couvert rigide)	14,95 $
☐ Journal de voyage Ulysse (spirale) bleu - vert - rouge ou jaune	11,95 $
☐ Journal de voyage Ulysse (format poche) bleu - vert - rouge ou jaune	8,95 $

QUANTITÉ	TITRE	PRIX	TOTAL
		Total partiel	
		Poste-Canada*	4,00 $
		Total partiel	
		T.P.S. 7%	
		Total	

Nom : ....

Adresse : ....

....

....

Paiement : ☐ Visa ☐ Master Card

Numéro de carte : ....

Expiration : ....

ULYSSE L'ÉDITEUR DU VOYAGE
4176, rue Saint-Denis, Montréal, Québec
☎ (514) 843-9447 fax (514) 843-9448
Pour l'Europe, s'adresser aux distributeurs, voir liste p. 2
* Pour l'étranger, compter 15 $ de frais d'envoi